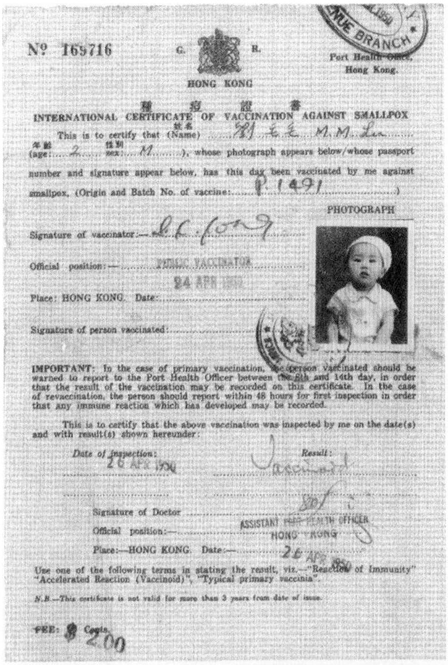

Nº 169716 G. R.

Port Health Office, Hong Kong.

HONG KONG

種痘證書

INTERNATIONAL CERTIFICATE OF VACCINATION AGAINST SMALLPOX

This is to certify that (Name) 姓名 劉毛毛 M. M. Liu
(age: 年齡 2 sex: 性別 M), whose photograph appears below/whose passport number and signature appear below, has this day been vaccinated by me against smallpox. (Origin and Batch No. of vaccine: P. 1491)

PHOTOGRAPH

Signature of vaccinator:—

Official position:—

24 APR

Place: HONG KONG. Date:

Signature of person vaccinated:

IMPORTANT: In the case of primary vaccination, the person vaccinated should be warned to report to the Port Health Officer between the 8th and 14th day, in order that the result of the vaccination may be recorded on this certificate. In the case of revaccination, the person should report within 48 hours for first inspection in order that any immune reaction which has developed may be recorded.

This is to certify that the above vaccination was inspected by me on the date(s) and with result(s) shown hereunder:

Date of inspection:	Result:
26 APR 1950	Vaccinoid

Signature of Doctor

Official position:— ASSISTANT PORT HEALTH OFFICER HONG KONG

Place:—HONG KONG. Date:— 26 APR 1950

Use one of the following terms in stating the result, viz.—"Reaction of Immunity" "Accelerated Reaction (Vaccinoid)", "Typical primary vaccinia".

N.B.—This certificate is not valid for more than 3 years from date of issue.

FEE: $ Cents 2.00

上｜民國三十九年四月在香港種痘證書（注射天花疫苗）。

考試院特種考試及格證書

(六四)特司調 字第 3 號

劉懷信民國叁拾柒年拾壹月貳拾貳日出生男性江西省南昌縣人應六十四年特種考試司法行政部調查局調查人員考試乙等考試經典試委員會評定叢等及格依考試法第十三條規定合行發給及格證書此證

院長 楊亮功

典試委員長 周肇西

考選部部長 鍾皎光

中華民國六十四年九月二十二日

下｜民國六十四年九月考試院核發之調查局調查人員特種考試及格證書。

任命令

(98)簡字第00901號

任命劉禮信為法務部調查局簡任第十二職等處長。

總統 馬英九

行政院院長 劉兆玄

中華民國 98 年 4 月 7 日

監印江文祥
校對王茂川

民國九十八年四月總統核發之調查局簡任第十二職等處長任命令。

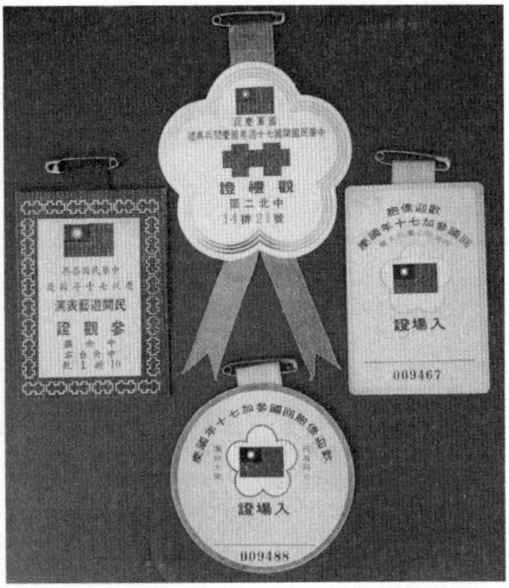

左｜調查人員執法徽章（12048）。
右｜民國七十年國慶閱兵及各項活動，擔任便衣警衛時之各式觀禮證。

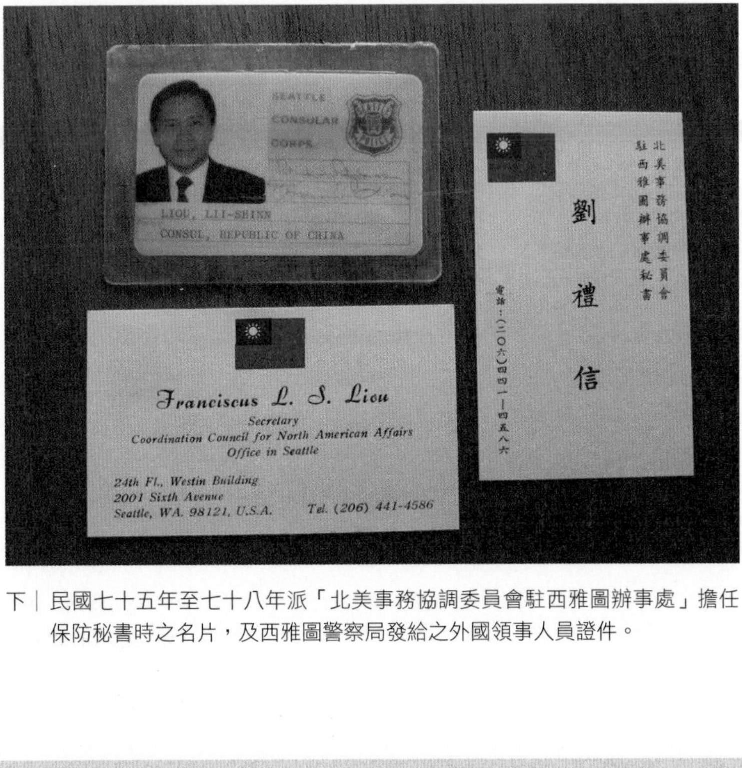

下｜民國七十五年至七十八年派「北美事務協調委員會駐西雅圖辦事處」擔任保防秘書時之名片，及西雅圖警察局發給之外國領事人員證件。

U.S. Department of Justice
Federal Bureau of Investigation
Certificate

Presented to

LIOU, Lii-Shinn

in recognition of attendance and participation
in the first
INTERNATIONAL MONEY LAUNDERING SEMINAR
Washington, D.C.
May 20 - 24, 1991

Assistant Director

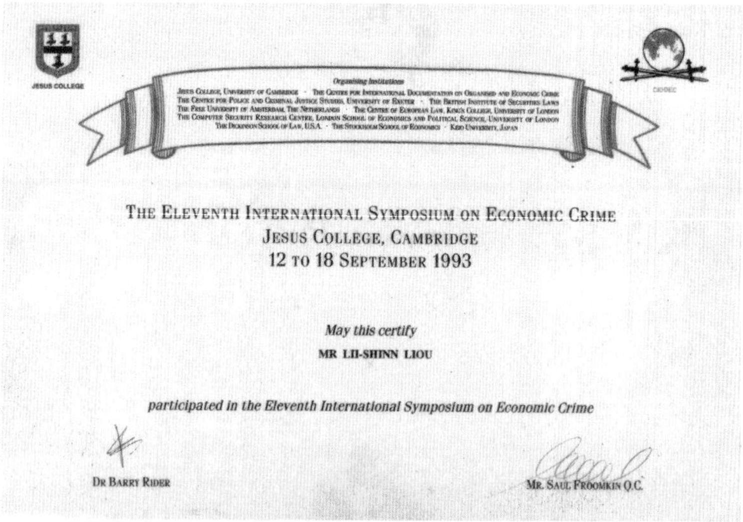

JESUS COLLEGE

Organising Institutions
Jesus College, University of Cambridge · The Centre for International Documentation on Organised and Economic Crime
The Centre for Police and Criminal Justice Studies, University of Exeter · The British Institute of Securities Laws
The Free University of Amsterdam, The Netherlands · The Centre of European Law, King's College, University of London
The Computer Security Research Centre, London School of Economics and Political Science, University of London
The Dickinson School of Law, U.S.A. · The Stockholm School of Economics · Keio University, Japan

THE ELEVENTH INTERNATIONAL SYMPOSIUM ON ECONOMIC CRIME
JESUS COLLEGE, CAMBRIDGE
12 TO 18 SEPTEMBER 1993

May this certify

MR LII-SHINN LIOU

participated in the Eleventh International Symposium on Economic Crime

DR BARRY RIDER

MR. SAUL FROOMKIN Q.C.

上｜民國八十年五月赴美國華府參加聯邦調查局第一屆國際洗錢研討會之證書。
下｜民國八十二年九月赴英國劍橋大學參加第十一屆經濟犯罪國際研討會之證書。

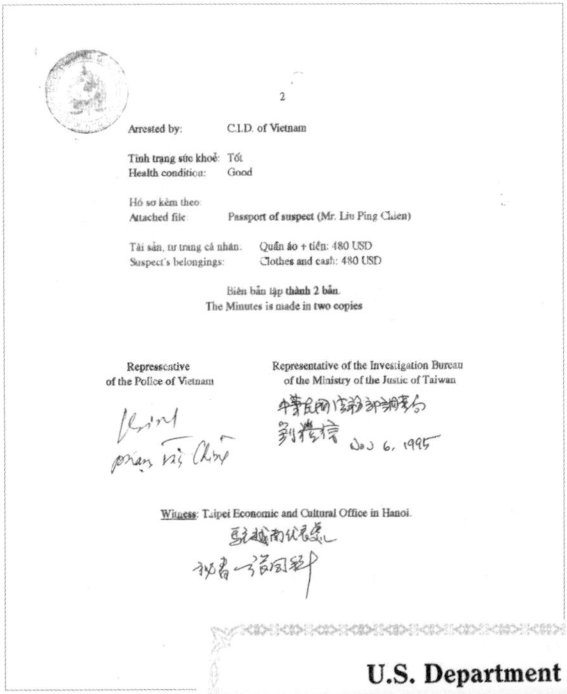

2

Arrested by:	C.I.D. of Vietnam
Tình trạng sức khoẻ:	Tốt
Health condition:	Good
Hồ sơ kèm theo:	
Attached file:	Passport of suspect (Mr. Liu Ping Chien)
Tài sản, tư trang cá nhân:	Quần áo + tiền: 480 USD
Suspect's belongings:	Clothes and cash: 480 USD

Biên bản lập thành 2 bản.
The Minutes is made in two copies

Represscntive of the Police of Vietnam	Representative of the Investigation Bureau of the Ministry of the Justic of Taiwan
	Nov 6, 1995

Witness: Taipei Economic and Cultural Office in Hanoi.

上｜民國八十四年十一月赴越南押解被遞解出境之國人外逃罪犯，與越南警方正式交接罪犯之文書。

U.S. Department of Justice
Federal Bureau of Investigation

This is to Certify that

LII-SHINN LIOU

attended a

Pacific Training Initiative Course

at
Agana, Guam

May 6 - 24, 1996

Assistant Director, Training Division
Federal Bureau of Investigation

下｜民國八十五年五月赴關島參加美國聯邦調查局「太平洋地區執法人員培訓課程」之證書。

Schule für
Verfassungsschutz

Teilnahmebescheinigung

Herr

Liu Li-hsing

hat vom 10.08.2002 bis 26.08.2002

an dem

Sonderlehrgang für ausländische Beamte

teilgenommen.

53913 Swisttal - Heimerzheim, den 26.08.2002

Im Auftrag

Prof. Schuh
(Lehrgangsleiter)

民國九十一年八月赴德國參加聯邦憲法保護局「國際恐怖及間諜活動之反制」講習證書。

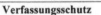

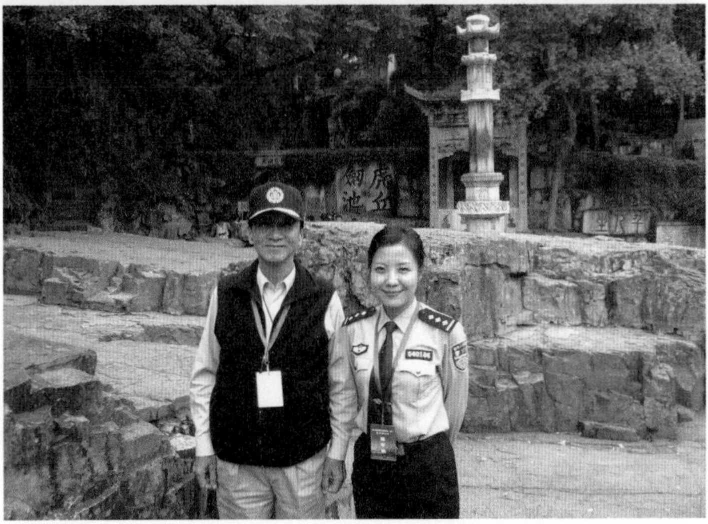

上｜民國九十九年十月赴蘇州參加警學研討會與座車前導警察合影。
下｜民國九十九年十月赴蘇州參加警學研討會與陪同遊覽之警察合影。

证 书

刘礼信 先生：

经评审，您提交的论文《台湾地区犯罪组织跨境洗钱的现况与预防－－以赌博所得为例》被收入《第七届海峡两岸暨香港、澳门警学研讨会论文集》，并被安排在大会交流。

特发此证，以资纪念。

二○一二年十一月二十六日

民國一〇一年十一月赴澳門參加「第七屆海峽兩岸暨香港澳門警學研討會」發表論文之證書。

調查員揭密

情治生涯四十年，
揭開調查局
神秘的歷史與過往

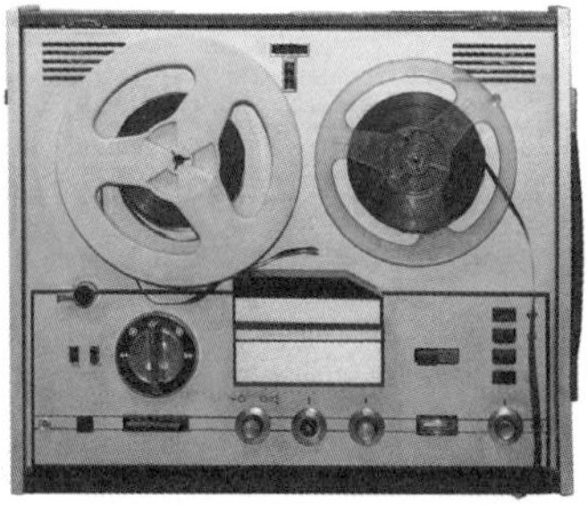

劉禮信 口述
范立達 撰稿

目錄／CONTENTS

劉序／

情治生涯四十年，回首看來，就像潮起潮落，起起伏伏的；有值得驕傲的，也有幾許低潮。無論如何，總算是靠這本書來綜整。

文天祥言：讀聖賢書，所學何事？而今而後，庶幾無愧。

孟子曰：自反而縮，雖千萬人吾往矣。

這些觀念貫穿了我的四十年工作生涯。

全書初稿完成後，再細讀時，也有感於孟子所言「君之視臣如手足，則臣視君如腹心」、「君之視臣如土芥，則臣視君如寇讎」。相信讀者細細咀嚼全書之後，也會有同感的。

感謝媒體才子立達兄執筆完成這本回憶錄。

謹以此書，獻給帶我到台灣，讓我有個安穩成長環境的　先父母。

范序

答應幫劉禮信主任寫這本書，是個機緣巧合。去（二〇一〇）年年初，在一場餐會中，見到了二十多年未曾謀面的主任。這麼多年不見，他臉上多了些風霜，但仍笑口常開，妙語如珠。他曾經辦過許多重大案件，但在當年在「廖正豪與程泉互鬥事件」中，被貼上廖系人馬的標籤後，遭上級秋後算帳流放到澎湖。我當然知道，他一定藏有很多故事，值得一挖。

於是，我就試探他，要不要幫他寫一本回憶錄？他當場不置可否，反而故意叉開話題，顧左右而言他。但過了幾天，他突然打電話給我，很慎重的問：「你上回說要幫我寫回憶錄，是開玩笑？還是說眞的？」我當然跟他說，我絕對有誠意做這件事。

約莫過了一個月後，主任面交了一本厚厚的手札給我，裡頭很詳實的記錄了他進入調查局之後的工作概況，約有三百多頁。我仔細研讀，並勤作筆記，到四月中旬，大約已經整理了三分之一，沒想到，突然遇到變故，電腦和手機就此失蹤，整理的資料也全都付諸流水。我心中喪氣，本想就此打住。但去年十月底，我的職場生涯發生變化，原本的工作告一段落，因爲賦閒在家，突然就多了很多空閒的時間，於是決定重起爐灶，和主任共同完成這一本書。

按照我的規劃，這本書當然不能只參考他的手札就能成書，還必須經過大量的訪談和資料查找。我估計，從開始訪談到最後截稿，大概要用到一年的時間。我把估算的時間說給主任聽，他原本不相信，但等到真的執行起來，果然一點不差。

我算了算，從去年十月起到今年九月底，我大約每一至二周和他碰面一次，前後一共進行了三十二次的訪談。每次訪談，長則七至八個小時，短則四、五個小時，真的是一場耗時又耗體力的工作。訪談前，我會先看過手札，挑出重點，面訪時就針對手札中漏而未提的部分追根究柢盤問。主任在調查局工作四十年，被他偵訊過的嫌犯不知有多少，他大概從沒想過，在他退休之後，竟會被一個晚輩如此嚴格的拷問。有時，我看他言詞閃爍，對他勉強的回應不甚滿意，但也暫不作聲，反正，這周問不出來，下周就繼續回馬槍式的再次盤問，總是要追問到底方休。

但主任不愧是老調查員。某些跟職業道德相關的秘辛，例如線民的身分，他真是打死也不說，又如他在海外工作三年，我知道他一定做過很多驚天動地的大事，但他也是抵死不從，怎麼逼問都不肯鬆口。

總之，我們每次面訪，都像在打戰，言詞交鋒非常激烈。而他常常就是靠著一杯水，撐過七、八個小時，幾不進食，毅力驚人。

每次訪談之後，我還得翻查資料、檔案。例如起訴書、判決書、剪報和公文函件。畢竟，人的記憶力有限，很多細節不可能一一記住，這些不足之處，我必須找到書面資料予以補充。而且，主任對於細節更是講究，他一再強調，我們寫出來的東西，一定要眞實，要能被後人拿來當成史料，所以不能有半句虛言。爲此，我們在許多細節和文字上常有爭執，兩不相讓，甚至槓到面紅耳赤的地步。有時，在訪談結束後，他回家再翻查資料，發現我原本的記憶是對的，他也會很有風度的坦承，而我，就會大呼「沉冤昭雪」，兩人都大笑。

這本書稿，我最初是按照「編年史」的體例書寫。也就是按照主任工作的年代、職務，一章一章寫下來。後來，我們都覺得這樣的呈現方式過於僵化和平淡，決定把所有的稿子全部打散再重組，按照不同的主題分章分節呈現，這樣的乾坤大挪移當然費時又費工，但調整之後的可讀性應該增加許多，也代表我們在完成這本書的過程中，絕不虛應故事，也不可能敷衍了事。

對於主任而言，這本書的問世，應該完成他的一樁心願，也爲他走過的痕跡，被後人看見。對我而言，這算是再度盡了記者的職責，完成一道不容易完成的採訪任務。而且，多年前我幫高明輝副局長寫的回憶錄，等於只把調查局的故事記錄到民國八十多年，之後近三十年的空白，終於能靠這本書塡補，也算是對自己的採訪生涯作個交代。除此之外，更大的收益是從歷次與主任的訪談中，獲得許許多多在職場上應對進退的寶貴經驗，這樣的身教，千金難換。

我與主任結識甚早，他在台北市處擔任社文組主任時，就是被我不斷糾纏的採訪對象之一。我很高興，這麼多年後，我們仍然維持著很好的友誼，而且能在他退休之後略盡綿薄之力，幫他完成這本回憶錄。當然，隨著之後職務的晉升，主任的官銜也高升爲處長、副主委。但我改不了口，還是習慣喚他主任，蒙他不介意，讓我一路喊到今天。

回顧調查局的今與昔，當然有很大的不同。威權時期的調查局，是個多麼神秘又強勢的機構，身爲展抱兒女，每個人都有著高度的自信與自傲，若以「走路有風」來描述，可謂絲毫不誇張。但如今，調查局的地位快速滑落，金字招牌嚴重掉漆，實令人不勝唏噓。去年十二月，甚至還發生刑事警察局搜索調查局北機站的事件，若在往昔，這根本是不可思議的事。若再對照以往「周人蔘弊案」爆發時，大批官警被調查局辦到雞飛狗跳，高階警官紛紛被羈押入獄，如今情勢逆轉，堂堂情治機關竟被警察登門搜索，其中心酸，眞不是一句虎落平陽就能道盡。

我跑調查局新聞多年，看過局裡的興盛、衰退與其間的轉折，從私人心情來說，我當然希望看到這個單位能夠重振昔日雄風。和主任合作完成這本書，也有個小小的心願，如果能讓後進的展抱兒女們一窺前輩當年的丰采，知道他們是如何在工作上盡心盡力，若能因此而有所啟發，或許也是成書之外的另一種收穫吧！

一一一年十月，于板橋

第1章

初試啼聲

一、進入調查局

我這輩子只從事過一項工作，就是在調查局服務。

自民國六十三年九月一日進入調查局幹部訓練所（展抱山莊）調查班第十二期受訓，直到一〇三年一月十六日退休，總計在調查局工作了四十年。可以說，我把我人生中最精華的一段時光都奉獻給調查局。回首這半生，各種酸甜苦辣的滋味我都嘗過，對於這份工作，我不能說我無怨，但絕對無悔、無愧。

這本書，就是要說說我在調查局這四十年來，究竟都做了些什麼事。當然，有些事屬機密，身為公務員，我必須保守職務上的秘密。這些機密事務，我會把它爛在肚子裡，會帶進棺材裡，對誰也不說，尤其是涉及到「內線」的訊息，事關職業道德，那是寧死也不能透露的。這種堅持不是只有我，全世界的情報單位也都是如此。但有些事，已經到了可以解密的時刻，我很願意說出來跟大家分享，也希望能藉此機會，稍微揭開一點調查局神秘的面紗，讓大家了解，調查局也就只是個國家機關，在裡頭工作的人，沒有什麼三頭六臂，也沒有什麼呼風喚雨的通天本領，如果硬要說，調查局的人和外人有什麼不同，或許，我們更多了一點熱血，更多了一點為國盡忠的赤誠罷了。

我想先介紹我的生平。

我於民國三十七年十一月出生於江西省南昌市，是家中的長子。

民國三十八年，大陸淪陷後，舉家逃離到香港，三十九年五月，隨著父母搭船再到台灣，從基隆踏上了這片土地，之後，與祖父母同住在桃園大溪。

小學一共唸了四所學校。先是在桃園大溪國小就讀，後來因為父親職務調動，舉家隨之搬遷，之後陸續轉學到台北市龍安國小、宜蘭市中山國小，最後在台南縣新營國小畢業。初中也唸了兩所學校，分別是台南縣新營鎮私立南光中學、省立嘉義中學。高中仍是唸了兩所學校，即省立後壁中學（台南縣）、省立復興中學（台北市）。只有大學沒轉學，在中興大學法商學院社會學系安穩地讀完四年課程。

六十三年五月，我自義務役考選預備軍官第二十二期退伍後，隨即於同年六月考上政治大學三民主義研究所（現為國家發展研究所），同年九月，也考取調查局。我為了想先進調查局服務，所以取得學校同意後，研究所辦理休學一年，直接進入調查局幹部訓練所調查班第十二期受訓。

說眞格的，當初報考調查局時，我對這個機關一點概念也沒有。在我的幻想中，我總覺得在調查局工作的人，或許就像〇〇七情報員詹姆斯．龐德（James Bond）一般的英明神武、風度翩翩、風流倜儻。況且，調查局的工作是摘奸發伏，掃除社會的敗類，我覺得與我的志趣相合，所以就決定報考。非常幸運的，一應試就考上了。

過往調查局人員的晉用方式，與現行的制度不同。當年，調查局的情治色彩非常濃厚，調查員的身家清白很重要。所以，要考進調查局的人，除了甄選的筆試、口試之外，還會經過秘密的身家及背景調查，確定應考者思想純正、無安全顧慮後，才會錄取。錄取之後，進入展抱山莊受訓，結訓後，再參加由考試院舉辦的調查人員特考，通過後，才能取得正式的公務員資格。

當年的制度，通稱爲「先訓後考」。被調查局招募進來的人員，一定都是想要爭取的對象，不會出現任何「異類」。受訓之後的特考，錄取率也極高。但是，當然還是有極少部分人員在考試時失常。而這些未通過特考的人員，調查局還是讓他們繼續工作，但在他們未取得特考及格成績之前，因爲不具有公務員任用資格，只算是「黑官」，調查局好像是以機要人員名義任用他們。

調查人員特考也不是每年都有，考試院有時會隔一年才舉辦考試。我記得調查班第十一期受訓的學員就是與我們第十二期同時參加特考的。

不過，後來隨著整個國家制度的發展，調查局「先訓後考」的制度被廢止了，改爲比照一般文官晉用方式的「先考後訓」。任何人，只要符合報考資格，都可以參加國家舉辦的調查局特考，調查局不能再對考生做任何身家背景調查，而且也不再限制性別比例。考取的人員經過訓練，成績及格，就能取得調查員的任用資格。所以，考制改變之後的調查局，晉用的人員就來自社會四面八方，想法也各不相同，不再像從前一樣，過於偏重於一端。

當年，我們在調查局受訓時，都得穿軍服、睡大寢室，棉被也得摺成像豆腐乾一樣方方正正，帶領我們的輔導員更是一絲不苟，而且生活作息都跟我們在一起，幾乎是寸步不離。我還記得，我受訓時的學號是四十八號，進訓練所的第一天，學員們要自我介紹時，我看全場氣氛嚴肅，就故意開玩笑的說：「我的學號是『比三八多一點』。」

沒想到，才講完後就被板著臉的輔導員韓君超警告，「你以爲這裡是救國團的育樂營嗎？」我嚇了一跳，從此不敢造次。

我在調查班受訓九個月後，於六十四年五月分發至基隆市調查站，站主任李來讓是一位非常斯文的長官，個性溫文儒雅，修養很好，對部屬從不疾言厲色。

我報到後，就跟人事單位表明，我前一年考進調查局時，也同時考上了政大三民主義研究所，但爲了要接受調查局的幹部訓練，特別休學了一年。如今，休學時間即將結束，所以我大概只能在基隆站再待四個月，就得辦理留職停薪，去學校唸書了。

李來讓主任知道我只能工作四個月，當然也就不能派我去做什麼長期性的工作，也沒派我去外勤跑據點，就只叫我先跟著學長學習作筆錄，順便處理一些雜事。

一周以後，主任突然跟我說，要我到台北市愛國東路的台北看守所報到。也因爲有這段因緣，我才終於見到傳聞中極其神秘的「誠舍」。

二、誠舍見聞

提到台北看守所，大多數人都知道它位於新北市土城區，但可能很多人都不知道，早年的台北看守所是位於台北市愛國東路、金華街、杭州南路二段、金山南路二段的那個區塊。

主任要我去台北看守所報到，我當然得聽令行事，但我心中頗感納悶，調查局在看守所裡竟然還有辦公室？在我的認知裡，監獄和看守所不都是關押人犯或被告的地方嗎？怎麼會要我去台北看守所報到呢？

我依著主任的指示，騎著摩托車，一路風塵僕僕的從調查局基隆站騎到台北市愛國東路一號。進了看守所大門，報了身分後，有一名管理員要我再進到裡頭第二層的圍牆內。隔著另一道厚重木門上的小窗口，我再次表明了調查員的身分後，大門霍然打開。這裡面，原來就是調查局「借用」台北看守所一角的舍房，又稱爲「誠舍」。

誠舍，是台北看守所裡的一個特別的區域，隸屬調查局。這一個披著神秘面紗的處所，其實也不過就是台北看守所衆多舍房的一部分。但與其他舍房不同之處，卽在於「誠舍」外圍有一道圍牆，把它劃成看守所內一個不與其他舍房相通的獨立區域。「誠舍」內大概有十來間的牢房，另外還有數間供工作人員使用及休息、住宿的房間。我後來才知道，「誠舍」裡頭的工作人員、管理員，都是由調查局派任。

我被長官派到「誠舍」，主要的任務是支援學長們偵辦「老匪案」。

何謂「老匪案」呢？原來，早年有些人曾在大陸地區加入過中國共產黨，或更年輕的時候加入共產黨的外圍團體「共青團」、「少年先鋒隊」等。這些人在大陸淪陷時期隨著政府來台，但他們在政府宣布應該主動自首並宣布脫離共黨時，都沒有辦理自首手續，所以被視爲持續具有共產黨員身分，而依據大法官釋字第六十八號解釋，「凡曾參加叛亂組織者，在未經自首或有其他事實證明其確已脫離組織以前，自應認爲係繼續參加。」而懲治叛亂條例第五條正是「參加叛亂組織罪」，所以，我們接到的命令是，這些人一旦被查獲，卽不問他們是在多少年之前加入共產黨或外圍團體，也不論他們現在與共產黨有沒有任何聯絡及活動事實，都一律認定他們的行爲具有繼續性，都適用懲治叛亂條例。由於這些人大多年事已高，而且參加叛亂組織又是陳年往事，所以我們都通稱這類案子爲「老匪案」。

以今觀昔，我知道很多人都批評那個時代調查局偵辦的「老匪案」是一種政治整肅。但是，從當年的那個時空來看，法律既如此規定，大法官又作這樣解釋，我們身爲執法人員，怎麼可能假裝視而不見？更何況，我偵訊過一名「老匪」，他自己都親口承認，他當年在大陸時期確曾參加共產黨，來台之後雖然多年都未再跟共產黨聯繫，但他的確是潛伏份子，也就是「潛匪」。民國六十四年四月，蔣中正總統逝世時，他都四處宣傳：「共產黨要來了，台灣卽將不保了！」我問他，爲什麼要做這樣的宣傳？他說：「共產黨如果來了，我還沒有任何表現，那怎麼行？」所以，我們辦這些「老匪」，有冤枉他們嗎？我倒不這麼覺得。

這些「老匪」們，有些是非常精明的。他們平時可能裝得畏畏縮縮的，應訊時又似驚弓之鳥，但只要讓他們稍有得喘息空間，他們就會偷偷觀察，分析我們這些訊問人員裡，哪些資深？哪些資淺？誰是幹部？誰又是跟班的小菜鳥？誰的脾氣好？誰的個性火爆？之後，就會利用各種機會，趁調查員落單的時候個個擊破。有時是以套交情的方式、有時是用溫情口吻、有時擺出哀兵姿態，博取特定對象的同情，以便爲自己爭取最大的好處。這種「監獄鬥爭」的手法，我之前根本聞所未聞。到了「誠舍」支援後，親眼目睹這些「老匪」們使出種種花招，真讓我大開眼界。也幸虧有學長們事前提醒，否則像我這種涉世未深的訊問人員真的會在一不留神的情況下著了他們的道。我不得不說，這些「老匪」真的有兩把刷子，絕對不是普通人。

我們辦的案子，除了懲治叛亂條例第五條的「參加叛亂組織或集會罪」之外，也辦了很多「二條一」的案子。所謂的「二條一」，指的是懲治叛亂條例第二條第一項的內亂、外患罪，這是唯一死刑的重罪，非常嚴厲。另外，像懲治叛亂條例第四條的藏匿或包庇叛徒罪、第六條的散布謠言罪、第七條的爲匪宣傳罪等，也都是辦案的重點。

外界常說，早年調查局辦案時會刑求逼供，我不知道其他同仁問案的風格如何，但我從不動手。每當我們約談嫌犯到案後，如果他們一直抗拒，不願吐實，我就會翻開六法全書，指著懲治叛亂條例第二條第一項的條文給他看，讓他們明白自己涉及到的案情有多麼嚴重。很多嫌犯一看到法條上寫著「處死刑」三個字時，都嚇得臉色發青。這時，我會再指著懲治叛亂條例第九條的條文給他們看。這一條規定，犯叛亂罪者，若是自首或反正來歸者，或是在犯罪發覺後，檢舉叛徒或有關叛徒組織，因而破獲者，都可以不起訴或減輕或免除其刑。

面對這些「老匪」時，我經常會告訴他們，他們或許曾經做過了某幾項犯罪行爲，我們的確不可能全盤都得知，但憑我們手中所掌握的證據，就足以讓這些「老匪」被判處極刑或重刑。他們想要死中求活，想要享有懲治叛亂條例第九條的優惠，不是僅承認我們掌握的案件就罷了，必須主動供出我們不知道的案情，才能獲得減刑或免刑的待遇。

這種寬嚴並濟的方式很容易突破嫌犯的心防，他們爲了爭取從輕發落，常常會供出許多更驚人的案情，所以，又何必要靠刑求逼供來取得他們的供詞呢？

我在「誠舍」只支援了四個月，但留下了非常深刻的印象。

我記得，我剛進「誠舍」報到時，學長就告訴我，走路時不要左顧右盼；自己的偵訊室自己顧好，別去其他的偵訊室串門子；不是自己辦的案子，不要亂問；不要跟人犯講自己的姓名……。學長沒告訴我爲什麼有這些規定或規矩，但我是新人，自無不從的道理。

到「誠舍」報到的第一天，我陪訊到晚上十點多，結束詢問後，我以爲可以回家了。沒想到，學長竟然打開一間空牢房，叫我進去睡。我看到牢房裡連床都沒有，只能睡在地板上，但也只能默默接受。學長臨走時，還特別叮嚀我不要關燈。我回應說：「我不怕鬼。」想不到，學長悠悠的說：「沒有鬼，但是有老鼠……」這就是我在「誠舍」的第一夜，讓我畢生難忘。

在「誠舍」時期，我大多負責戒護工作。在偵訊室裡，學長和嫌犯面對面的坐著鬥智，我就坐在嫌犯後頭戒護。一整天下來，學長怎麼問案？從哪些角度切入？如何「抽答作問」？嫌犯又如何應對？這些程序，我全部都看在眼裡，也讓我偵訊嫌犯的功力大增，對日後的工作有不少幫助。

例如說，我們在訊問這些「老匪」時，就必須懂得如何以「恩威並施」的方式來突破他們的心防。舉例來說，這些「老匪」一開始被抓進「誠舍」時，我們最初只對他們做身分清查，並要他們努力回憶過往在大陸時期是否曾與共產黨份子接觸。他們如果配合，有時主訊的調查員就會下條子，批示「客飯」兩字。「誠舍」的伙房看了，當晚送餐時，提供給嫌犯的伙食就會豐盛一些，幾乎是比照我們調查員晚餐的菜色，這當然比他們平常吃的牢飯要強得多。所以，對某些比較在意口腹之慾的「老匪」，這就成爲一個比較容易讓對象配合的利器。

有時，我們也會獲得一些意想不到的「協助」。當年，愛國東路一號看守所內還設有刑場，有時會執行死刑。我發覺，若當天凌晨刑場內曾經槍決過死囚，那麼，這天提訊嫌犯時，嫌犯都會特別配合，幾乎有問必答。或許，凌晨時分響起的槍聲，過於驚悚又刺耳，這些「老匪」們感受到有人命喪於此，內心會有特別異樣的衝擊，這也讓他們在面對偵訊時，更難繼續堅持吧。

而這些「老匪」在經過約兩個月的清查之後，如果確定的確涉有參加叛亂組織罪嫌，我們就會請檢察官到「誠舍」開庭訊問，檢察官訊後批示，本案爲叛亂罪，依照懲治叛亂條例第十條的規定，應移交軍法機關偵查。之後，人犯就會解送到警總軍法處看守所，由軍事檢察官下令羈押，這段程序稱之爲「過堂」。如果後續還需要繼續訊問的，就送到警總軍法處看守所安康分所（即調查局安康招待所）。

這種「由司法轉軍法」的手法，如今想想，當然在人權保障上是不夠周全的。不過，那是時代背景使然，當年偵辦「老匪案」時，偶而會用這樣的手法，以爭取更多的辦案時間。

支援「誠舍」的末期，台北看守所搬遷到台北縣土城鄉（今新北市土城區）立德路，我也參與了相關人犯押解的過程。遷到土城之後，台北看守所就常被外界稱爲「土城看守所」。「誠舍」也更名爲「仁舍」，但很多人仍沿用舊名稱之。它委身在土城看守所的一隅，不再是個獨立的區域，也沒有獨立的圍牆，這塊區域也繼續提供調查局使用，但過不久之後，看守所把這塊「租界地」收回，調查局人員全部撤出，爾後，「誠舍」就成了歷史名詞了。

三、據點生涯

我在「誠舍」前後一共支援了四個多月，到同年十月，眼看到了我研究所休學一年期滿，於是就向局裡辦理留職停薪手續，返回研究所就學。

兩年就學期間，由於我也具有調查員的背景，雖然不執行公務，但仍然必須隨時與台北市調查處保持聯繫，成爲他們的諮詢對象。

研究所課程修讀完畢後，我於六十六年七月復職回調查局，隨即分發至台北市調查處，在第三組擔任延平據點。

當年的台北市調查處，不像現在設有諸如中山站、中正站、大安站等外勤站，當年是以「組」來劃分工作區域的。我被分發到的第三組，轄區包括了台北市的中山區、延平區、建成區，幅員很廣闊。第三組的辦公廳隱藏於台北市中山北路二段六十五巷某棟民宅的二樓，對外保密。這條巷子就在國賓飯店旁邊，是條很熱鬧的巷子，早年風月場所聞人何秀子的店就在這條巷子裡，識途老馬都知道這條巷子臥虎藏龍。

早年，情治單位都非常神秘，我們的名片也只能夠單純的印上姓名（也有人是用化名的）及電話，單位、職銜和辦公室地址都不能印出來。所以，不知情的人接到我們的名片，都會一頭霧水，猜不透我們是哪個單位的人。

除了名片之外，我們跑據點的同仁以及一些要負責特殊任務的幹員，也會領到一張由台灣警備總司令部核發的「戒嚴通行證」，證上有個人的照片及姓名，並寫出服務單位「調查局」，證件上還特別註記：准予攜帶槍械。

那個年代仍是戒嚴時期，政府雖然採取低度戒嚴管制，但總是擔心萬一發生緊急事件，要進行高度管制時，人車都不能任意通行。此時，僅持有「戒嚴通行證」的特殊人員才能自由進出管制區域。可是，當年調查局曾規定，如果同仁遺失服務證，要記大過一次，如果遺失「戒嚴通行證」，同樣也得記大過一次。試想，如果有人的皮夾掉了，一次同時遺失這兩張證件，不就記兩大過了嗎？既然風險這麼高，所以我們這些持證的同仁大多都把證件鎖在辦公室的抽屜裡。據有些同仁說，這張證件最大的用途，就是要進入屬於管制區域的港區釣魚時，他們出示證件，立即就通行無阻，而且，因爲港區內沒有其他閒雜人等跟他們競爭，所以能釣到的魚就特別多，每次都收穫滿滿。除此之外，這張證件完全就是備而不用。

我當時的組長謝潤倫，是位個性內斂的長官，他很資深，是調查班尚未成立之前的期前學長，從情報局移編過來的。後來我們才聽說，他是電影明星謝玲玲的伯父，但他似乎也不覺得這層關係有什麼值得張揚的，在辦公室時從來不提。有時，他去台北市處開會，回到組裡時，就一個人關在辦公廳裡抽悶菸，我們一看，就知道他一定是績效評比落後，挨上級長官刮了，但他也不會遷怒我們。

他規定，我們早上九點一定開會。開完會後，大夥兒窩在辦公廳裡寫情報，一式四份，當年沒有影印機，複寫必須靠複寫紙，所以要寫得很用力，筆力才能穿透那麼多層紙，簡直是入木三分。

組裡的同仁輪流值日，值日生得到菜市場買菜，中午煮給大家吃。伙食費由大家均攤，如果值日生不會煮飯，可以外購熟食，但熟食較貴，差價就得由值日生自己貼上。

值日同仁當天也要值夜，值夜時得睡在辦公廳。但辦公廳裡沒有床，值夜的同仁就把辦公桌拼在一起，睡在上頭。這樣的日子雖然克難，但很懷念。

晚間，台北處的督察會打電話到各外勤組查勤。那個年代，沒有手機，只有室內電話。只要人不在電話旁邊，往往就會漏接電話，但一漏接，就有可能被督察判斷成缺勤或摸魚。所以，我們值夜時，如果上廁所，或去洗澡等等不方便接電話的時候，我們就會把全辦公室的電話筒都提起，放在旁邊，製造成電話都在通話中的假象。

前面提到，我在第三組分配的工作是在延平區跑據點。所謂的「據點」，很像是在派出所服務的基層警力，也是調查局最深入民間的基礎工作。調查局的老前輩曾經這麼說：「跑據點的，在你轄區內，大小事都要知道，大小事都要能罩。」據點跑得好，就能密切掌握地方的任何動靜，任何風吹草動，都逃不過自己的掌控。但坦白說，跑據點是個苦差事，成天要在外頭奔波，四處跟人交際，如果不是容易結交朋友的個性，跑據點會很辛苦。

跑據點最重要的工作是掌握轄區、蒐集情報。我會去跟小攤販、賣檳榔的大叔、大樓管理員、刻印店的師傅、小印刷廠老闆、鄰里長等人結交，建立起綿密的人脈網絡。

我之所以要跟小印刷廠老闆建立關係，是為了要追查有沒有人在偷印反動傳單。而有時，也會有不法份子去找刻印店盜刻軍方或國防部的印章，再伺機做亂。跟印刷廠、刻印店建立起交情之後，這些動靜就能完整掌握。

我知道，一定有人會問：「情報是什麼？」說起來，情報五花八門，一時也難以細說，但可能很多人都不相信，連台北市中山北路馬路上有個坑洞，都算是個情報。這是因為蔣中正總統的車隊每天都要經過這段道路，所以這條路線又稱為「特別警衛道路」，路面平不平整絕對是維安的重點。

戒嚴時期，最高當局要求安定。所以，如果有人意圖製造社會不安，都是大事。

我們有時半夜也會到中華商場那八棟一、二層樓面巡守，看看公共廁所裡有沒有人寫反動文字。夜半時分，只要看到有人形跡可疑的從廁所出來，我們就跑去廁所查看，看看有沒有人在廁所的牆面或門板上亂寫亂畫。

如果發現果然出現了反動文字，就必須要拍照蒐證。但牆壁或門板上的字跡很難完整拍下來，如果打閃光燈又會反光到整個畫面曝光過度，後來有人教我，從旁打個太陽燈，就像現在網紅自拍時補光的方式一樣，就能拍得很清楚。

我還聽說，有同仁看到廁所門板上的反動文字時，因爲塗鴉的範圍太大，相機鏡頭拍不下來，乾脆就把整個門板拆下來帶回辦公室比對筆跡，眞是工程浩大。

早年，在調查局還沒有跟戶政機關網路連線的時代，我們辦案爲了要查出嫌犯的身分資料，通常都得向戶政機關調取當事人的口卡片。在那個「戶警合一」的時代，警方要調取資料，比其他機關容易太多。他們不必發公文給戶政機關，只要在查詢電話中先說出每個月會變動一次的代號，戶政人員辨明身分後，就會提供資料。

爲了讓調查局也能夠比照警方，享有一樣的特權，我在跑據點時，也常會逛到警局派出所，偷瞄他們寫在黑板上的戶政查詢代號，再通報給同仁們。之後，我們打電話到戶政機關時，就會假稱自己是某某派出所人員，並報上識別代號，之後就能順利查詢到相關的戶政資料了。

或許有人會問，爲什麼我們跟戶政機關查詢資料時，要冒充警方人員身分呢？說來說去，還是因爲怕被搶功的關係。我記得有一回我到戶政機關申請某一對象的戶籍資料時，就發現這位戶政人員偷偷多印了一份留存。我質疑他的作爲，這名戶政人員面有難色的告訴我，管區警員早已跟他們交代，只要有非警方身分的人查詢戶政資料，就要把相同的資料影印一份通報警方。所以，我們若以調查局的身分去查詢資料，警方也會同步得知，如此一來，很多我們正在發展中的案件，就有可能被警方搶得先機。我恍然大悟，爾後，我再去戶政機關調閱資料時，除了對象的資料外，我還會多申請幾位毫不相關的人民的資料，以達到欺「敵」的效果。說來說去，這都像是諜對諜的行爲啊。

今昔相比，我必須說，近幾年來，調查局的據點工作很不落實，年輕一輩的調查官，習慣透過網路查詢相關資料，比較不習慣自己走上第一線去查訪民情。久而久之，與地方人士之間的人脈就難以建立，相關的情報工作就更難以掌握。後來，我在台北市調查處社文組當主任時，有一年，我印了一疊賀年卡，發給組裡的同仁，要他們寄給自己轄區內有交情的對象，結果，有些同仁竟然寫不了幾張，這代表他們跟轄區根本就脫節了。這眞的是調查局必須嚴肅面對的一項事實。

據點生涯對我影響很大，讓我深切的體會，一定要深耕，才會有收穫。在調查局服務四十年，我常常對同仁說，在調查局若想要獨當一面，只有三種工作可以做。其中一個是據點，一種是站主任，另一個是局長。我認爲，在這三種職務上，都能有很大的揮灑空間，都可以開創一片天。而我，據點、站主任都幹過，算是相當幸運的，更值得一提的是，我幹過六個外勤站主任（社文組主任、澎湖縣站主任、彰化縣站主任、偵防工作組主任、桃園縣站主任、台北縣站主任），創下全局紀錄，是空前，應該也是絕後。至於局長嘛……我自認沒那個本事，也就別奢想了。

但我在內勤工作了很長的一段時間，也有了不同的體悟。我覺得，在調查局當科長，是件很神聖的事。我常常對年輕的科長們說，不要小看自己的工作。「你要知道，你這個科長，是全國唯一。你做的業務，全國就只有你這一科在做，當你決定要動起來時，全國都要跟你配合。你做得好、做得壞，對整個國家都會有不同的影響。」

不過，我的據點工作沒做太久，前後維持了一年，就改調到台北市調查處第三科，在雷霆組服務。

四、聯合警衛

民國一一一年七月八日上午十一時半（日本時間），日本前首相安倍晉三赴奈良市大和西大寺站為日本參議院選舉候選人助選演講時，遭刺客從背後開槍射中左胸及頸部，送醫搶救無效後，於當天下午五時不治身亡，享年六十七歲。

這件新聞爆出後，我馬上陷入回憶，回想起四十多年前，我還在台北市調查處雷霆組服務期間，長期支援一項特殊任務。這項特殊勤務，就是聯合警衛。

聯合警衛，指的就是保護總統經國先生的勤務。

現今，保護元首的工作稱為特種勤務，立法院也在一〇一年通過「特種勤務條例」，對於特勤單位、特勤人員、特勤編組人員都有明文的規定。但在正式立法之前，國家安全局早已在八十七年十二月就訂頒了國家安全局特種勤務實施辦法，讓安全局正式介入保護元首的工作。不過，早在兩蔣時代，元首保護工作早已運作多年。那個年代，雖然一切都還未法制化，但勤務工作可完全不能鬆懈。

我接觸聯合警衛勤務時，國家元首已經是經國先生了。記憶中，早年聯合警衛勤務是由總統府侍衛長主管。侍衛長下轄聯合警衛指揮部，統合安全局、警政署、憲兵司令部、警備總部、調查局等不同單位組成的任務編組，共同維護元首的安全。平時，聯合警衛勤務有固定人員執勤，但遇到重大慶典活動或經國先生要跟大量人群近身接觸時，執勤人員就會擴增，以達成安全警戒的功能。

聯指部的據點稱爲「福莊」，位於銘傳商專（今銘傳大學）的山坡底下，非常隱密。福莊有兩個區塊，一邊是辦公室及宿舍，一邊是靶場。我剛進調查局在調查班受訓時，就曾經到福莊打過靶，我記得，當時的總統府侍衛長鄒堅還到場接待。

福莊的靶場是電動人型靶場，比起調查局和其他治安機關的靶場，有可能是當時較爲先進的設備，所以我們也被派去體驗。我還記得，福莊靶場的人型靶會不斷移動，手槍射擊時很難瞄準，在我之前的學長都沒擊到全倒，輪到我上場時，我竟打個滿靶，獲得滿堂彩。那時，我當然沒預料到，日後我會參與聯合警衛的工作。

在調查局裡，專責承辦聯合警衛業務的單位是第一處，但他們的工作範圍偏向情報蒐集。每逢要動員人手，保護經國先生時，局裡就叫我去處理。

我爲什麼會接掌聯合警衛的任務，時隔多年，實在已經記不淸楚了。但在那個時代，我們都是奉命行事，長官交派任務下來，我們只有接受，不可能質疑。況且，能夠保護元首，對我們而言都是莫大的光榮，當然更義不容辭了。

我們並非天天都有保護元首的勤務。主要的勤務時間大多集中在每年十月的雙十慶典，以及經國先生就任總統的就職大典。因爲在這些特殊的場合上，總統會面對非常多群衆，安全維護工作就要更小心，僅靠聯指部原本的人力難以應付，調查局這時就會派上用場了。

我們執行的聯合警衛勤務時，都是以便衣方式保護元首，而且，向來強調親民愛民的經國先生非常不喜歡他身邊有太多保護人員，所以我們執行勤務時，還得不露聲色，或要混入群衆中，以處理各種危安及驚擾事件。

通常，當大型活動登場，要增加派遣人手時，聯指部會先通知我，請我們支援某一數量的人力。這些人力會隨著總統出席場合的不同，而有人力配置上的增減。以國慶大典來說，調查局大約要出動超過百名以上的調查員，這些人員大部分都部署在閱兵台兩側的觀禮台上，愈靠近總統身邊，就要挑選愈精明的人執行勤務。而在台下介壽路（現稱凱達格蘭大道）旁的新公園（現已改稱二二八紀念公園），我們也會安排人力警戒。總統府附近的制高點上，也要部署人力，避免任何突發事故的發生。某些重要的制高點，聯指部還會派出憲兵、警官隊和調查局三組不同單位的人力戒備，以達到相互監視也相互支援的目的。

那個年代，國慶日前的晚上，在台北市南京東路的中華體育館內，還會舉行「四海同心晚會」，規模非常盛大，而且，體育館的座位安排是中間場地最低、四周環狀區的座位高。總統一定坐在中間場地最接近前方舞台的位置，而四周環狀區的座位都居高臨下，若有不法人士想要伏擊總統，成功機會很大，所以，在那個場合中，我們也要出動超過百名以上的人力，四散混入人群中，以防止任何突發事件。

每年十月的國慶大典，都是我們執行勤務的重頭戲。若這一年的國慶典禮只有才藝表演，總統露面的時間不久，勤務就比較輕鬆，但若像民國六十七年及七十年那兩回舉行非常盛大的國慶閱兵典禮，總統要站在閱兵台上逐一檢閱以分列式徐步通過的部隊時，耗費的時間就非常久，我們就要加派更多人力，並花更多時間保護總統，任務就更爲艱難。

對於一般民衆而言，國慶閱兵大典是個罕見而且盛大的場面，光是電視轉播的畫面就讓人應接不暇了，如果能夠拿到觀禮證，到現場身歷其境的感受軍容壯盛和各種強大的武器，更是難得的體驗。但對於執行勤務的我們來說，我們可沒有時間分神去看閱兵，而是要留意四周的人群中有無異狀，神經都繃得緊緊的。更何況，正式閱兵前還有兩次預演，該看到的場面都看過了，看到後來實在覺得了無新意。

國慶大典預演都是在深夜舉行，有一次預演時，我們照例在新公園裡面安排人手戒備。這名同仁依照指示在一張長椅上坐下，機動待命。可能他坐著的時間過久，讓人誤以爲他在等待些什麼。一名男同性戀者悄悄坐到他身旁，見他沒有反應也沒有離去，就大膽的伸手摸他大腿，這名調查員又驚又怒，起身把那名男子狠狠爆打一頓。勤務結束後，同仁回到辦公室還一直向我抱怨連連。

此外，舉凡總統到中正紀念堂廣場、陽明山中山樓等公開場所，跟民衆或僑胞講話，我們也會在群衆裡面部署人力。

印象中最特別的一次勤務，是在火車上執行。那一回，我突然接獲緊急通知，總統要搭火車視察北迴鐵路。由於是臨時通知，我還在納悶要怎麼安排相關的警戒措施。到了車站之後，才發現這列火車加掛了一節車廂，而且，這節加掛的車廂還不是置於列車的第一節或最後一節，必須安插在列車中段。

但這下子，問題又來了。

列車每一節都依據編號，突然要在第六節和第七節車廂中插入這節臨時加入的車廂，它該編成第幾車呢？台鐵局也是眞有辦法，他們把這節車廂編成「6A」。

車廂安排好了，我們又爲了避免讓經國先生發現他身旁都是安全警衛人員，所以就由本局派出的十多位同仁，再配合幾位女警，假裝乘客身分，進入車廂內保護總統。

這列火車在台北車站準備發車，我們同仁也都先行上車待命，包括台鐵局局長董萍也都已經先行上車，等待總統一行人蒞臨。

正在此時，突然看到一名男子從前一列車廂走來，他走到董萍的座位前，很不客氣的說：「你坐到我的位置啦！」

董萍大吃一驚，馬上起身開始掏口袋，假意要拿出車票比對。但我們這一節車廂裡的每一個人都在執行勤務，根本沒有買票，他又怎麼可能掏得出車票來？只見他很尷尬的掏了掏兩只褲口袋，又掏了上衣口袋，還是掏不出車票，但董萍又不好跟他說，這節車廂是「6A」，不是第七車，怕愈描愈黑。正在危急時刻，列車長驚覺，趕忙跑來，他一本正經的拿了這名男子的車票看了一看，然後板著臉說：「你的位子在下一車，不是這一車。」這名男子一頭霧水，但見列車長堅持，他就默默的再往下一車移動。

董萍當時驚惶失措到滿頭大汗的景象，我到現在都還記得呢。

聯合警衛勤務還有很多執行上的細節，不能在此透露，因爲我猜想，這些執行程序很多都還沿用迄今，基於職責所在，也爲了維護國家元首安全，這部分的情節我就不再多所著墨。

第2章

雷霆辦案

一、我與雷霆組

我在民國六十七年六月從台北市調查處延平據點調到第三科的雷霆組工作。我之所以被調到雷霆組，跟劉展華有很大的關係。

當年，劉展華是台北市調查處第三科的科長。他那時剛從基隆市調查站副主任調升過來。而我在六十三年考進調查局，於六十四年五月受訓完畢分發時，就是分發到基隆市調查站，在劉展華的麾下工作。

一個調查站裡，有那麼多名調查員，按理來說，劉展華應該不會留意到我這個新人才對。但後來，他親口跟我說，因爲我做了一件很特別的事，才讓他對我留下了印象。

在基隆站的那段時間，我報到沒多久就被調去「誠舍」支援。有一天，劉展華拿了一本「專報」給我，要我把整本專報抄錄一份給他。

那份專報的內容涉及許多大陸情資情勢，專供調查局內部研讀之用，是屬於「限閱」等級的機密資料，自然也不能影印。我拿到之後，白天也抄，晚上也抄，連續加班加點的趕了三天三夜，終於把整本專報抄完，再交給劉展華。

他看到我三天就完成他交付的任務，有點吃驚。原來，在我之前，有一位學長也被交辦要幫他抄錄專報，結果那位學長連抄了好幾個月，都沒抄完。人家幾個月都做不完的事，想不到我三天就完成了，這樣的工作效率讓劉展華非常驚訝，他也因此就對我上了心，覺得我做事還算認眞吧。因此，等他從基隆站調到台北市處當科長，並且成立了雷霆組時，就把我拉進這個新創設的組裡工作。

由此，我也有個很深的體會。我覺得，長官交付我們的工作，不管大事小事，我們都一定要把它當成最重要的事情來處理。就算是再怎麼枯燥無味的工作，也一定要盡心盡力完成。試想，如果當初劉展華要我抄錄專報時，我若也像之前的學長一樣，漫不經心的處理，劉展華又怎麼可能注意到我？當他想到要用人之際，又怎麼會想起要用我？

雷霆組隸屬於台北市調查處第三科，第三科主辦的業務是偵防。所謂的偵防，全稱叫「政治偵防」，跟調查局另外兩大業務「犯防」、「保防」有別。

偵防，主要的業務範圍就是要調查、蒐集、掌控政治異議人士的言行，以及有無涉及叛亂、爲匪宣傳等犯罪行爲。犯防，指的是犯罪防制，主要是業務是緝毒、取締貪污、掃蕩經濟犯罪等。至於保防，工作的重點在政府機關安全的保密防諜等業務。過去，保防工作都是由調查局保防班出身的人員負責，他們受完訓練後被派駐到各機關去。最初，他們在各機關內設立的單位叫安全室或保防室，後來，上級覺得名稱不好聽，就下令把他們的單位納進人事室。在一般機關的編制上，人事室第一科通常主管人事業務，第二科負責保防。所以，這些保防單位也常被稱爲人二室。但台北市政府人事單位編制龐大，下設六科，負責保防業務的不是第二科，而是第五、第六科。而這兩科的人都常被外界譏笑爲「人五人六」的傢伙。

很多年之後，法務部成立了政風司，人二室也正名爲政風室，這一塊業務就劃歸由政風單位來主管了，並掌握全國政風機構人員的派免、調動、陞遷、獎懲及考績，這些政風人員就與調查局再無隸屬關係了。到了民國一〇〇年，政風司改制轉編爲廉政署，也就成爲另一個辦案的單位。

前面說到，台北市調查處第三科主辦的業務是偵防，但在劉展華當科長之前，第三科的工作比較偏向於內勤業務，科裡的同仁大多也都只做一些情報分析的工作。但劉展華走馬上任之後，他覺得第三科應該要有自己的外勤工作組，要主動出擊，去掌握群衆事件的現場狀況，即時通報，同時也可以負責重要案件的偵辦，所以他報請處長沈自康同意之後，就創立了負責外勤工作的雷霆組。

雷霆組成立之初，組員大概才十餘人，清一色全是壯丁，一個女生也沒有。組長呢，就是當初在訓練所，對著嬉皮笑臉的我怒斥：「你以爲這裡是救國團的育樂營啊？」的那位輔導員韓君超。

我在雷霆組工作長達七年，這是我在局裡待最久的一個單位。這七年裡，我們眞的參與偵辦了不少案件。包括吳泰安案、陳映眞案、多喜彥次郎案、美麗島案、匯豐證券爆炸案、聯合報與中央日報爆炸案、三一專案等。台美斷交時，我們也曾出動參與現場掌控通報工作。這些，都是很珍貴的回憶。

二、吳泰安案

吳泰安案最初叫做「六二三專案」，因爲這案子一開始發覺的時間是民國六十七年六月二十三日，所以就以這一天作爲專案名稱。後來，查獲主嫌是吳泰安時，專案才跟著改名。

吳泰安本名叫吳春發，他學歷不高，只有小學畢業。他出社會後，因爲涉及詐欺罪被判刑，他不想入獄服刑，於是偷渡到日本，被司法機關發布通緝。他在日本滯留期間因爲護照到期，只好跑到中共駐日本大使館求助，被大使館官員張世昌吸收，並提供金錢援助。張世昌鼓動他在台灣起事，並指引他說：「你用共產黨的名義，沒有人會認同你，所以你一定要用台獨的名義，民衆就會支持你了。」

吳泰安受到鼓舞後，還寫信給中共國家主席華國鋒，說：「我要參加解放台灣統一戰線，我跟你裡應外合，解放台灣！」據說，華國鋒還曾透過張世昌回信給他，他當然因此更受鼓動。

民國六十七年，吳泰安在日本成立「台灣自由民國革命委員會」，並自任主席。同年六月，他潛回台灣後，即印發傳單宣傳台獨思想，並在台灣各地吸收成員，還指派他們爲「台灣自由民國革命委員會」的副主席、地區作戰司令、指揮司令等職務。他被捕後，坦承在日本接受中共大使館人員的指使，回台灣發展組織，相機行事武裝革命，且已在台南訂製軍服、階級標章等。

調查局最初逮到他時，對於他的供詞都覺得難以置信，但後來又陸續逮捕多名涉案份子，經過比對不同人的供詞、搜索查扣的證物等等，都發現相互吻合，才相信確有其事。最後，吳泰安被判處死刑槍斃。

在吳泰安之前，有一名日本僑胞林榮曉（歸化日本前的名字叫黃榮堯）先行返台，替他大量散發並張貼傳單，煽動武裝革命。他被逮捕的過程，我曾親身參與。

林榮曉在日本時期就結識了吳泰安。吳泰安吸收他時，曾說：「中國大使館支持我，如果我們成功，以後台日之間的鰻魚專賣權就交給你，並讓你成立電視台。」在重利誘惑下，林榮曉心甘情願當吳泰安的馬前卒，帶著一批印製好的反動傳單返回台灣，四處散發。之後，他又自行刻了橡皮模版，自行印製傳單。

民國六十七年三月十二日，郵檢單位發現了九百餘件從日本郵寄到台灣各界的傳單，署名爲「台灣自由民國革命委員會主席吳泰安」之「告台灣同胞書」，內容是：「台灣是台灣人的國土，要奮勇抗暴，不久革命爆發時，全體出動，包圍機關，占領軍隊，殺盡！」由於這些文件涉有鼓吹台灣獨立思想，所以立卽被查扣。到了同年六月二十三日至七月十四日，又陸續在台北市、雲林縣、台南縣、彰化縣、台中市、台中縣、高雄市查獲三千七百九十四封內容相同的叛國組織黑函，及傳單八百零五張。「六二三」專案名稱就是由此而來。

由於這些傳單散發的範圍實在太廣，全省北、中、南幾大縣市都有人拾獲，當然也就引起了主管反動傳單的調查局注意。六十七年八月間，調查局從這批散發的傳單中找到一枚指紋，經逐一比對後，查出是役男黃榮堯的。後來再調查，才知道黃榮堯已經改名叫林榮曉。

我們接獲情報，獲悉林榮曉匿居在台北市臨沂街一棟大樓的頂樓，但我們沒人認識他，手中的資料也只有一張由戶政機關提供的泛黃口卡照片。時隔多年，我們猜想他的樣貌應該有所改變，也沒把握見到人到時一定能認得出他。於是，我們一群調查員就前往執行任務。

抵達現場時，發現這戶人家的鐵閘門拉上，而且門上還掛了一副掛鎖，看似無人在家。帶隊的組長韓君超眼見碰壁，只好要大家在他住處周遭守候，等他出現時再一舉成擒。但我突然靈機一動，跑到牆邊觀察電表，發現電表上的度數流動得很快，我連忙跟韓君超說：「我判斷裡頭應該有人，而且正在大量用電，不如我們再觀察看看。」眾人同意，就分別四散埋伏。

而我，就跑到頂樓更上一層的屋頂，由上而下監控林榮曉的住處。守了好幾個小時之後，突然看到有一隻手臂，從鐵閘門的柵欄縫隙中伸出，把門外的掛鎖打開，並推門而出、準備搭電梯下樓。我在屋頂想要通知在樓下埋伏的同事們，但又沒辦法聯絡。原來，在物資窘迫的那個年代，整個台北市調查處只配發八具無線電對講機，雷霆組分配到四具，但我沒領到。我跟樓下相距遙遠，又不能開口大聲嚷嚷，怕會打草驚蛇。幸好，我口袋裡備有幾顆小石子，我連忙掏出石子，丟到樓下。樓下的同事聽到動靜，抬頭一望，看到我猛打暗號，就趕忙衝向大樓門口，眼見有人出了電梯，猛然就喊了一聲：「林榮曉！」林榮曉不疑有他，馬上回頭問：「什麼事？」這一回應，證實此人身分果然無誤，於是大夥兒一擁而上，當場把他逮捕，另一批同事也馬上進入屋內搜索，當場起獲印製反動傳單的橡皮版四塊、已封裝的反動函十六封、反動傳單六十九張、偽旗三面及作案記事本，成果非常豐碩。

逮捕林榮曉時，我們並不知道吳泰安已經潛回國內，我猜連林榮曉自己也都不清楚。事隔多日之後，調查局接獲一名計程車司機密報，得知有一名男子在南部地區搭程計程車時，一直跟司機鼓吹宣傳台獨思想，臨下車時，還留給司機一張印有「台灣自由民國革命委員會主席吳泰安」字樣的名片，這才發現吳泰安已經悄悄回到台灣。他也因為行跡曝露，終於落網。

吳泰安被捕後，他的女友余素貞以及同案多人也陸續遭逮。余素貞被押解回新店安康招待所時，有一天，我參與偵訊她的工作。在訊問過程中，余素貞無意間提到，她曾和吳泰安「走過一條長長的田梗路，去拜訪一位好胖好胖的、椅子都快坐不進去的先生，還有他爸爸⋯⋯」，她的話，引起了注意，後來詢問吳泰安的調查員查出，原來余素貞提到的，就是余登發、余瑞言父子。

也就因此，從吳泰安案後來又發展出高雄縣前縣長余登發、余瑞言父子知匪不報案。掌握住余素貞的供詞後，調查員再回頭訊問吳泰安，他供稱，從日本潛回台灣後，曾經三度登門拜訪余登發，尋求金錢贊助。由於吳泰安和余素貞的供述都能相互印證，而且在吳泰安上門並且表明有叛亂意圖後，余登發並未向政府舉報，所以吳泰安落網後，調查局即以余登發、余瑞言父子涉及「知匪不報」罪名，予以逮捕。

多年之後，我看到有些媒體在報導余登發事件時，都把當年這件案子說成是國民黨政權在羅織入罪，並稱吳泰安案及余登發父子案是假案。但我必須很誠實的說，余登發及余瑞言案是貨眞價實的鐵案。我雖然沒有參與偵辦他們父子兩人的過程，但在偵辦吳泰安案時，我們從沒有預設立場，更沒想到案情會發展到余氏父子身上，辦案人員是在分別訊問吳泰安及余素貞，獲得相同供述後，才知道他們也牽涉到這個案子。若仍有人要說余氏父子案是假案，恐怕都只是臆測之詞吧。

三、美國斷交

六十七年十二月十六日，美國宣布與大陸建交，與我斷絕外交關係。國人憤怒，示威群衆聚集在美國大使館及外交部多處久久不散。戒嚴時期的群衆事件都是情治單位必須要掌握的重點，所以我每天都前往群衆聚集的場所觀察群衆活動，重點範圍包括在總統府前的介壽路（現今凱達格蘭大道）上的外交部和台北賓館一帶。

在介壽路上，我總是看到大批警察在努力的維持秩序，進行道路管制，禁止車輛通行。而馬路上，只見從四面八方蜂湧而入的群衆高呼口號，大聲唱著愛國歌曲，不斷踩踏灑滿路面的花生（由於當時的美國總統 Jimmy Carter 是花生農出身），但感覺起來，示威群衆都還算理性。

二十七日晚間，美國副國務卿克里斯多福（Warren Minor Christopher）搭專機抵達台北松山機場，準備要跟政府高層會商斷交後相關事務。群衆獲悉，就聚集在機場附近抗議。爲了避免有心人士趁機滋事，我們也奉命要到現場監控蒐證。

到了現場時，我發現已有不少學生已在松山軍用機場出口兩側列隊等候，隊伍還一直向西延伸至敦化北路，另外也有一批群衆集結在民權東路、敦化北路兩側。這些學生手持抗議標語和布條，齊聲呼口號並高唱愛國歌曲，感覺起來很像是動員而來。但我發現在敦化北路及民權東路交口處，因爲要讓車輛通行的關係，並無學生隊伍，也無警力在場。我直覺，此處可能容易發生事端，就把同仁部署於此。

就在此時，突然有輛汽車從機場駛出。衆人以爲是美國代表的專車，於是群衆大喊，大量雞蛋像暴雨般的擊向這輛車。在路燈照明下，這場蛋雨襲擊的場景眞的非常壯觀。只聽聞有人高喊：「弄錯了！不是！不是！」衆人才停下動作。但仍有不少人抱怨，他們白白浪費了不少雞蛋。

晚間十點左右，克里斯多福抵達，外交部在機場內舉行的記者會結束後，車隊就從機場駛離。這時，再次出現的蛋雨又襲向了每一輛黑色轎車。車隊駛至敦化北路和民權東路的交口時，果然出了狀況。

只見大批群衆衝到車前，將車隊攔下。群衆觀察車內人士，只要發現是外國人，就捶打車輛，也有人跳到車頂蹭腳，駕駛座前的擋風玻璃也被砸碎的雞蛋蛋液濺滿，完全看不見道路，雨刷也刷不掉又黏又腥的蛋汁蛋殼。而部分群衆看到雨刷啟動，更怒得把雨刷折彎、拔掉。幾度有車輛在慌亂中撞上分隔島，部分群衆見狀就想去將車子掀翻，我見事態嚴重，馬上趕過去維持秩序，並高喊：「冷靜！冷靜！」在場警察也趕忙維持秩序。事後想想，如果車輛眞被掀翻，裡面的談判代表若被拉出車外，在群衆殺紅了眼的氛圍下，很可能凶多吉少。若是如此，事態就眞的嚴重了。

我當場也看到美國駐華大使安克志（Leonard S. Unger）與克里斯多福的座車，車窗已被打破，安克志的臉上也有小傷，但他仍然非常鎭定。反而是克里斯多福，一臉驚慌。有一輛外交部租來的禮賓車，整個車體被群衆捶打得全是凹痕，受損嚴重。最後，在警力強力排除下，車隊才終於平安離去。

當晚，除了松山機場外，在北門附近的美國大使館、在中山北路的大使官邸都有抗議群衆，爲了安全起見，克里斯多福都沒選在這兩處休息過夜。

這天晚上發生的群衆事件，事後一直有人討論，更有人懷疑是國民黨政府在幕後一手操控，但我近年來在七海園區擔任志工，有幸閱讀蔣經國先生日記，發現經國先生在六十七年十二月三十日寫下這麼一段文字：「廿七日美國政府代表團於夜間抵台北時，受到示威群衆之嚴重干擾，乃是極爲不利之意外事件，使我預佈的一盤有利的棋變爲不利。群衆難以控制，深以爲憾。」這篇日記的原件置於美國史丹佛大學胡佛檔案館，但台北「蔣經國總統圖書館」存有影印本。以當年經國先生日記所載來看，這場群衆運動應該不是由他授意，至於日記中提到「使我預佈的一盤有利的棋變爲不利」更是耐人尋味，但所謂「有利的棋」所指究竟爲何？就沒有人知道了。

翌日，兩國代表要展開會談，原定會談地點是在外交部，但外交部門口有大量群衆聚集，我研判應該會更動會議地點。不多時，我看到外交部人員從邊門匆忙的搬離很多文件、設備上車，我連忙查證，果然發現會談地點臨時更改到圓山飯店。當時，調查局的公務車有限，爲了支援我的行動，調查局本部特別派了第三處處長的黑色座車給我，車上也有無線電設備，方便聯絡。

我趕到圓山大飯店後，發現有大批警力，把群衆都管制在山下，幸好我向警方表明身分後沒被攔住，才能順利上山，我也趕快把同仁部署在飯店四周。沒多久，美國代表團也抵達現場，克里斯多福下車時仍是一臉驚慌。他左顧右盼，確認沒有示威群衆後，神色才稍微和緩。在旁的安克志表情沉穩，沒有露出任何不安的神色。此時，我也看到蔣彥士、宋長志、錢復、宋楚瑜等人已在會場內等候。會談中途，克里斯多福一行人會在警車前導，憲兵機車連四周護衛下，離開圓山大飯店，前往總統府與蔣經國總統見面，我也尾隨同行。

二十九日下午，談判告一段落，美國代表團準備離台。圓山大飯店山下、松山機場附近仍然集結許多群衆。爲了要掌握狀況，我盯緊了克里斯多福的座車，並要支援我車輛的劉姓駕駛記清楚車牌，交代他等一下要跟緊這輛車。

果然，車隊一離開現場後，有些車輛右轉往士林陽明山方向前進，有些直行走中山北路前往市區，而克里斯多福的座車則是左轉走濱江街，由松山機場跑道旁的後門進入。當時，在門口守衛的軍人應已事先接獲通報，所以並未盤查就直接打開閘門讓一行車隊快速駛入，而我的黑色轎車看起來和專車車隊毫無二致，機場警衛也揮手讓我順利進入。

進到機場後，我發現專機的引擎已經發動。克里斯多福下車後，與送機人員匆匆打完招呼，就登機離開。在停機坪上，除了幾位官員送行外，還有一位美國媒體駐台的女性記者也在場。

飛機起飛後，車隊隨即駛離機場。我透過車內的無線電回報，想不到守在台北市調查處任務編組的學長竟然下達指示，要我留在機場的管制區內繼續觀察，我當下就表示不可能，因爲，車隊都駛離了，如果我還留在機場內，之前混水摸魚溜進來的行徑一定露餡，於是，我也隨著車隊從機場大門離開。出機場時，很多示威群衆仍然辛苦的守在機場外高呼口號，他們看到車隊出來，心中一定很納悶。

事後，我才想到，我車上還擺著一台由調查局本部第六處支援的高性能相機，在克里斯多福登機離開時，我竟忘了拿起相機拍下這歷史的畫面，眞是遺憾。

四、逮捕陳映真

陳映眞本名陳永善，是非常有名的台灣鄉土文學作家，也是「統派」的代表人物。他在一〇五年十一月病逝於北京的消息曾躍上媒體，並喚起讀者對這位老作家的回憶。但對於他，我有著與他人不同的深層記憶。

其實，早在民國五十七年，陳映眞就曾被控涉及「組織聚讀馬列共黨主義、魯迅等左翼書冊及爲共產黨宣傳」等罪名遭逮，判刑十年，史稱「民主台灣聯盟案」。他在台東泰源監獄和綠島服刑七年後，因蔣中正總統逝世獲得特赦，而提早三年出獄。但他出獄後，相關言行仍然受到情治機關的監控。

調查局查出，陳映眞出獄之後仍然不斷暗中替中共宣傳，鼓勵群衆收聽大陸廣播，還吸收成員搞組織活動，便於六十八年十月三日以陳映眞涉嫌叛亂爲由，下令拘捕。奉命執行的人是我，於是，我就到陳映眞住處把他逮捕，並解送到安康招待所詢問。

陳映眞是一位自視甚高的作家，爲了要突破他的心防，我事先特別購買了陳映眞的小說，如《將軍族》、《夜行貨車》、《第一件差事》等作品，並詳加閱讀，以了解他的思想脈絡。詢問他時，我也從他的著作做爲談話的切入點。這也讓他頗感意外。

陳映眞當時也說，調查局的水準比較高，不像負責出版品查緝的單位，竟然說他的作品中描述養鴿人家在放鴿子時，「用竹竿高搖紅布條，就是在替共匪宣揚」，並以此作爲查禁他作品的理由，令他哭笑不得。

而我一步一步詢問，觸及到他的政治思想時，雙方有比較激烈的交鋒。但討論了一陣子之後，我明白點出：「你的這些論點，就是共產主義思想！」他承認他是共產主義思想，但在寫自白書時，只肯寫自己是社會主義思想。

陳映眞被捕後，引發社會各界的關注，以左派華人作家爲主的力量立刻串聯，他們甚至還聯繫到美國有力人士設法營救。

第二天，我在毫無心理準備的情形下，接獲上級通知，必須立卽放人。命令傳來，同仁都覺得非常氣餒，也深感錯愕。情勢很明顯，無論如何，陳映眞是不能再繼續留在安康招待所了。但我一問之下，竟沒有人願意送陳映眞回家。大家面面相覷，最後還由我負起送他回家的任務。

我還記得，把陳映眞送到家時，他家裡已有多人在等候。他們看到我送陳映眞回來，也不忘對我幾番冷言冷語的奚落。我心中當然不平，但爲了完成任務，只能咬牙吞下。我把陳映眞交給其妻陳麗娜，讓她確認陳映眞完好如初，身上沒有任何傷痕後，就轉身離去。在我身後嘲弄怒斥之聲不斷，但我只能置若罔聞。

五、多喜彥次郎案

我在雷霆組工作的那段時間，常常奉命監控台獨份子，以掌握他們的行動和行蹤。這些被我們監控的對象，不見得一定都會做出什麼嚴重違法亂紀的事情，但他們交遊廣闊，住處常常門庭若市，賓客來往絡繹不絕。如果能掌握這類核心或關鍵人物，往往就能順藤摸瓜，順勢掌握一大群人的相關情報。

我們監控的對象中，田朝明就是這類型的重要人物。田朝明是一位醫師，他的政治立場鮮明，非常同情反對運動人士。他的太太田孟淑，人稱「田媽媽」，更是反對運動中的要角。他們有個女兒田秋堇，後來在民進黨執政時期擔任過立法委員、監察委員。女婿劉守成，曾任宜蘭縣長。但在我們監控的那個時代，他們都還沒在政界發跡。

田朝明家在台北市雙城街，我們幾次監控後，就發現經常有人進出他們家大門，而且，其中也不乏外國人，顯然，田朝明的人際關係並不一般。

我們判斷，如果能夠把田朝明這個「點」監控好，一定能掌握很大量而且珍貴的情報。但若要長期監控，就必須有一個可以二十四小時不間斷監視他們家的場所和設備。如果只靠我們這些調查員在附近徘徊，一定很快就被查覺。若在他們家附近停放一輛偵防車，即使車上有偽裝，但長期停放，還是很容易被識破。所以，最好的方法，就是在他們家附近找一間房子，一方面方便同仁們進出並安裝監控設備，二方面也較能隱藏我們的行蹤，不致被對方發現。

但是，要怎麼找，才能到一個理想的據點呢？正巧，田朝明家對面有棟公寓，正在招租，我們靈機一動，決定把它租下來，也立即通知同仁把監控器材搬進來，人員也跟著進駐。

在被監控對象附近的房舍建立監控點，並不常見，算是工作上的特例。我也記得，我們曾經監控另外一位楊姓對象時，本來也想承租他家對面的房子，但那間房子的屋主怎樣都不肯出租，最後，我們只好一咬牙，把這間房子買下來。買房子必須找個人當買主，當時的台北市處長高明輝想了半天，挑了一位個性非常老實的學長吳昶暉，指定把房子登記在他名下，過了幾年，任務結束後，再把房子賣掉。

而這些租屋、買屋的經費是從何而來？坦白說，我並不清楚。我只知道，每次我們提出需求時，局長阮成章都說：「沒問題！工作你們做，錢，我來想辦法！」而最後，他真的都能找到經費，來解決我們的困難。在我歷任跟隨過的局長中，阮成章的確是一位非常有魄力的局長。

這次監控，前後長達一年多。同仁最初使用照相機，拍下每一個進入田家大門的人。這些人進屋時，我們只能拍到側身或背影，但他們之後離去時，是正面面對著門口，這時，同仁就能清楚地拍到每一個人完整且清晰的正面影像了。後來，我們還添購了一台在當年算是非常先進的 Sony 錄影機，每當有人進出田家，同仁就啟動錄影錄音設備，並口頭說明，現在是某年某月某日幾點幾分，有一個身分不詳的男子或女子進去了……。

這些被拍下的人物影像，我們事後都帶回組裡，大家逐一分析、分頭辨識，田朝明的交友網絡，也就完整的建立起來了。那段期間，我們建立了一整套的人物檔案，這些人物的影像，都是來自於報章媒體和黨外雜誌。每當我們發現有新的對象出現，我們就把檔案找出來比對。於是，許多反對人士的資料和人際網路，就這麼一點一滴的建立起來。這些被我們拍下的人，有些是從國外回來的台獨聯盟成員，也有部分台灣民主運動海外同盟份子、獨立台灣會等異議人士都陸續會在田朝明家出現，這也更讓我們堅信，田朝明家很可能是這些反對人士的一個聚集點。

民國六十八年十月三十一日，我們發現有一位行跡可疑的東方外籍男性長者悄悄的進入了田朝明家。待他離開時，我們就在他身後不遠處尾隨跟監，一路跟到附近農安街的利園飯店。等他上樓之後，我們向一樓櫃檯工作人員出示證件，請櫃檯小姐提供所有住宿的旅客名單，逐一比對後，發現他是日籍的多喜彥次郎（Taki Hikojiro），前一天才以觀光名義從日本入境台灣。

為了要掌握更多狀況，第二天我們全組動員了七名同仁到田朝明家附近守候，也加派了兩個人到利園飯店待命。當天下午，多喜彥次郎果然又到田朝明家，一直待到深夜才離開，而且，離去時，他手上還提了一大紙袋的東西。我們趕快追查，發現他已經訂好了西北航空公司的機票，翌日一早就會離開台灣。

十一月二日上午，我們馬上趕到桃園中正機場，協調警總中正機場協調中心及財政部台北海關，在登機前把他攔下，並立即搜身。果然，從他褲檔處查獲田朝明寫給黃有仁（即黃昭堂，台獨運動重要領袖，曾任台獨聯盟主席）、郭雨新（宜蘭人，台獨運動政治人物、旅居美國）的工作報告信函。有所斬獲後，我們馬上向局裡回報，局長阮成章當機立斷，立即致電警總，請警總把即將推離空橋的班機叫停，卸下全數托運行李，從中翻找出多喜彥次郎的行李箱。打開後，果然看到其中有黃有仁寫給多喜彥次郎日文工作指示信函，我們推斷這封信是多喜彥次郎初次與田朝明見面時用以取信於人的文件，另外，我們也在多喜彥次郎的行李中找出收聽海外廣播頻道的調查表等。

我們一開始就研判多喜彥次郎的工作身分是「交通」，也就是往來兩地、負責從中傳遞訊息的人。經過搜查，果然大有斬獲。

隨後，我把他帶回安康招待所詢問。但由於他只會講日語，而我們組裡的同仁沒人能說日語，只好請一位曾在大陸東北日本占領區工作的前輩崔星階趕來支援。這位前輩也毫無身段，完全依我們規劃的方向，配合我們的需求問案。

有趣的是，當時為了要爭取多喜彥次郎的合作，我們除了提供餐飲之外，還特地去買些水果供他食用。結果，他專挑平價的香蕉猛吃，反而對我們高價買來的蘋果完全不屑一顧。看到這麼奇特的場面，我猛然想起，在日本，蘋果是尋常之物，香蕉反而珍貴，也難怪他會大啖香蕉。而我們同仁，也就樂得把剩下的蘋果全部吃乾抹淨了。

我們詢問完畢後，把多喜彥次郎移送給軍事檢察官複訊，翌日以不受歡迎人物為由把他驅逐出境。

他被送去機場時，還頗感意外。因為，他自知幫旅日叛亂份子擔任交通是違法行為，所以當他行跡敗露後，以為這次一定逃不過牢獄之災，而他被我們一路押解到位處荒郊野外的安康招待所時，更是嚇到雙腿發軟，深覺前途未卜，說什麼都沒想到，最後竟然能夠全身而退。據說，他返回日本後，還曾寫信到局裡表達後悔及感謝之意。

我們在田朝明家對面建立的這個監視點，還曾立過別的大功。這個監視點曾拍到一個重要人物——日本人前田光枝。她被查出是受到長期旅居日本的「獨立台灣會」負責人史明的指示，來台灣建立各種聯繫管道，並擔任居間聯繫的角色。掌握了前田光枝的行蹤後，調查局就跟著查到了盧修一，最後就辦成了「前田光枝案」。不過，「前田光枝案」的偵辦過程我並沒有參與，因爲那時我正好到國家安全局國家安全幹部研究班受訓，所以也沒辦法知道其中有些什麼內幕故事。

這個監視點發揮了這麼大的作用，當時的局長阮成章非常滿意，也曾表示要來監視點慰勞同仁。但我們擔心，局長的黑頭座車如果一駛進雙城街，因爲太過顯眼，很可能會驚動對象，而阮局長的外省人樣貌和口音，也與當地民衆很不相同。爲了避免打草驚蛇，只好婉轉表示，請他略爲改裝再來。果然，到了視察那天，局長的座車眞的就停在遠處，他下車後，戴個漁夫帽、穿個不起眼的外套，非常低調的走進監控點。

對於局長如此配合我們的需求，大家都非常感動，監控的工作就幹得更起勁了。

六、美麗島事件之逮捕呂秀蓮

民國六十七年底，美國與台灣的外交關係搖搖欲墜，美國總統卡特在這年十二月十六日宣布，自翌年一月一日起，與中共建立外交關係，並與中華民國斷交，爲此，蔣經國總統立卽發布緊急處分，下令停止選舉，這也讓許多有心參政的黨外人士頓失舞台。爲了繼續凝聚支持勢力，這群黨外人士就在六十八年八月創辦了美麗島雜誌，一方面批評政府、鼓吹民主，一方面串連集結，製造聲勢。

隨後，美麗島雜誌社宣布將在六十八年十二月十日「國際人權日」在高雄舉辦遊行活動。消息一傳出，全國情治單位都緊張了起來。

戒嚴時期，政府爲求安定，不准人民任意集會、遊行，情治機關對於這類型的活動也非常注意。我們也接獲上級指示，要對美麗島雜誌的成員進行「威力跟監」，希望能發生遏阻作用。

所謂的跟監，通常都是秘密爲之，不會讓對象發覺有人在跟蹤或偷偷監視行蹤。而在調查局的「術語」中，跟監有時又稱爲跟守、行動蒐證，有外人在場時，我們也會用「忠誠」這個名詞來取代跟監。

但威力跟監則不同。威力跟監強調的是「威力」兩字，是指情治人員會光明正大的跟著對象，就是擺明了要讓對象知道有人在跟著他。因爲是亦步亦趨的跟，所以，威力跟監通常會造成對象巨大的心理壓力。採取威力跟監的目的，通常是希望能夠嚇阻對象，讓他們不會作出逾矩的事。

我和五、六位同仁組成一個小組，奉命跟監的對象，是美麗島雜誌社的副社長呂秀蓮。但她平常不常到美麗島雜誌社辦公，經常出沒的地點反而在台北市新生南路三段的拓荒者出版社。

我們早也跟、晚也跟，呂秀蓮只要一出門，我們的人員馬上就跟在後頭。她若在出版社，我們就派一輛車守在門口。由於是威力跟監，所以也不怕被她認出來，跟監的汽車就大搖大擺的停在出版社的對街上。

有一次，呂秀蓮眼見我們一路緊迫盯人，她也不動聲色的逕自回到桃園老家，進到屋內後，又從這棟老式房屋後面的通道悄悄的溜走。在前門外頭守候的同仁苦等了半天，始終不見呂秀蓮動靜，覺得有異，一探聽之下，發現呂秀蓮從後門溜了，都大驚失色。幸好，有情報傳來，稱呂秀蓮到附近的餐廳跟朋友吃飯，我們馬上趕過去，果然看見呂秀蓮坐在一群朋友旁邊，眉飛色舞的邊聊天邊吃飯。看到我們慌亂的神情，呂秀蓮還很悠哉的笑了一下。

威力跟監雖然展示了情治單位對美麗島雜誌成員的高度關注，但還是無法阻止他們決定要到高雄集會的決心。由於我們接獲的命令只有在大台北和桃園地區跟監，所以，當呂秀蓮一行人南下後，便脫離了跟監範圍，我們也就不再一路跟著他們到高雄去了。

十二月十日，美麗島事件爆發，警民衝突相當嚴重，雙方都有人掛彩。各情治單位都指獲命令分別監控特定對象，我奉命帶隊繼續監控呂秀蓮。任務命令是「可以驚動，不許脫離」，我心裡明白，上頭應該是在研究，要不要動手逮人了。

十二日晚間，命令再次傳來，要我們於翌日清晨天亮時把監控對象拘捕到案。當晚，呂秀蓮、陳菊、施明德、艾琳達等人都聚集在台北市信義路施明德的家中。施明德住在一棟公寓的二樓，一樓是林義雄的住家。外頭，各路情治人馬幾乎都到齊了。我算了一算，包括警備總部保安處台北組、文教組以及警察人員都在場，每組人員都各有要拘捕的對象，但相互之間都沒有橫向聯繫，也沒有協調分工。我心想，等一下若要行動時，各單位同時動手，若各方人馬一擁而入，現場一定混亂。爲求順利達成任務，我趕快把我們這一組同仁召集起來，先行部署分工，包括外圍監控、進入拘捕、人員辨識、搜身檢查、車輛接應等等，都調度妥當之後，就等時間一到，即可行動。

深夜零時，警總人員表示要開始執行拘捕任務，我馬上提出異議，並明白指出，上級的命令是「清晨天亮時拘捕」，如果警總硬要半夜搶先行動，各單位執行時間不同，將會天下大亂。警總帶隊官和我僵持不下，最後決定通報指揮所交由指揮官裁示。幸好，上級指示非常明確，要我們「維持原定計畫」，警總人員才悻悻然地打消搶前行動的意圖。

但熬到清晨五時，天色仍未亮時，負責執行拘捕施明德的警總人員卻再也忍不住了，他們不顧我的抗議，決定立即執行。

警總的帶隊官找來一位制服警察，到公寓二樓施明德住宅敲門，並自稱是管區警察，門內回應說他們認識管區警員，但不是這一位。這名制服警察只好硬著頭皮說：「管區請假，我是代班的。」門內的施明德一夥人怎麼可能輕信？他們當然拒絕開門。此時，警總人員見無計可施，竟然開始用力撞門。

電影場面中，常看到執法人員用力撞門之後，馬上就能破門而入。但，那眞的只是演電影，在現實社會中，厚厚的大門可不是這麼簡單就能撞開的。

動。

果然，幾名警總人員輪番用肉身去撞門，撞得肩膀都發疼了，但大門仍然聞風不動。

此時，施明德隔壁一名女性住戶聽聞屋外有動靜，就開門查看，我怕她受驚，連忙趨前安慰她，並囑咐她趕快回到屋內，沒想到，這名女子偷偷告訴我：「我們家後陽台跟隔壁家相連，可以跨越過去。」

我又驚又喜，馬上跟警總帶隊官通報，於是，一群人馬上借道隔壁住戶的後陽台，迅速翻進施明德家，並打開施家大門。隨後，各單位人員紛紛擁入，各自尋找自己負責的目標。

我率一位女同仁進入現場，看到呂秀蓮就直挺挺的站在客廳，既不抗拒，也不躲藏，似乎早已預見自己有這樣的時刻。我依照程序，對呂秀蓮進行人別辨識，問她：「妳是呂秀蓮嗎？」她露出諷刺的笑容，回說：「你都跟我跟這麼久了，還不知道我是誰嗎？」我請女調查員趨前逮捕呂秀蓮，並且搜身，隨即帶離現場。

在一陣混亂之際，在客廳裡的施明德妻子艾琳達突然大聲吼叫。一名警總人員立刻由後抱住她，並用手摀住她的嘴，另一人迅即拿了一條毛巾堵住艾琳達的嘴巴。但我們的行動已經驚動了施明德，他迅即趁機脫逃。陳菊也趕忙從二樓跳下，撞破了一樓遮雨棚的屋頂，但隨即被制伏。

我們分身乏術，完全無法兼顧別組的需求，只能專注自己的任務。按照原定計畫，我們把呂秀蓮押解上車後，馬上駛往台北市博愛路的警備總部軍法處（地點在台北地方法院正對面），把她交給在場守候多時的警總人員。

完成任務後，我們才鬆了一口氣，並折返台北市調查處復命，這才發現局長阮成章竟坐鎮無線電機台室掌握狀況。我向局長報告，由警總負責執行的對象施明德似已逃脫，局長大驚，馬上打電話向相關單位查證，才知確有此事。

當天清晨，包含呂秀蓮在內，美麗島雜誌社核心份子，如黃信介、姚嘉文、林義雄、陳菊等多人都紛紛被捕，分別關押在警總保安處、警總軍法處看守所（現爲國家人權園區）或安康分所（卽由調查局負責管理的安康招待所，法律上的地位是「警備總部軍法處看守所安康分所」），這場大逮捕事件當然也轟動全國。

逮捕任務結束後，我又奉命負責呂秀蓮的偵訊工作。長官指示，訊問小組一組四人，共同行動。我本來想，在之前的威力跟監和逮捕行動中，我曾率台北處情報科戚小鶯、犯防科林玲蘭兩位女同仁參與，如果要偵訊呂秀蓮，這兩位女同仁應該是最適當的人選。但沒想到，我雖是偵訊小組的組長，卻沒權力選擇自己的組員。長官早已安排了局本部第三處的三位學長戴鈞、孫曉富、王小圓（戴、王兩位是女性）跟我同組。我暗暗叫苦，心想，三位學長都比我資深，平時還是指導我工作的前輩們，我要如何能夠領導他們？但後來合作時，這三位學長都非常大度，他們完全聽從我的安排，絲毫沒有擺出任何學長的姿態，這也讓我打從心底敬佩他們。

呂秀蓮被羈押和偵訊的地點，都位於新店秀朗橋頭的警總軍法處看守所。如今，這個區域已改成國家人權園區，裡頭的部分建築略有更動或拆除，但訊問呂秀蓮的那間偵訊室仍然保留著，並維持原樣不變。

在接獲命令要偵訊呂秀蓮後，我心中想著，呂秀蓮是一位自視甚高的女性，如果只是一味的羞辱、威嚇她，應該問不出什麼結果。爲了要了解她的思想脈絡，我特別去把她發表過的文章和著作都找出來，包括《台灣的過去與未來》（查禁本及市售本）、《新女性何去何從》等，並一一研讀。我也查出，蔣經國任行政院長時，呂秀蓮也曾於行政院法規會任職，深獲重用。慶生會時，還與蔣經國一同吹生日蛋糕上的蠟燭。我出示這張照片給呂秀蓮看，她臉上一陣羞赧，還要我不要再提此事。

我認爲，呂秀蓮原本對台獨並沒有什麼具體的認識，是後來從事新女性運動，再加上在美國留學時，先後受到許多海外從事反對運動人士的影響，思想才會逐漸轉變。她也承認，早年在法國旅遊時，結識台獨聯盟的張維嘉，受他影響最大，後來才走上反對運動這條路。

我們也從本局派駐海外同仁提供的資料中，看到許多人戴著面具，在國外各大城市參加示威遊行的照片。我交叉比對，發現有些群衆運動集會時，呂秀蓮剛好也在該城市停留。我因此大膽研判，這些戴面具的群衆中，呂秀蓮一定也是其中之一。於是，我出其不意的把相關照片丟到桌上，問呂秀蓮：「妳也參加這次遊行了，是吧？」她看了看照片，以爲我們都知情，便也坦然承認了。

其實，在此之前，我們對呂秀蓮的認識並不深，政府也未掌握到呂秀蓮在海外活動的相關情報。爲了偵訊她，我還請局本部海外室負責情報工作的前期學長謝安琪協助；我更花了不少工夫，將台獨聯盟及其他獨派反對團體的各項情報細讀研判，也詳閱這些團體公開、私下發行的刊物。透過逐一比對，終於歸納整理出呂秀蓮可能接觸的對象與歷次參加活動的場次，再經過技巧性的詢問後，呂秀蓮才慢慢供出她思想轉變的過程和歷次參加的反政府活動等。

六十七年底，仍在美國哈佛大學博士班就讀的呂秀蓮，尚未取得博士學位就輟學回國，她自稱是「乘著牙刷主義的逆風」返回台灣，在家鄉桃園縣投身國大代表選舉，不料這年年底美國與台灣斷交，導致選舉中斷。之後，她就投入反政府的黨外運動，並在美麗島雜誌創刊時出任副社長。

呂秀蓮的學歷頗佳，她是台大法律系、法律研究所畢業。在美國伊利諾大學就讀法律研究所碩士班時，與趙守博同學，後來到哈佛大學就讀博士班時，又與馬英九同學。她的才氣十足，個性自負，有時也很倔強。我記得，有一回，她與詢問她的女調查員發生爭執，這位調查員怒責她，還要她站起來。我在旁想打圓場，就對呂秀蓮附耳輕說：「人在屋簷下，總要低點頭嘛！」想不到，呂秀蓮竟稱：「我是在屋簷下會低頭的人嗎？」我只好暗示女同仁退出詢問室，再婉言勸說，讓呂秀蓮坐下。

除了詢問案情之外，我和呂秀蓮偶而也會聊些較輕鬆的話題。有一天上午提訊呂秀蓮時，發現她的神情特別愉快，詢問之下，她才說：「我之前看我的手相，發現生命線中斷，自覺死劫難逃，但今早看到，生命線又連起來了。看來，我應該不會被判死刑了。」我大笑說：「妳應該是每天用指甲去劃生命線，硬把它劃在一起的吧？」同時，我也勸慰她不要太悲觀，要她放鬆心情。

我們偶而也會聊到她的感情領域。呂秀蓮承認曾與海外相識的多位反政府異議人士往來，有些還用化名通信，但對傳聞提到的幾位海外及黨外人士，她都否認與他們有親密關係。不過，往來的朋友中，有一位具有軍人背景的圈外人袁S.Q.與她深交，但兩人關係罕爲人知，雙方書信聯絡時，也互相以「Doggie」、「Katty」暱稱稱呼對方，每每提及他時，呂秀蓮臉上都會露出喜悅害羞的神情。

我很清楚的記得，那段偵訊呂秀蓮的日子裡，我們接獲的指示是：「不准刑求！」所以，我們從沒有對她動手，也未曾熬夜詢問。通常，我們都是早上提訊她，中午讓她回到牢房用餐，下午再提訊。有時也會在晚餐後再問，問完就送回牢房就寢。詢問時，我們也都另外購買了一些點心餅乾水果供她取用，絕沒有什麼疲勞偵訊的事情。

多年以後，坊間出現許多流言，指稱當年情治單位對這些涉案人用各種不人道的方式刑求逼供，最莫名奇妙的是兩位教授的荒誕言論，其一是世新大學教授李筱峰，蘋果日報在九十二年十月二十二日刊出他受訪時的說法，稱呂秀蓮「被脫光衣服，被一群男人審訊」，另一是元智大學教授周韻采，她在一一一年四月十六日投書中國時報時表示，呂秀蓮審訊時被「肉體壓迫」。對於這些教授無中生有的講法，我非常不齒，眞不知道他們在學術領域作研究及教學時，是否也是用這種態度。

由於美麗島事件涉案嫌犯眾多，不同被告間的供述必須要整合比對，當時，我們最重要的目標，是要把美麗島核心份子「五人小組」的組合過程以及他們的「奪權計畫」落實在筆錄裡，因此，專案小組常利用晚間時間在安康招待所召開會議比對供述，並討論未來偵訊的方向。爲此，我也得經常騎著機車往返秀朗橋下的軍法處看守所及新店安坑雙城路的安康招待所。當年，安坑地區仍是不毛之地，夜間騎車都得摸黑前進，路況又差，非常危險。

在案件將要偵結前，上級指示要把全案區分成軍法或司法起訴。亦卽，涉案的首謀份子將以叛亂罪嫌交由軍法起訴，其餘外圍份子則視爲暴力犯罪交由司法機關起訴。當時，我們在爲被告名單排序時，負責詢問陳菊的宋海嘯說，陳菊強烈表示，起訴書的被告欄裡，呂秀蓮的名字應該要排在她前面。主持會議的長官翁文維就要我問問呂秀蓮的看法並妥爲處理。

後來，我詢問呂秀蓮時，就很技巧的問她們在美麗島雜誌社的分量，呂秀蓮也當仁不讓的自稱，她比陳菊重要等等，於是，我就順勢說，起訴時被告名單的排序上，把她排在陳菊之前如何？她也很自然的認同。

七、美麗島事件之逮捕施明德

民國六十九年元月，我還在偵訊呂秀蓮時，有一天，突然接到台北市調查處第三科通知，要我返回辦公室待命。回來報到之後，才知道要我加入逮捕施明德的任務編組中。

根據情報顯示，施明德在「大逮捕行動」中脫逃之後，可能藏身於台北市漢口街二段接近環河南路附近的許晴富家中，除了整形易容喬裝之外，並可能要偷渡出境。

由於我在雷霆組執行任務時，經常跟監施明德，甚至連他和艾琳達在國賓飯店舉行婚禮時，我都會到場情蒐，所以，我對施明德的身形外貌相當熟識。我記得有一次，我對施明德進行威力跟監，車子就大搖大擺的停在他家門口附近，他太太艾琳達還走過來敲敲車窗，操著不標準的國語，對著我說：「你們要多看看美麗島雜誌啊！看過以後就會知道我們在做什麼。你們就會同情我們、支持我們了！」由於與施明德有這段淵源，爲此，上級特別指派我到漢口街附近，負責辨識，並且「發現行蹤，即行逮捕」。

我到達現場後，跟同仁打招呼，他們都很苦惱，覺得施明德如果眞去整形，怎麼還能認得出來？但我想，一個人整形後，容貌可能會變，但身高體型大概變不了，走路的姿勢更變不了。我們只要能掌握這些特徵，還是很有機會能逮到他的。

我們在現場四周繞了幾圈，勘查完環境後，就與同仁到許晴富家對面的火鍋店用餐，並選了一個面對許家的圓桌坐下，一邊吃一邊監控。我們從中午一直吃到晚餐，又從晚餐又吃到宵夜，直到打烊才散伙。火鍋店老闆看到我們的樣子，應該大致也能猜出我們是在辦案，所以也沒打擾我們，就由我們坐了一整天。

到了深夜，火鍋店打烊後，同仁們到附近的旅館休息，我不敢離開，怕萬一施明德趁隙溜走，我責任就大了。於是，我就走到許晴富家斜對面的慈雲寺，一屁股坐在廟宇廊簷下，與睡在此處的街友們爲伴，雖然有些街友詫異，怎麼突然又多了一個人，但他們都沒說些什麼。

我們在現場守候埋伏了好幾天，始終不見施明德的蹤影，也沒接獲命令要破門而入，就這麼一直僵在那兒。直到元月八日清晨，突然有同仁送來防彈背心和手槍，我看到這些裝備，心中雪亮，知道應該要執行逮捕任務了。

這天近午，科長劉展華率領雷霆組以及其他幹練的同仁到場，詳細分工，並再三交代任務，重點是一定要活捉。原來，當時坊間謠傳，政府非常痛恨施明德，所以早在去年十二月十三日的全島大搜捕行動中，已經將他擊斃。爲了要杜絕謠言，因此，我們一定得留下施明德的活口。

分工完畢，一群人就進入許家公寓。劉展華先表明身分，借得樓下一層民宅集結。依事先協調，由警備總部負責外部管制，附近道路、樓下、屋頂都布滿人員，怕施明德再次逃脫。

當時，剛發生教廷駐華大使館警衛被土制手槍射殺、配槍被奪事件（事後查明，是李師科所爲），我們都很擔心槍支落到了施明德的手上，萬一他在我們執行逮捕行動時拒捕且開槍反擊，問題就嚴重了，所以大家都非常謹慎。我們配槍、身著防彈衣，就是爲了因應突發狀況。

但科長劉展華卻顯得非常神勇，他並沒有帶槍，也沒穿防彈衣，手上只拿了一根伸縮警棍，就準備要進入現場。

我跟在劉展華身後，旁邊一位雷霆組的學長林望寧特別提醒我：「待會兒衝進現場後，如果發現狀況不對，你要負責保護展公，別讓他受傷啊！」他這麼一說，讓我神經繃得更緊。

我們悄悄上樓，騙得屋內之人開門後，一群人馬上衝入現場，也看到穿著綠色睡袍的張溫鷹。她正是幫施明德整形，以便協助他逃亡之人。

我們馬上控制現場，並低聲喝令眾人不准出聲，然後，我們就跟著劉展華，衝進裡間的臥室。

我們一進臥室，馬上舉槍對著施明德。由於出其不意，施明德也嚇了一大跳，他像觸電似的跳上床，躺著高舉雙手，表示沒有反抗之意。依照原本的分工，我上前去，叫施明德把他口中的假牙取下，以免他吞牙自殺。驚魂甫定的施明德慢吞吞的先把一排假牙取下交給我。我瞪著他，說：「還有一排呢？」他才不甘不願的把另一排假牙也取下來。

另一名同仁也立即趨前，把安全帽戴到施明德的頭上，避免他撞牆受傷。按照事前的分工，調查局負責的工作只有逮捕施明德，任務既已達成，我們就把他帶走，現場交由警備總部後續處理，由他們清查在場人員的身分，並逮捕協助藏匿施明德的一干共犯。

但後來我才聽說，警總不知何故，竟然放走了張溫鷹。而張溫鷹可能自知難逃法網，她離開現場不久後，就在友人的陪同下投案，警總才沒鬧出錯放嫌犯的笑話來。

任務完成後，我獨自駕著公務車返回台北市基隆路的台北市調查處，抵達時，才發現施明德的兩排假牙竟然被我順手放在車上，我只好再驅車前往安康看守所，把假牙交給負責偵訊的同仁劉雲生保管。否則，少了兩排假牙，施明德還眞不知道該如何進食呢。

八、匯豐證券爆炸案

在世界各國民主轉型的過程中，有些國家的反對運動人士爲了挑戰執政者，會不惜採取激烈的抗爭手段，流血衝突和恐怖活動時有所聞。這種以激進方式爭取政權的手法，常常會賠上整個社會的安定與繁榮。很慶幸，在台灣的民主運動中，流血衝突雖難避免，但恐怖活動並不常見。民國六十五年十月十日雙十節，省主席謝東閔收到台獨人士王幸男寄來的郵包炸彈，被炸斷左手，算是最嚴重的事件。七十一年發生的匯豐證券爆炸案、七十二年聯合、中央兩報爆炸案也是另外兩件大事。後面這兩起案件的偵辦過程，我都有參與，值得一提。

七十一年五月七日，位於台北市南京東路二段的匯豐證券公司一樓，一名彭姓女清潔工正在清理垃圾。她把一樓大廳內的菸灰筒扛回小房間，正準備仔細整理時，菸灰筒突然引爆，當場把她的右手炸斷、左眼珠也從眼眶噴出。

發生這麼嚴重的事情，現場當然馬上封鎖。警方和情治機關也都全體動員，要儘快查出這起爆炸案的緣由，並早日緝獲嫌犯。

由於爆炸案很容易影響人心，所以事發後，消息馬上封鎖，媒體都沒報導。不料，匯豐證券經理陳謙吉卻在爆炸案發生翌日接到一名神秘男子的電話。在電話中，這名男子質問，爲什麼發生這麼大的事情，消息卻沒有見報？

消息沒外洩，這名男子卻知道匯豐證券發生爆炸案，顯然這名男子和爆炸案脫離不了關係！

幾天後，某家報社獨家披露此事，消息一曝光，馬上轟動全國。

新聞見報後，這名男子又再度從公共電話亭打電話給陳謙吉。他要陳謙吉想辦法讓股市連續下跌三天，否則，他還要再炸一次。這名男子從報端上也獲悉彭姓女清潔工受傷的消息，他有些過意不去，還特別交代陳謙吉，要給這名清潔工一點錢，算是慰撫之意。

民國七十年代的台北股市，整個交易市場都不像現在這麼熱絡。很多證券商自己也都在買賣股票，進出的量都還不小，算得上是「主力」之一。所以這名男子在電話中要陳謙吉讓股市連續下跌三天，坦白說，不是不可能，但問題是，他爲何要提出這樣的要求？

我們全面分析案情線索資訊，並派員到匯豐證券守候，發現有一名住在中和的陳姓公務員，因爲以融券方式買賣股票，最近虧損很大，我們偷偷錄下他的聲音，再請匯豐證券的總機小姐辨識，她也認爲，這位陳先生的口音和撥打恐嚇電話那名男子的聲音非常近似，所以我們就鎖定他，深入追查。

我們查出，這位陳先生在台北縣中和市（現新北市中和區）開了一家小型租書店，爲了經營租書店，他有時候必須去中盤商批領新書。從他的租書店到中盤商的那條路上，有幾處公共電話亭。我們透過電信局的協助，確認打到匯豐證券恐嚇的幾通電話，就是從這幾具公共電話亭撥出的。

這一下，我們都興奮不已，幾乎可以百分之百的認定，這名陳姓男子就是在匯豐證券放置炸彈的嫌犯。於是，我們趕快向上級請示，獲得批准後，就發動了搜索、約談行動。

我們一行人很低調的前往陳姓男子的租書店，向他表明了身分。爲了怕驚動在場租書的其他客人，我們請他把鐵門拉下，並叫客人離開，他也都照做了。

在現場搜索的同時，突然有一名男子闖進租書店，表示要租書。陳先生反應很快，他馬上跟客人說：「我有朋友來談點事，今天沒營業，你下回再來。」那名男子也不疑有他，就退了出去。

但我們在租書店和他家裡搜了半天，完全搜不到任何的犯罪證據。把陳先生帶到台北市處約談後，他又能具體的提出不在場證明。這下子，我們完全卡住了。因爲，事前一切的跡證都顯示，這個案子如果不是他，絕不可能是第二個人幹的。但是，如果案子眞的是他做的，爲什麼我們連一點證據也查不到？

沒有證據，就不能冤枉人。雖然我們有些同仁還是堅持認爲，一定就是陳先生幹的，但我力排衆議，強調在沒有獲得更突破性的證據前，不能貿然做此認定，否則，有可能產生冤抑。因此，我們把陳先生安撫好後，請他的家人把他帶回去。

這件案子看來有些膠著，但之後透過公共電話亭打到匯豐證券的恐嚇電話並沒有中斷，由此，更可以證明這案子應該不是陳先生幹的。要不然，在他被約談之後，即便我們沒掌握關鍵性的證據，但他應該會暫停恐嚇行動，免得露出馬腳，被我們突破。

這段期間內，匯豐證券接獲過多次嫌犯的電話，嫌犯每次在電話中提到的都還是跟股市相關的意見，而且，每次撥電話進來的時間都集中在午間股市收盤之後，於是我們就傳授匯豐證券總機小姐一點談話技巧，請她在嫌犯打電話進來時，儘量用話術拖住他，不讓他那麼快掛電話。另一頭，我們再請電信局協助，查出嫌犯可能的發話地點，並在可疑的「熱點」部署大量同仁待命。

五月二十日中午，我們終於在公共電話亭內，將正在打恐嚇電話的主嫌賈關武當場擒獲，並在他家中搜獲爆竹、火藥、電池等作案證物。賈關武見無可抵賴，也就坦白認罪了。

最特別是的，當我們逮捕賈關武時，我才赫然發現，當初我們到陳姓男子租書店搜索時，那名闖進來想租書但又被勸離的人，竟然就是他。

我不禁捏了一把冷汗，心裡直呼好險！我很慶幸，平常執行搜索、約談行動時，都維持著低調風格。試想，如果當天是大張旗鼓的上門搜索，遇到有閒雜人等在場時，還高聲大喊：「調查局辦案！」這樣高調的作法，難保不會打草驚蛇，更有可能當場就把賈關武給嚇走，從此再無破案可能。

匯豐證券爆炸案偵破後，證券公司經理陳謙吉最爲高興。據說，他在獲悉我們破案之後，還帶了五十萬現金到局裡，要當作酬謝我們的破案獎金，但局裡當然婉拒了。陳謙吉見狀，只好請辦案同仁到陽明山的一家高級餐廳吃慶功宴。但那場餐宴，我並沒有參加，因爲那幾天，我奉局長阮成章的指示，天天下班後都趕到局本部第三處，跟著第六科李式聯科長，學習如何以兵棋推演的方式，把這件案子的偵破過程寫成狀況推演，作爲同仁專精訓練的教材。

九、兩報爆炸案

辦偵防業務這麼多年，我常觀察世界其他國家反對運動的發跡過程。大體上來說，反對人士想要奪取政權，就必須以實際的行動打破政治現狀，積極爭取民衆的同情與支持。這其中，最常見的行動就是大量散發傳單等文宣品，把自己的政治理念和對執政者的控訴形諸於文字，以喚醒民衆。之後，就要發展組織，集結更多理念相近的人，才能形成勢力。

但有時，在反對運動發展到某一程度時，會發生恐怖活動，而這也是我最不能認同的手法。再怎麼說，政治的抗爭不該發展成爲流血衝突，更不應讓人心惶惶、社會動盪。我也很難理解，反對人士明明是想要爭取民衆的支持與同情，但採取恐怖活動路線，不是會讓反對人士被貼上「暴力份子」的標籤，把群衆推離自己更遠嗎？這不會適得其反嗎？只可惜，包括台獨在內的某些海外組織，在對抗國民黨政權的反對運動中，都曾經採取過恐怖活動。聯合、中央兩報爆炸案，就是一例。

民國七十二年四月二十六日上午十點多，位於台北市忠孝東路四段五百五十五號的聯合報第一大樓九樓電機房突然發生爆炸。二十二分鐘之後，位在台北市忠孝西路一段八十三號的中央日報總社一樓，也發生爆炸案，造成十二人受傷送醫。

兩起爆炸案發生的時間如此接近，而且被炸的又都是報社，再怎麼看，都覺得這兩起案件絕非獨立事件，應該是有心人刻意爲之，目的當然是想製造社會動亂。

由於案情重大，調查局馬上成立了專案小組，分由國內、海外各路人馬，全力動員展開偵查行動。

經過多方查訪及電信局的協助，我們綜合情資及偵查結果後發現，在案發前後，從台灣幾個不同地點有撥出多通國際電話給人在巴西的台灣獨立聯盟成員李朝旺，特別是在四月二十六日爆炸案發生當天，也有國際電話聯絡了李朝旺。我們從這些電話登記所有人的身分清查，發現他們的共同親戚是剛剛從巴西回國的黃世宗，這讓我們強烈懷疑，這案子是他們兩人所爲。

我們研判，負責放置爆裂物的執行者是黃世宗，他在事發前由巴西入境返台，作案後又出境回到巴西，至於李朝旺，則一直待在巴西遙控整起爆炸案。

我們透過境管局查出，黃世宗是以商務簽證的名義出國（當年還沒有開放國人以觀光名義出國），在巴西仍然跟國內有商務往來。爲了誘捕黃世宗，我先是找了在台北電話局（後併入電信總局）擔任局長的親伯父商量，請他派人在台北市復興南路某一家貿易公司老闆（老闆是我朋友）的辦公室內安裝一具電話，再用指定轉接方式接到我辦公室。然後，我就在報章上刊登廣告，表示某某貿易商想要跟巴西作生意，徵求巴西廠商作爲代理人，有意者可洽某某號的電話。當年，國際貿易非常熱門，我心想，在報章上刊出這樣的廣告，黃世宗在台灣的朋友應該會聯繫他，我們或許可以透過這樣的管道跟他接上線。

但廣告刊登了許久，一直沒有消息，我們只好另起爐灶。

黃世宗、李朝旺雖然都不在台灣，但我們查出，黃世宗的哥哥黃世梗仍然住在台北市大理街。黃世宗在台灣那段期間，也曾與一名持有巴西護照的王姓男子來往密切，另有一名李姓女子，也跟李朝旺互有往來，而且，他們三人都有準備出境的跡象。爲了怕跟本案有關的人都逐一潛逃出國，我們決定展開行動。

十月十八日，我們發動了大規模的拘提、搜索行動，結果，在黃世梗住處搜獲大批證物，包括製作爆裂物的工具及零件、繪製的爆裂物製作圖、與台灣獨立聯盟主席張燦鍙及成員李朝旺的聯絡文件、黃世宗赴聯合報社現場勘查紀錄等。

隨後，黃世梗被收押在安康招待所，我們提訊他時對他曉以大義，並分析利弊，黃世梗終於同意跟我們合作，願意協助我們把黃世宗誘騙回台。於是，黃世梗就在我們的監視下打了越洋電話給黃世宗，跟黃世宗說，養父在十月初病逝，身爲人子的黃世宗理應回台奔喪。起初，黃世宗在電話裡答應要儘快回國，我們聞訊大喜，都覺得誘捕有望。但後來，黃世梗再次跟黃世宗聯絡時，黃世宗卻變得猶豫不決。黃世梗見弟弟舉棋不定，他焦慮萬分，急到講電話時都快要哭出來了。但黃世梗愈急，他弟弟就愈起疑，最後還推說要跟李朝旺報告，如果李朝旺同意，他才能回台灣。

我們研判，誘捕計畫應該已經失敗了，遂決定終止。

十二月十二日，調查局宣布本案偵破。放置炸彈者是支持台灣獨立的人士黃世宗，策劃者則是台灣獨立建國聯盟主席張燦鍙，指揮者是台灣獨立建國聯盟美國本部副主席陳南天，執行指揮與接應者是人在巴西的台獨人士李朝旺。

以上幾人雖然都不在國內，但仍被函送法辦。黃世梗因爲沒能勸誘弟弟回台，無法從寬處理，所以也被移送法辦。至於與黃世梗一起被捕的王男、李女，最後都獲得交保。

本案宣布偵破之後，黃世宗當然就更不可能回來台灣。據我們海外情報所知，流亡在巴西的黃世宗後來一直表現得不可一世，常常對外誇口說，中央、聯合兩報的爆炸案是他幹的，但沒過幾年，他就死在巴西，據悉是疑似幫派糾紛被殺。

十、三一專案

民國七十三年二月底，台北市金華街淡江大學附近突然出現大量攻擊彭孟緝、王昇等人的各式影印傳單，立刻引起情治單位的關注。

彭孟緝是軍職出身，曾任高雄要塞司令。二二八事件時，他奉命平亂，獲得蔣中正的賞識，後來升任警備總司令、參謀總長等職務。由於他在二二八事件、澎湖七一三事件、師大四六事件中，都曾經進行強力鎮壓，造成人民傷亡，所以在反對運動人士的文宣中，他就被稱為「高雄屠夫」。王昇也是軍職出身，曾任政工幹校校長、國防部總政治作戰部主任、國防部聯訓部主任。他以反統戰的名義，成立了「劉少康辦公室」，統合警備總部、國家安全局、調查局等情治機關，因為曾大肆搜捕反政府人士，所以也成為反對運動份子的眼中釘。

我們奉命秘密展開調查，結果發現，這些傳單也陸續出現在台大等多處校園，連台北市南海路的美國新聞處圖書館裡，也發現類似傳單。同時，在台北市金華街彭孟緝的住所圍牆上，還被噴漆寫上「彭孟緝是二二八殺人元兇」的大字，台北市愛國東路女師專（今台北教育大學）附近也有類似噴漆文字。

由於傳單樣式多元，數量又多，還有多處圍牆遭人噴漆，上級認為這是一樁持續性的作案行為，於是成立專案組，動員台北市、台北縣（今新北市）大量人力密集偵查。我們分析傳單內容、筆跡，但未採獲指紋，又清查案發地緣關係、過濾可能的作案對象，並持續於夜間動員人力，針對可能再作案的地點守候埋伏。但是，一無所獲。

其間，外勤站主任葉盛茂還動用他的私人關係，設法取得美國新聞處圖書館借書證的申請表，我們從一大疊申請表中的筆跡去比對傳單上的字跡，但仍無突破性的發現。

正在一籌莫展時，某一天，我把歷次發現的傳單拿出來比對，發現這些傳單紙面上偶而會出現淡淡的細紋。這些細紋雖不在相同位置，但都在相同的水平線上。此一特徵，馬上引起我的注意。

我請教局本部第六處負責科技業務的同仁劉夔。在透過精密儀器比對不同廠牌的影印機後，獲得結論，原來，這些傳單疑是由某M系品牌的影印機印出。

但是，光知道是哪一個廠牌的影印機還不夠，我們還必須知道是從哪一台機器印出來的，才能循線抓人。

於是，我帶著傳單再去拜訪此一品牌的資深技術人員。技術人員證實，傳單是由他們公司廠牌的影印機印出，並跟我解釋，影印機使用一段時期以後，影印機內的圓鼓有時會發生磨損，印出的紙張就會出現細紋。由於影印時並非圓鼓每轉一次就印一張，所以細紋雖然會在同一水平上顯現，但有時不會出現在同一位置上。當然，如果影印時，把墨色調淡，也不會現出細紋。

技術人員也告訴我，每一台影印機的圓鼓，有無受損，以及受損情形都不一樣，所以，不同的影印機不可能會產生同樣的細紋，這種獨一無二的特徵，就和指紋類似。

有了如此重大的突破後，我馬上向台北市處處長高明輝報告，並請他提供經費，請這家廠商命他們的影印機保養人員密集到每一個客戶處保養機器，順便影印樣本攜回。我們也承諾，如果能夠找到作案用的那一台影印機，會另外發給獎金。

我請影印機廠商的技術人員每天晚上幫我們比對由保養人員帶回來的樣本，但一直沒有進展，好幾度處長還因爲沉不住氣而連聲抱怨。

如此，又過了十來天。

某一晚，比對終於有所突破。原來，作案的影印機是位於台北市合江街的一家電腦教學補習班。我大喜過望，馬上打呼叫器跟處長高明輝通報。高明輝也從正在參加的餐會中抽身趕回辦公室聽取簡報。

我們立刻清查該補習班人員，同時，我也到補習班報名上課。

雖然，我對電腦程式語言一竅不通，夜間上課也很辛苦，但我本意不在上課，只是就近觀察，希望能夠有所發現。

果然，我查出被我們鎖定的那一台影印機是放在補習班的辦公室內，按理說，一般學生應該不太可能隨意接觸；而且，從傳單的數量分析，一次影印如此大量的傳單，也不可能在衆目睽睽之下爲之。所以，我研判，影印這些傳單的行爲人，一定是補習班的內部人員。

從清查資料中發現，補習班卓姓老闆的弟弟卓明福正巧是台大的學生，他偶而會到補習班內影印資料，補習班沒人上課時，他也能夠進去影印。

會說卓明福「正巧」是台大學生，主因是這件案子在偵辦之初，我們最早懷疑的目標之一，就是由台大學生劉一德、賴勁麟、李文忠爲首的團體，他們仿效平日攻擊的對象王昇，也成立一個所謂的「劉勁忠辦公室」，專門在散布反政府的言論和傳單。所以，當我們發現卓明福也是台大學生時，當然就認爲一定與劉一德等人的這個群組有關。

全案清查到此，已經到了六月分。卓明福也回台中老家過暑假，我們到台中把他約談到案，詢問和筆錄製作都由我負責。我記得，那次的約談時間很短，大約是從早上八、九點開始，到下午三點左右就結束了。在訊問過程中，我對他曉以大義，並且也出示了相關事證，他眼見無可抵賴，就坦然承認了，並供出了同夥。事後聽說，我製作的筆錄轉陳給局長阮成章過目時，他還用湖北腔的國語說：「這筆錄做得好狠喔！」

（意思是指筆錄內的法律要件扣得很緊。）

由於涉案對象都是大學生，而且與國內異議人士互動密切，較爲敏感，所以我們約談完卓明福後，就擬定後續偵辦計畫，等待上級批示。有一天，我們接獲指示，「蔣經國總統認爲這只是年輕大學生血氣方剛的作爲，不必繼續約談偵辦。」於是全案就只列入長期偵查，以安定校園爲目標。這項長期性的專案在命名時，上級要我們出主意，我是本案承辦人，就建議命名爲「安苑專案」，取其安定學苑之意，局本部第三處也採納了。日後，於一〇七年五月三十一日掛牌運作四年即解散之任務編組機關「促進轉型正義委員會」，也曾針對「安苑專案」提出調查報告，成爲媒體焦點。

劉一德、賴勁麟、李文忠等人後來都踏入政界，而且都一時顯赫。他們大概不知道，若非蔣經國總統的一念之慈，當年他們怎能與牢獄之災擦身而過？事實上，以當時的法律來看，他們的行爲的確都已觸法。

十一、李亞頻案

民國七十四年九月間，調查局接獲上級發下的資料，要我們查辦李亞頻，於是組成專案小組。

李亞頻是高雄國際商工創辦人，也是美國國際日報負責人。她和她丈夫陳韜早年都是情報局的情報員，退役後，李亞頻和夫婿取得美國籍，又和美國政界高層時有往來，政治實力不可小覷。

外傳，李亞頻之所以有能力創辦高雄國際商工這所學校，幕後是情報局出的錢，學校只是李亞頻用以掩護身分的據點，但此說無法得到證實。我們知道的是，李亞頻創辦的美國國際日報，常會出現迎合中共對台政策的文章，這一點，令當局非常困擾，並且認爲似已構成法辦要件，於是發交給調查局偵辦。

接到這個案子時，專案小組頗爲苦惱。因爲，國際日報是在美國發行的報紙。就算這份報紙上刊有任何不利於政府的文章，按照司法管轄權的規定，我們也無法可辦。專案小組左思右想，認爲要符合犯罪構成要件，一定要掌握國際日報也有在台灣地區發行的事證才行。於是，我們秘密查訪了台北地區的印刷廠，果然在其中一家小印刷廠內，查到國際日報的樣稿，證實國際日報果然在台灣地區也有印行。

掌握了這份證據後，十七日我帶隊前往李亞頻位於台北市中山區某棟大樓的住處搜索，另一組人也把人在外地的李亞頻約談到案，並把她送到安康招待所羈押。

羈押期間，我們得不時提訊她查明案情。印象中，李亞頻的態度非常高傲，她每天起床後，都一定要先妝扮妥當，穿好旗袍，才肯進入訊問室接受偵訊。

而她的夫婿陳韜，因爲查無直接涉案的事證，所以當初並沒有把他一併逮捕。而陳韜也就趁此機會，不斷透過各方關係，對外喊冤，甚至還上書給總統蔣經國，聲稱調查局搜索他們家時，他們夫妻均不在家，家中有不少黃金都已遺失等等。

上級將陳韜的陳情案交查下來，立刻引起局長翁文維的高度重視，由於此事涉及調查員的風紀、操守問題，按理說，應該要派督察室調查這件事，但我認爲，同仁們爲了辦李亞頻案，已經好幾天都沒好好睡上一覺，如今，爲了陳韜的含血噴人，上級竟然還要派出督察作內部調查，這不是大大打擊同仁們的士氣嗎？

於是，我跟局長報告，請局長同意讓我們自行調查，如果眞查不出一個結果，再派督察出面不遲。局長同意了，我立卽展開自清查證。

搜索當天，陳韜和李亞頻的確都不在家，而且大門也上了鎖。搜索時，我特別通知管區警員、大樓管理員、里鄰長等多人全程在場。由於李亞頻家的門鎖相當特別，鎖匠開了一個小時仍然不得其門而入，最後只好請鎖匠破壞門鎖進入。入屋後，現場並無黃金，桌上只有一些美鈔，還有性愛情趣用品，由於這些物品都與犯罪事證無關，所以同仁都沒觸碰。搜索完畢後，我還特別交代鎖匠當場配上新鎖，並把新鑰匙封存於管理員處。

由於當天在場之人不少，我一一取得每位在場人員的證詞製作筆錄，經交叉比對並無衝突，證明陳韜所言根本不實。我把調查報告上呈後，才澄清了我們的清譽。

但李亞頻案偵辦得並不順利。她被羈押後，美國國會立刻表態關切，我國駐美代表錢復也受到了莫大的壓力，對此，據說錢復還發了非常大的一頓脾氣。最後，在國際壓力下，我們奉命停止後續偵辦行動，李亞頻最終被遣送出境，爲本案畫下句點。

第3章

涉外經驗

一、駐外工作

我在調查局工作四十年，有三年時間被外派到美國西雅圖，這是非常難得的經驗，而這三年，也大大開展了我的眼界，對我後續的職涯有非常重大且正面的影響。

其實，在正式外派出去之前的好幾年，我早有機會出國服務，但當時年輕不懂事，在陰錯陽差下，那次外派機會就與我擦身而過。

當年，是高明輝還在台北市處當處長的時代，我在第三科雷霆組服務。有一天，局本部海外室主任張愧生找我，問我有沒有興趣到海外工作？那個年代，外派人員不須經過公開挑選，都是由上面長官決定。長官喜歡誰，要派誰出去，都是一句話，也沒有什麼公開甄選的程序。我從不認識張愧生主任，想必也不是他推薦我的，但他既然找上我，我也一口答應，他便要我回去準備。

當時我太年輕，也被突如其來的喜訊沖昏了頭，不知道要先向處長報告。我一邊工作一邊等待通知，絲毫沒有考慮到其他。

過了幾天，我在辦公室碰到處長高明輝。他看到我，便問：「你想要到海外？」我愣了一下，還來不及回答，只見他搖搖頭，不吭氣的離開。

我不知道發生了什麼事，心中只隱隱然覺得有點不對勁。多日之後，始終等不到局本部發布把我外派的人令，我忍不住，就打電話問張愧生。

張愧生有點懊惱的說：「你們處長不同意，鬧到局長那裡去，還說如果把你派出去，他就不幹處長了！」一個是處長，一個是小調查員，局長會怎麼取捨？根本連想都不用想。

我大夢初醒，原來，我應該要先跟處長打個招呼，徵得他的同意，這項人事案才不會有問題。他一語驚醒夢中人，但爲時已晚，如今大局抵定，我顯然是無法成行了。

高明輝其實對我並沒有成見，他擋我外派，倒不是不喜歡我，而是希望把我留在台北市處繼續爲他效力，我一方面欣喜高處長這麼欣賞我，但心中多少也惋惜失去了一次出國見見世面的機會。

幾年之後，外派變成要經過遴選程序。我看到局本部海外室公布要公開甄選外派人員後，就決定試試。

甄選完後，局長翁文維召見。他問我：「你是不是眞的想要派到國外？還是只想要換個工作環境？」

我愣了一下，想不到他會有此一問。

因爲，此時的台北市處已改朝換代。原任處長高明輝已經調升爲主任秘書，新任處長是鄒紓予，新任副處長是王廣生，新任的第三科科長是張閩笙。雷霆組也打散成兩組，我是第一組小組長，第二組小組長是江義福。

王廣生、張閩笙、江義福三個人原本都在台北縣站工作，現在一起調來台北市處，頓時讓台北市處的生態結構發生了大變化。如果從情勢分析，好像台北縣站的主力都占據了台北市處的各重要位置。我本來是雷霆組最資深的組員，整個雷霆組都是我帶的，但如今整個組一拆為二，還設了兩個小組長，看起來，我似乎是失寵了。

所以，細心的翁局長馬上想到，我在此時會想要爭取外派機會，是不是只是因為覺得原本的工作環境不再友善，單純想要換個環境？若是如此，似乎倒非得一定要外派出去不可。

我心下大為感動。以局長之尊，會去留意並關心我的工作情緒是不是愉快，實在讓我受寵若驚。雖說，他早年在第三處當處長時，因為辦案的關係，就知道我這個人，但我萬萬沒想到，他會對我這麼一個小小調查員的際遇如此留心。

我坦然說：「我是眞的想到國外歷練。」

局長了解我的心意之後，也就決定派我出去了。

七十四年十二月，我由台北市處第三科偵防第一小組奉調至局本部海外室準備，翌年三月三日，被派至西雅圖，正式職銜是外交部北美事務協調委員會（CCNAA，現為台北經濟文化辦事處）駐西雅圖辦事處保防秘書，也就是通稱的安全官。

這一次的派任比較特別。原本，調查局在美國有些重要的外館，例如華府、紐約、洛杉磯、舊金山……，早就派有工作人員，但這一回，局裡是將美國各館都派滿，等於一口氣增派了五名人員到美國工作。

我從沒有出國經驗，對美國更是完全人生地不熟，活到三十八歲，第一次出國，就是外派到西雅圖，眞是大姑娘上花轎，人生頭一遭的新經驗呢。

爲了外派，我得大包小包的打包，由於此行是長駐，不是短期旅遊，所以包括電鍋在內的大大小小生活用品都得備齊。我一個人扛了好幾套西裝、皮鞋，還拖著一箱子的行李，外帶一大堆託運物品，隻身飛抵美國洛杉磯機場，再轉美國國內班機飛往西雅圖。

我一抵達美國，入關時就受到了非常嚴格的盤查，行李都被逐一拆開，好像我是什麼可疑的罪犯似的。高明輝托我帶一瓶酒給他在舊金山的朋友，包裝盒也被拆開檢查。

檢查完畢後，海關人員任憑行李散落一地，也不幫我整理，我只能忍氣吞聲蹲在地上胡亂收拾，這種狼狽的景況，眞是畢生難忘。

多年以後，我有次逮著機會跟時任局長吳東明報告事情時，就提到此事。我說，不能再讓調查局外派的人過這樣的生活，太沒尊嚴了。吳東明曾在美國留學，對國際事務有一定程度的了解，他知道本局外派人員的辛勞和心酸後，就努力爭取。爾後，調查局外派人員才能夠比照外交部的待遇，有一只貨櫃運送自己的行李，他們也就不必再像我當年一般，隻身拖著全部的家當浪跡天涯了。

我抵達西雅圖時，心中其實有點慌亂。因爲，我在西雅圖完全沒有親戚或朋友，稍有聯繫不愼，就眞的會流落街頭。幸好，外交部駐西雅圖辦事處秘書李世明早已接獲通知，在機場守候，並很熱情的把我接到他家中安置。我在機場看到他，一顆懸空的心才終於落下。他邀我下榻他家二樓臨接主臥室的客房，但我想到他剛結婚，若睡在他隔壁房間，可能妨礙他新婚燕爾，所以就堅持在一樓客廳旁的小房間裡，打了一個禮拜的地鋪。後來，終於找到一間能夠容身的處所，才解決我住的問題。

這麼多年來，我始終感念李世明在我最困窘時伸出的援手。我們當年外派，機關根本沒有給我們任何喘息的空間，也不管我們事先能不能在駐地找到落腳處，一派任出去，就要馬上上任工作。若非李世明，我眞難想像我當初要怎麼在西雅圖生存下去。而李世明因爲工作認眞，後來在外交體系也一路升遷，二〇〇四年十二月他被派任爲駐梵蒂岡大使，努力維繫我國在歐洲唯一的邦交國。

安置妥當後，我就到辦公室報到。

外交部駐西雅圖辦事處設在西雅圖市中心的威斯汀大樓（Westin Building）第二十四層，這棟大樓共三十四層，民國七十年落成，外交部租用時還是一棟很新穎的辦公大樓。從辦事處所在的二十四層可以遠眺普吉海灣（Puget Sound），視野良好，風景優美怡人。

我到辦事處報到時，可以隱隱約約感覺到有一股敵意和猜忌。因爲，西雅圖辦事處以往並沒有調查局的外派人員，這回局裡把我派來西雅圖，當地駐外工作人員心中一定會覺得奇怪，爲何調查局要派人過來駐點？是不是要查自己人？

所以，我一見到方廷榴處長時，他果然劈頭就用充滿敵意的口吻問我：「調查局爲什麼派你過來？」我說：「這一次，局裡把全美所有外館都派滿，我來這裡是要保護辦事處的安全。」他再問：「你在外頭有辦公廳嗎？還是你會進到辦事處裡辦公？」我說：「我就在辦事處裡上班。但我有時候因爲台北派任務給我，會出差幾天。不過，我出差時，都會先向您報告。」他見我很尊重他，神色才慢慢和緩。

由於我在海外工作的業務性質較爲敏感，所以，也不便在此透露我從事的任務細節，但大體來說，本局外派人員除了要負責使館安全外，同時要做調查局的海外反滲透工作。我也會高度注意中共和異議份子在當地的活動情形。另外，西雅圖辦事處每年十月十日都要舉辦的國慶酒會，我也必須注意相關的安全維護。

有一次，一群異議份子來到辦事處大樓外示威。我對這群人早有耳聞，因爲，在我還沒到任前，這群人就曾經來辦事處鬧過事。那一回，這群異議份子直接搭電梯衝到辦事處所在的樓層，不但擅自闖入辦事處大廳，還把玻璃砸破、椅子搗毀後揚長而去。我到任之後得知此事，就趕快在辦事處大門上方裝了一個大型的監視器，非常醒目，所有進出辦事處的人都能一眼看到。他們若有心滋事，但看到監視器時應該也會有所顧忌吧。

我知道西雅圖辦事處之前曾被這些異議份子破壞過之後，就決定要加強機關安全維護，我跟同仁們說，我在任的期間，如果這群人還敢衝進辦事處鬧事，我一定會討回來。

結果，這一回，這群人又來辦事處前抗議，而且，每個人臉上都掛著面具，不讓人識別他們的眞實身分。我請穿著制服的警察人員把他們都控制在大樓外面，並問警方能否驅離？警方爲難的說，只要他們不闖進大樓，警方不能禁止室外的示威遊行。但警方也跟我說，在美國，示威遊行的人必須不斷的移動，不能佇立在原地不動，若不移動，會被視爲妨害交通。所以，當這些群衆走累了，想要停下來抽菸休息，就必須把手上的示威標語先藏起來，等到滿足菸癮之後，再繼續舉牌遊走抗議。

這一次，群衆聚集了約半個小時後就離去，辦事處沒有遭受到任何破壞。

另有一次，午休時分，處長步出辦事處門口，在走廊上遇到一位小夥子，他遞上一份收件人爲台灣總領事的包裹和一封信。處長拆開那封信，看到裡頭寫著，要處長在指定時間內把一筆錢匯入某一個銀行帳戶，否則要讓我們「亡國滅種」。處長大吃一驚，不敢再拆開包裹，也連忙通知辦事處四下找尋我的行蹤。

當時，我正在外頭處理事情，接獲通知後就馬上趕回辦公室。我拿金屬探測器一檢查，果然發現包裹裡有金屬反應，我覺得有危險，就趕快通知警方。

一名便衣員警抵達後，看了包裹一眼，也沒想要把包裹帶回去，反而說要直接拆開檢查。我事先已經把包裹放在空無一人的會議室裡，又擔心包裹會爆炸，就拿了兩顆汽車輪胎，疊在一起，再把包裹放在輪胎裡防爆。只見員警連防爆裝都沒穿，直接掏出一把小刀就拆開包裹。我心中還在想著，只要一看到火光或漫起煙霧，我就要馬上鑽到桌子底下躲避。結果，包裹拆開後，發現裡面是幾支錄影帶，和幾本宣揚納粹主義的書。因爲錄影帶上有磁粉，所以在探測時會有金屬反應。

我問警員，爲何不擔心是郵包炸彈？他說，因爲郵包上的寄件地址是一家精神病院，所以知道無礙。我聞言哈哈大笑。

後來，我也假意生氣的對辦事處的同事說，平時大家都聚在一起，怎麼一看到可疑包裹時，就全都跑到不見人影？大夥一陣尷尬，只好推說，使館安全本來就是安全官的工作，他們當然是以自保爲優先。

除了關注辦事處的機關安全之外，我當然還要負責轄區經營。我在西雅圖負責的轄區範圍很大，包括華盛頓州（Washington）、奧勒岡州（Oregon）、愛達荷州（Idaho）、蒙大拿州（Montana）、懷俄明州（Wyoming）及阿拉斯加州（Alaska），幾乎美國的西北地區都是我的據點，甚至連加拿大西部的卑詩省（British Columbia）、亞伯達省（Alberta）等地也都由我負責。由於轄區實在太大，我三年外派期間眞的沒辦法把轄區全部跑完。

以我轄區的黃石公園（Yellowstone National Park）爲例，這個橫跨美國三個州的國家公園頗負盛名，但我駐美三年，從未踏進一步。很多朋友知道我駐西雅圖，都問我黃石公園的景色如何？他們發現我完全答不出來，都非常驚訝。我是一直等到結束駐美工作返國後多年，利用休假時間自費到黃石公園一遊，才彌補了多年的遺憾。

加拿大班芙國家公園（Banff National Park）也是個風景非常秀麗的勝地，也在我轄區範圍，但我駐美期間，同樣也都沒有機會到此一遊。多年後，我也利用一次休假時間專程到此暢遊一番，了卻心願。

這兩次旅遊，我都攜了帳蓬前往。在風景如畫的國家公園裡，一家大小無拘無束的和大自然融爲一體，身心都有說不出的舒暢感。

所以，以往常聽人說，外派出國是個「爽缺」，還有人會流露出羨慕的神情，我都苦笑而不辯解。只有眞正外派過的人，才能體會其中的甘苦，這些點點滴滴，又怎能簡單解釋清楚呢？

我還記得，我初到西雅圖時，連路都不認得，車子也還沒備妥，更不要說該怎麼去蒐集到國內需要的情報。但局裡每個月都要管考每個外派人員的成績，我連續兩個月被局裡評比爲「不及格」，讓好勝又好強的我壓力大到胃痛，這是我在局裡工作四十年從未有過的經驗。幸好，在我咬牙苦撐後，情況終於好轉，我的工作績效也才有了轉機。

我在西雅圖工作時期，曾與一名安全局的蕭姓同仁一起去追緝外逃罪犯，也是頗爲有趣的經驗。

那一回，他接獲線報，獲悉有一名被我國司法機關通緝的外逃罪犯極有可能落腳在西雅圖。爲了查明究竟，我和安全局的這位同仁在逃犯住家對面的空屋裡守候了好幾晚，但一直不見逃犯的人影。

我們覺得再苦守下去也不是辦法，只好趁一個夜黑風高的晚上，開車到疑犯住家門外，偷偷把放在室外的大型垃圾桶整桶都扛上車，載到遠處後再把所有的垃圾都倒在地上檢查。經過逐一檢視，發現製造這些垃圾的人絕對不可能是華人，我們判斷這名逃犯已經不住在該處。在提出相關事證向國內回報後，才終於結束這場跟監任務。

駐美期間，除了要處理我原本的業務外，有時也要協助外館人員接待來訪的國內政要、民意代表和演藝人員。我曾接待財政部長錢純夫婦，印象中，部長個性溫文儒雅、夫人風度翩翩，讓我非常仰慕。我也曾接待高雄市議會訪問團，這個訪問團由議長陳田錨帶隊，一行人聲勢浩大，晚餐時我還鬧酒，大家喝得賓主盡歡。陳田錨在酒酣耳熱之餘，豪氣大發的說：「劉秘書，你回國後來高雄找我。」但我怎麼敢去找他？萬一被高雄的民代們灌醉了，我豈不慘哉？

那個時代，國內常組織演藝人員訪問團，到海外宣慰僑胞，演藝團的成員每次不同，包括田文仲、阮虔芷、大小百合、于楓、楊貴媚等人都曾到過西雅圖。他們來訪，就由我協助接待。訪問團成員晚間若有表演活動，白天就由我陪同他們在市區百貨公司購物（我有免稅卡，購物比較便宜），如果當晚不用上台演出，我就帶他們到夜總會玩樂。

我記得，有一晚我帶著他們一行人去跳舞。身為地主，我也陪同幾位女藝人一起共舞。其中，有一位舞伴就是楊貴媚。

我和楊貴媚一起跳了幾首慢舞，大家心情都很放鬆。這時，有一位外型很高貴的美國女客過來跟我們聊天，她誤以為我和楊貴媚是一對，還盛讚我們是郎才女貌，非常登對。我大為尷尬。楊貴媚在旁一直要我翻譯，但我怎麼好照譯呢？我只好修飾說：「這位女士覺得您很優雅，身上穿著的衣服也很好看，造型很美。」楊貴媚聽了也非常開心，不斷微笑致謝。

駐美三年期間，我和駐西雅圖辦事處前後兩位處長都成為好友。以第一任處長方廷榴爲例，我剛到任時，他對我頗爲防範，以爲調查局把我派到西雅圖，是要我調查館內人員的行止，但等到我工作一段時間後，他對我全然改觀，認爲我是一個值得信賴的夥伴。有一回，他還說：「劉秘書，你可以到我家去看看，有什麼安全防護設施要加強的嗎？」

他會這麼說，代表他已經全然相信我，連他的私人住所都願意交給我防護。我當然也很感動。

第二任處長張文中到任後，他應該從前任處長口中得知我是個什麼樣的人，所以他也很相信我。他剛到任不久之後，就跟我說：「劉秘書，你有沒有空？我想到轄區看看，麻煩你開車載我四處走走。」

他不找外交部駐西雅圖辦事處人員帶他認識環境，卻要我這個調查局的外派人員領著他到處視察，代表他對我的信賴度甚高，我當然也很樂意爲他效力。於是，我就開車載著他到各處認識環境。我還記得處長的座車是 Lincoln Town Car 大型轎車，車身又寬又長，馬力甚爲強大，油門輕踩就疾駛而出，開起來既刺激又過癮。

駐美期間，我也協助當地的許多中文學校辦各種活動，並請僑委會支援及提供這些學校中文教科書。這些，原本也不屬我份內的工作，但能協助當地僑胞，又能擴展我的工作人脈，我當然樂此不疲。

或許因爲我在當地付出很多心力，也被當地政府看見，七十八年三月二十四日，在我即將結束外派工作前不久，美國華盛頓州國王郡（King County, Washington State）

特別授與我榮譽市民的榮銜，以酬謝我在當地爲僑校所付出的心力。我當然覺得非常驕傲及欣慰。

在西雅圖工作三年後，我奉命調職返國。七十八年三月三十日，我搭機離開西雅圖，三十一日下午七點多抵達國門。幾個月後，會計室傳來一張小紙條，說我必須退還一天的薪水。會計室說，因爲我三月三十一日當天已經不在美國，所以不能再支領美金薪水。

我問會計室，若是如此，政府應該要發給我三月三十一日這天的台幣薪水啊？會計室爲難的說，三月分的薪資帳都已經結算完畢了，所以也沒有多餘的錢補發給你了。

就這樣，我就莫名奇妙的當了一天不支薪的義務公務員。

這就是我唯一一次外派的工作經歷。其實，更早之前，我在民國七十二年參加安全局國家安全幹部研究班第十五期訓練後，安全局局長汪敬煦曾透過班主任吳聖蓀詢問我，有沒有意願調安全局派國外任職？但我婉拒。我當年若答應安全局，接受外派任務，多年後，我應該都還在世界各國不斷歷練。或許，我能因此看盡世界多國的風景，但我也可能無法接觸到這麼多國內的業務，人生也不一定能夠過得這麼精彩。得失之間，實在很難判斷。但對我來說，三年的外派經驗，已經足夠，國內還有很多重大的工作須要維護，與海外工作相較，我還是更熱衷於犯罪偵查及國家安全的實務工作。

二、追緝外逃罪犯

我在八十二年六月從防制中心第一科科長調任到第四科。第四科負責的重要業務，除了籌備國際研討會之外，就是追緝外逃罪犯。到任前半年，我忙著把兩個大型國際研討會辦完，直到八十三年初，才終於能夠把目光投入到這一塊業務，我決心要努力推動追緝外逃罪犯的業務。

其實，調查局經濟犯罪防制中心早年就已經設有追緝外逃罪犯協調小組。這個小組之所以成立，是因爲政府看到部分罪犯常帶著大筆犯罪所得潛逃國外，甚至在國外取得居留資格，對法律的公允性形成極大傷害。行政院鑑於經濟罪犯非法牟利，嚴重破壞交易誠信原則及經濟秩序，造成的危害尤大於普通犯罪，爲維持社會正義，所以在七十三年經過「經濟犯罪防制執行會報」決議，成立「追緝外逃經濟罪犯協調小組」，由內政部警政署、入出境管理局、刑事警察局、外交部、財政部、法務部和調查局組成，國家安全局派員指導，並由本局召集與承辦秘書業務。

但坦白說，這個小組自成立後，一直沒能發揮期待中的功能，非常可惜。

八十三年二月三日，我獲悉刑事警察局派員赴泰國緝捕外逃罪犯，但事前沒有知會緝逃小組，我覺得，這是一個時機點，應該是時候要加強小組的協調功能了。

於是，我在三月初召集追緝犯逃罪犯小組成員在福華飯店聚餐，加強互動，也希望各單位都能開誠布公的合作。

因爲，追緝外逃罪犯是一件很複雜的工作，必須由多個單位共同投入、共同協調才能取得成果。舉例而言，當我們查知某個罪犯逃亡國外後，就必須先由外交部領事事務局註銷此人的護照，並通知當地國。之後，當地國才能夠以「沒有有效的國外旅行證件」爲理由，把這名罪犯緝捕。人犯落網後，再由警方或調查局等司法警察執行解送歸案的工作。可以說，追緝外逃罪犯絕對不是任何一個單位能夠從頭到尾包辦的業務。

罪犯在海外落網後，如果當地國與我們有邦交，理論上可以採用引渡方式，把這名罪犯引渡回台受審。但實際操作起來，引渡的程序非常複雜，常常曠日費時，有時又得提供一大堆資料給當地國，當地法院還不一定會判准引渡，可謂事倍功半。所以，我接任防制中心第四科科長後，只要有機會到國外跟外國司法單位開會，就一定會跟當地國推廣一個觀念，我建議，應該採取「以驅逐出境替代引渡」方式來處理外逃罪犯。事實上，當地國只要認定這名罪犯未持有有效的國際旅行文件，或將這名罪犯視爲不受歡迎人物，都可以很輕易的把他驅逐出境。而罪犯一旦被驅逐出境，就會被遣返回台。若遣返的飛機是我國籍的飛機（如：華航、長榮），我們的執法人員就可以在飛機上直接執法，逮捕人犯。因爲，照法律規定，我國國籍的航空器就是我國領土的延伸，我們的執法人員當然可以在機上執法。若遣返的班機不是我國國籍的航空器，那也無妨。只要罪犯一下飛機，踏上中華民國的領土，我們的執法人員就可以馬上逮捕他。這絕對比經歷冗長的引渡程序要快得多。

爲了強化緝逃業務，我又爭取補充人力，並動員海外室駐外同仁，且與國際刑警組織密切聯繫，增加資訊來源。在那個還沒有普遍採用電腦查詢資料的年代，我只能以土法煉鋼方式建立活頁式的外逃罪犯名冊，每頁一人，名冊上有相片、姓名、出生年月日、身分證字號和護照號碼、指紋等基本資料，罪犯被控的罪名也清楚列出，所有資料都以中、英文並列方式呈現。名冊建立好了之後，我請印刷廠印製多本，分送給緝逃小組的成員和相關單位，並且隨時更新。當年，這本名冊發揮了很大的作用，我們很多外館或駐外單位都是靠著名冊，發掘出潛逃到當地的罪犯，並通知緝逃小組，最後才緝捕歸案。

另外，爲了避免搶功，我也和緝逃小組各成員的所屬單位協調分工，並且很大方的說，如果刑事局國際科的警官與本局一起出國解送人犯回來，他們的機票費用由本局支付。

不久之後，我接獲情報，菲律賓當局已經緝獲一名外逃罪犯，次日還會再緝捕另一人，準備移交給我們。我大喜過望，馬上請示主任派員去菲律賓執行押解任務。防制中心主任林介山原本只同意派兩人前往，但我堅持，執法人員的人數至少要比逃犯多一人，才不會有所閃失。主任最後終於同意我的論點，派出三人前往，也順利完成任務。

四月間，緝逃小組接獲外交部通報，有一名被害人在韓國漢城（今稱首爾）發現外逃罪犯行蹤，小組立卽通知我國駐韓代表處，請他們聯繫韓國治安機關協助緝捕。但，我國駐韓代表處在此之前從沒有處理追緝外逃罪犯的經驗，調查局當年在韓國也沒有外派人員得以就近支援，緝逃小組請刑事警察局聯繫國際刑警組織，刑事局竟也坦承沒有適當管道著力。韓國司法當局更表示，過去沒有協助處理過此類案件，又說與我國沒有邦交，雙方也無引渡條約，幾度打算拒絕協助。

我急得像熱鍋上的螞蟻，但無論如何，也不願見這次緝逃工作功虧一簣，幸好，我靈機一動，想到之前我在國外開會時曾結識一位韓國檢察官員，我趕快跟他聯繫，取得他的首肯後，韓國警方才勉爲其難同意接手把逃犯逮捕。我見人犯落網，趕忙買了華航班機的機票，夥同刑事警察局人員第二天就飛去韓國押人。

在桃園機場登機前，我接獲通知，韓國方面爲求低調，特別交代雙方執法人員不必見面，屆時，韓國警方會直接將人犯押解到飛機上，由我帶回。

於是，我搭乘的華航班機一降落到漢城機場後，夫妻檔兩名人犯就被送上飛機。這班飛機在機場停留約二十五分鐘後，就再度起飛返回桃園。這趟飛行，我根本沒進入韓國海關，連漢城機場的模樣都沒看清楚就回來了。我後來笑說，在韓國政府不願協助的情況下，產生了最佳的協助結果。

我如此用心的推動緝逃小組業務，但無奈還是有某些同仁刻意不配合。

五月間，本局第三處同仁透過情報來源查獲一名外逃罪犯的行蹤，但第三處同仁竟然沒有通報小組，反而私下找刑事警察局合作。這件事曝光後，局長吳東明頗爲重視，還在主持晨報時特別提出，並要求全局追緝外逃罪犯工作應統一作法，且防制中心已有十餘年經驗，可由中心負責。局長並要求防制中心擬定作業要點，頒布實施後，各單位都得遵行。

六月，我得知菲律賓移民局逮捕了一名我國的外逃罪犯，另還有兩名逃犯也即將落網，由於案情特殊，我決定親自前往押解。抵菲後，我在駐菲同仁的協助下，先拜訪了菲國反貪污委員會（Presidential Anti-Corruption Commission，PACC）行動組上校Lacson。晚間，我還特別帶些水果點心到監獄探視那名被捕的逃犯。

我看到這名逃犯和一大群菲國罪犯被關在同一個房間，環境和衛生條件都不佳，我怕囚情不穩，還跟他好好聊了一會。翌日剛好是端午節，俗稱每逢佳節倍思親，我在過節前夕探監，對人犯而言，無異是寒冬送暖，他應該會心有所感。

最妙的是，我第二天再去探監時，發現他在監獄的待遇竟然變好了。前一晚，他只能睡在地板上，但第二天，他的床位竟然移到舍房內僅有兩張床的上鋪去了。我很好奇，就問他發生了什麼事。他告訴我，因爲我前一晚來探監，牢房裡的其他菲國犯人以爲他有什麼雄厚的背景，怎麼甫被羈押，就有高官前來探訪？其他人犯就不敢再欺凌他，不但對他以禮相待，還請他移駕到比較寬敞的上鋪休息。我聞言不免失笑，想不到探個監，也能改善國人在獄中的處遇。

在菲國執行任務時，還曾發生過一次虛驚一場的事件。

那一回，我們聽聞菲國治安當局緝獲一名外逃罪犯，另一人逃匿，就決定率兩位同仁趕往菲律賓執行緝捕工作。結果，出發前才知菲律賓被宣布爲霍亂疫區。爲免被感染，臨行前我們趕快跑去醫院注射疫苗。但醫院告知，台灣不是疫區，目前並未備有疫苗。面對手足無措的我們，醫護人員只好安慰稱，到疫區只要注意避免吃進生冷食物，就不致感染霍亂。

我們半信半疑的前往菲國。沒想到，抵達後翌日，一名同仁就因爲身體不適而嘔吐，我大驚，以爲他染疫。經送醫檢查後，才確認是虛驚一場。

我們執行緝逃任務，也不是每次行動都能成功。

這年六月，高棉通知可望捕獲一名外逃罪犯，我火速聯繫各部門完成準備作業，並派兩位同仁前往高棉執行任務。但同仁抵達高棉後，當地警方卻表示，尚有技術問題還未解決，無法將人交給我們帶回。

隔了一天，高棉方面仍無進展，我研判，高棉當局可能不會配合我方的要求，將外逃罪犯強制驅逐離境，於是，我馬上指示同仁，必要時可以直接策動對象，看看他會不會同意自行返國。

但外逃罪犯除非是在當地國混不下去，或眞的思鄉心切，否則怎麼可能乖乖返國投案？果然，這名逃犯拒絕回來。策動未果後，我只好承認任務失敗，就下令同仁終止行動回國。但同仁仍想再試試看，他們在電話中爭取，說高棉警方又表示三天後一定可以將罪犯交給我方帶回。不過，由於高棉方面一直反反覆覆，多次言而無言，我對他們信心全失，決定放棄。

同仁返國時，我特別到機場迎接，並安慰他們。任務失敗，我相信他們心中一定失落，但正因如此，才更要雪中送炭，爲他們加油打氣。其實，我一直很清楚，追緝外逃罪犯的失敗率很高。愈是「大尾」的罪犯愈難緝回。例如陳由豪、王又曾這類重大經濟罪犯，他們手中有大把鈔票，會在國外聘請最好的律師，製造最多程序上的困擾，而我們手中的籌碼有限，邦交國更少，外國司法機關其實更沒有義務協助我們。因此，每次成功達成任務，我從不視爲理所當然，而且會更珍惜每位同仁付出的心血與努力。

另有一次，我在晚間先後接獲桃園縣站機場組、境管局機場中心的電話，稱美國遣返一名本局要緝捕的對象，但刑事局已派員在機場等候押解。同仁問我該怎麼處理？我研判先機已失，如果此時再派人去機場與友軍搶人，反而會鬧笑話，就當場決定把人交給刑事局處理，避免爭議。

後來，我查知此一對象的確是本局進行中的案件，境管局駐外人員插手後，刑事局獲知此事，並掌握返國班機，就派員在機場守候。

我跟海外室聯繫，才知道駐外人員也將情況和班機通報海外室，但海外室竟未知會防制中心，導致我們錯失良機。我又想到日前高棉任務失利時，海外室拼命卸責的模樣，心中氣惱，眞不知要如何說起。

在防制中心第四科時期，我還曾經赴越南帶回一名外逃罪犯，這次的經驗也非常特別，值得一提。

八十四年十一月一日，我突然接到海外室通知，得知越南已經逮捕到一名外逃罪犯，下周可交給我方。因此，我們必須在一周的時間內安排好人力去越南接人。但問題是，我國和越南無邦交，而且越南又是共產國家，非常敏感，到底該派誰去執行這個任務比較好？我想了想，決定親自出馬。

第二天，我馬上協調相關赴越南出差事務，緊急安排機位，聯絡外交部駐河內、胡志明市人員以及越南國際刑警組織，並在來不及辦理簽證的情況下，協調越南入境事務。按照我以往的作業慣例，我方押解人犯的人力至少要比逃犯人數多一人才行，但這一次因爲事態緊急，連張羅機票都有困難，也就顧不得許多，就由我一個人獨自前往。

十一月四日，在沒有取得越南簽證的情形下，我一早就搭乘長榮航空班機前往泰國，抵達曼谷時也剛好接獲越南當局發給越南航空的傳眞，准許我入境越南。於是，我就再轉搭越南航空班機飛往河內。越南國際刑警組織在機場接機人員，是之前來台參加國際會議時曾晤面的警官，算是舊識，所以通關程序都很順利。

抵達河內後，國境管制人員在我護照蓋上一枚綠色的入境戳記，並准我在越南停留三天，我終於踏進越南境內。

這是我第一次走訪越南，感覺上，這是個民風相當淳樸的社會，但整體環境的開發程度還沒那麼現代化。相較起來，越南給人的感覺約莫是三十年前台灣的景象，還有很大的進步空間。我看到部分居民端著飯碗蹲在屋外進食，那種與世無爭的模樣，眞的和台灣早年農業社會的風貌相當接近。

當晚，我先跟外交部駐越南代表林水吉大使見面，說明此行任務。林大使也表示願意全力協助。

第二天下午，我親赴越南警察總局，與犯罪調查局局長、國際刑警組織越南中央局人員正式會談一個小時，雙方也對未來合作模式交換意見，過程順利。越南治安當局希望我國能夠在科技設備上提供相關支援，我轉念一想，我們調查局內就有許多已經汰換掉的科技設備，擺在倉庫不知如何處理，這些設備對我們而言或許老舊，但對於整體現代化程度尚不足的越南而言，似乎還頗有價值。於是，我當場慨然同意，表示會提供相關支援。但我也說，這批設備之後會由外交部透過駐河內代表處轉交，我的目的也是想要利用這次機會，讓我們駐越代表處和當地的官方單位建立起更緊密的關係。

會談完畢後，我駐越代表處林大使邀宴雙方享用晚餐，外館相關同仁也都出席餐會，氣氛融洽。其實，這場餐會的構想也是我事先向林大使提出建議，並獲同意的。倒不是我想要蹭林大使這一頓飯，而是我從以前駐外的經驗知道，外館人員想要邀請當地國的政府官員吃飯，通常都不容易，如果邀宴成功，都是重大績效。外館本來就編有相關的餐宴費用，報銷不成問題，但往往苦於邀宴無門，如今，我幫外館創造機會，讓台越雙方人員坐下來餐敘交流，而且把面子作給外館，林大使當然喜出望外。

十一月六日上午用完早餐後，我趕赴機場，依原本計畫接收逃犯，越南國際刑警組織人員安排我們由停機坪登機，我坐在這名外逃毒犯身旁戒護，下午平安返抵桃園中正機場。

前前後後，我在越南果然只停留三天，沒超過當局給我的停留時間，幸好順利完成任務，還順便幫外交部作了一點關係，算是一舉兩得。

三、遞解白狼

八十三年初，當我決意全心投入在追緝外逃罪犯這項業務後，說巧不巧，才隔幾天，我就接獲消息，在美國入獄十年的張安樂即將服刑期滿，美國政府打算把他列爲不受歡迎人物後驅逐出境，但必須等待移民法院的判決才能執行。我覺得，我方有機會把他帶回歸案。

說起張安樂這個名字，一般人或許不見得熟悉。但提到他的外號「白狼」，幾乎就無人不知、無人不曉了。

白狼張安樂是個傳奇人物，他是竹聯幫的創幫大老。一九八四年，他在美國讀書時，接待從台灣來到美國的竹聯幫幫主陳啟禮和總護法吳敦。一個月後，陳啟禮和吳敦返回台灣，但臨行前留下一卷錄音帶，要張安樂妥善保管，並交代，若他們兩人回台灣後發生任何意外，就馬上對外公布錄音帶的內容。

不久之後，陳啟禮和吳敦果然在警備總部發動的「一清專案」掃黑行動中落網。張安樂馬上在美國舉行記者會公布錄音帶。錄音帶的內容，是陳啟禮的自白。他坦承，他接受情報局局長汪希苓和處長陳虎門的指示，並於受訓後被派遣到美國，暗殺筆名江南的華裔美籍作家劉宜良。暗殺他的原因據說和劉宜良撰寫的蔣經國傳有關。

於是，震驚全世界的江南命案就此揭開。而張安樂事後被美國聯邦調查局指控販毒，將他逮捕入獄。他被判刑十五年，在入獄服刑十年後獲得假釋。

販毒，是萬國公罪。根據我國的法律，中華民國國民在中華民國領域外犯販毒罪，即使外國的司法機關予以起訴判刑並且執行，被告返國後仍要接受我國司法機關的偵查和審判。如果我國法院判處有罪，被告在國外已經服過的刑期可以折抵，但不能以「一罪不兩罰」的理由主張不用再接受國內司法機關的審判。

所以，張安樂在美國服刑完畢，他回國後仍然要接受我國司法機關的調查及審判。

我覺得，這是一個好機會。如果調查局追緝外逃罪犯協調小組能夠順利把張安樂緝獲回台，一定能提振小組的聲威。

八十四年三月間，我辛苦追蹤長達一年的張安樂案，終於有了眉目。美國移民法院判決，張安樂在美國涉及販毒案，已服刑期滿，將驅逐出境。我跟防制中心主任林介山報告，主任指示，張安樂押解返國的任務非常重大，要我親自前往執行，並率一位緝毒中心無經驗的同仁張日旺一同前往，也讓他有見習的機會。

我在三月二十日與張日旺一同搭機前往美國舊金山，我外交部駐舊金山辦事處保防秘書顏海波在場接機，並協助打點相關事務。出發前，我還在主任辦公室召集台北市處、聯絡室相關科長，要求對外一切保密，想不到，我們才剛抵達美國不久，自由時報就將我們準備要把張安樂從舊金山解返的消息刊登出來，而且，新聞中還具體刊出，解返日期是三月二十三日。我大吃一驚，真不知道記者們是從什麼管道獲悉這些訊息的。隨後，舊金山地區的華文報紙也以大篇幅跟進報導。

任務曝光，美國當局也大爲不滿，決定要把張安樂遣返回台的作業延後兩周執行。我向局本部回報，林介山主任指示，要我留在美國靜候，等到與美方協調出結果再返國。

我決定直接跟美國移民局 INS（Immigration and Naturalization Service）上級官員當面爭取。

我一夜未眠。第二天清晨，主任林介山來電說，他向新到任的局長廖正豪報告，並說在追緝外逃業務上，我是全局最有經驗的同仁，局長遂指示，由我全權負責與美方協調，要保密並注意安全，縮短行程。局長更交代，不必再讓外交部駐外館處人員獲悉後續作爲。林介山還說，萬一外交部有意見，局長會跟外交部長錢復溝通，我不必擔心。

林介山也私下透露，海外室和一些長官對於這事曝光非常不滿，也對我滯留美國不歸頗有微詞。我咬牙心想，局長和主任都如此挺我，我何必在意其他人的閒言閒語？但我也告訴自己，如果這次無法順利完成任務，回國後我就辭掉科長職務以示負責。

我一早就搭機飛往休士頓，與駐休士頓辦事處保防秘書祝厚源討論次日與 INS 官員見面時的說詞。第二天一早，我搭車到路易斯安那州的奧克戴爾市（Oakdale），直接與 INS 主管 Ms Nancy Hooks 商談。我努力展現專業與誠意，並說明案情的特殊性，誠懇與美方協商。我也提出執行細節構想，並請美方協調航空公司，不要讓張安樂的姓名出現在班機艙單上，以確實保密。美方表示，他們計劃在四月六日執行張安樂遣返作業，我拼命爭取，希望能提早到三月二十八日執行。美方很好奇，問我爲何選擇此一日期？我指著她辦公桌上的月曆說，因爲三月二十九日是台灣的假日，比較容易避開媒體，不會洩漏消息。Nancy 沒有當場允諾，僅表示會研究我建議案的可行性。

我把協調成果回報國內。主任林介山轉達局長指示，要我對協商內容嚴格保密，任何人都不得透露，就算外交部駐外人員問起，也不可以說。局長還說，連他自己都不要事先知情，只要我們在任務完成前三小時通知他卽可。

二十七日淸晨，我搭機返回舊金山，經駐休士頓同仁祝厚源以電話用事先約定的暗語告知，INS 已經同意我的方案，心中一塊大石頭終於放下。晚上，我與駐舊金山同仁顏海波及同行的同仁張日旺研商次日執行細節，並作狀況推演，包括飛機若臨時改到第三地落地時，該如何應變等等。我思前想後，確定一切細節都沒有遺漏，直到凌晨二點多才就寢。

三月二十八日是押解張安樂返國的大日子，我提前到舊金山機場熟悉動線。INS 官員押解白狼從休士頓搭機抵達舊金山，祝厚源也悄悄的搭上這班飛機，全程觀察。我和顏海波、張日旺在機場戒備，確定飛機上或機場裡都沒有記者或白狼友人出現，我才放心大半。

INS 官員把張安樂押上聯合航空班機後，我最後一個登機。移民局官員交了一袋資料給座艙長，聲稱是張安樂的護照和相關證件。但事實上，那袋資料裡頭只有一堆白紙，眞正的文件早已私下交給我。張安樂見狀，以爲沒有執法人員跟他搭同班機回來，神情略為輕鬆。

上飛機後，我向座艙長表明身分，請空勤人員在必要時協助我執行任務。之後，我與同仁、張安樂三人分別落坐不同位置。我的位置在最前方，白狼在座艙中央，張日旺在最後方，可以監視張安樂的一舉一動。

這樣的座位安排，當然一反常態。但我不想讓張安樂知道我們跟他搭同一班機回來，我們也怕有記者或其他黑道份子隨行，所以更不想曝露身分。

我幾次轉頭偷瞄張安樂，發現他神情自在，在他座位附近也沒有疑似記者或友人與他聊天，更覺安心。

飛行途中，我瞄到張安樂拿著座位上的衛星電話與人通話，我嚇了一跳。因為，要在飛機上打電話，必須要用信用卡先刷通電話費，才能啟動。但張安樂坐牢十年，他身上怎麼可能還會有信用卡？我注意到，張安樂打完電話後，把信用卡交還給身邊的女乘客；於是，我就偷偷詢問座艙長，請她查了一下艙單，才知道坐在張安樂身邊的這位女乘客，是一位姓金的空服員，這一天，她剛好沒有勤務，所以就和一般乘客一樣，坐在客艙中。

聽完後，我不得不佩服張安樂的魅力。即便是初次見面的女空服員，也擋不住他的請求，慨然出借信用卡讓他打了這通電話。

飛機落地前三小時，換我在機上打衛星電話，我跟防制中心在桃園機場待命的同仁程穀金聯絡，並確認機場的布置都安排妥當。

飛機落地後，我率先步出機艙，看到局裡同仁早已在機艙口守候。

我擔心同仁不認識張安樂，還特別等到張安樂從我身邊擦身而過後，從他後方指了指他的後腦杓，台北市處機動組主任王華富、科長趙清澄確認無誤後，趨前向張安樂表明身分，並出示拘票，隨即由機動組同仁將張安樂銬上手銬，押解離開。聽說，在逮捕張安樂時，同仁還問張安樂，要不要穿上防彈衣？但張安樂神情淡然的搖頭拒絕。我知道同仁是擔心現場有黑道想要尋仇，怕發生意外。但是，現場有那麼多同仁團團圍住他，就算眞有人想要行刺，子彈應該也很難打得到他。我眼見整個解返任務完成，才鬆了一口氣。

順利將張安樂緝捕回國，算是非常幸運，但其間歷經的種種波折，如今想來，還眞是萬分緊張刺激呢。

四、策動張朝權失利

八十九年，我在彰化縣站工作期間，曾經一度重操在防制中心追緝外逃罪犯時的舊業，試圖把涉及賄選案而逃往海外的彰化縣副縣長張朝權策動返台。這項工作最後功敗垂成，有些可惜，但在過程中與張朝權多次互動，卻是很不尋常的經驗。

原來，八十九年總統大選投票日前兩天，彰化縣爆發賄選醜聞；國民黨椿腳涉嫌在彰化員林鎮公然撒錢買票，遭徵信業者王坤盛當場逮個人贓俱獲，彰化地檢署歷經四個多月追查，在八月四日查出樁腳買票的現金，來自一名張姓地方人士，而這名張姓人士落網後全盤托出，直指時任副縣長的張朝權在幕後指使。張朝權聞訊後，隨即在八月六日出境飛往美國，再轉赴加拿大。彰化地檢署即將張朝權列爲被告，並發布通緝。從此，張朝權滯留海外不歸，民進黨執政時，他還名列十大通緝要犯的第十名。經過十二年半的通緝時效後，在二〇一一年九月二十八日因法定追訴期期滿，他才恢復無罪身分，但他從此再也沒有回來台灣。

我在八十九年七月到任時，東窗尚未事發，張朝權還是副縣長，我跟他也有幾面之緣。但不到一個月，賄選案延燒到他身上，他也趁亂潛逃海外，反而成爲我必須抓拿的對象。

針對張朝權逃往海外一事，我曾拜訪縣長阮剛猛、電詢立委謝章捷、親訪二水鄉長許景輝，希望能夠進一步掌握張朝權在海外的行蹤，但都未有所獲。

九十年四月間，張朝權已經逃往海外十個月，但始終下落不明，我決定死馬當活馬醫，硬著頭皮發了一封電子郵件給他，勸他回國面對現實。發電子郵件時，我本來也沒抱什麼希望，想不到，電郵發出不久之後，我就接到張朝權從國外打來的越洋電話。他自稱被政治迫害，目前尚未打算返國說明。

能與張朝權取得直接聯絡，讓我精神一振，我決定讓這個聯繫管道持續保持暢通，希望在關鍵時刻得以發揮作用。

九月二十五日，張朝權突然從國外來電，並傳眞七張自白書給我，說明他被控涉及賄選案的原委。案情有了重大進展，我馬上致電局長葉盛茂說明此事，並將自白書傳給他過目。第二天，我也將此事電告彰化地檢署檢察長林朝松，並再將張朝權的七頁自白書傳給他參考。連續兩晚，我都發了電子郵件給張朝權，努力勸他回國面對司法。

九月二十七日，張朝權來電，聲稱考慮在十一月初公布他在賄選案中所涉事務。這天下午，我又接到壹週刊記者陳東豪來電，他說他手上有五頁張朝權的自白書，待深入追查。我大爲驚訝。

在我不斷勸說下，陳東豪終於從台北趕來彰化與我會面，並且很大方的向我展示他手中的五頁資料，我看到這些紙張最上端有傳眞日期和時間，心中一想，已大概知道他是從什麼管道弄到這些自白書，但我也不說破。

之後，我和張朝權之間來來回回聯絡了好幾次，我知道他在海外過得並不安逸，應該還是有機會能策動他回國，但張朝權心中似有不平，進退之間一直掙扎。到後來，他還一度聲稱他計劃在十月底召開記者會，並詢問我可否保護他將會提到的周邊知情者謝姓人證？過了幾天，張朝權又跟我說，這名謝姓男子計劃要自首，請我們幫忙照顧謝先生。又過了幾天，張朝權又來電說，監察委員柯明謀已去會晤謝先生，可能會掌握一些不爲外人所悉的事證。我聞言後，也打電話跟謝先生聯絡，並在張朝權再度來電時向他說明上情。張得知他的朋友謝先生平安後，似乎也覺得心安，但從此之後，不管我怎麼跟他聯絡，他都再無音訊。這項策動計畫終告失敗，不免令我感到遺憾。

五、境外開會及受訓

（一）美國華府

八十年五月十七日，我在台北縣站當副主任時，接到命令要我與防制中心同仁伍榮春一同搭機赴美國洛杉磯轉華府，參加 FBI 主辦的第一屆國際洗錢研討會（First International Money Laundering Seminar）。這是我結束駐美三年工作後第一次代表局裡出國開會，當然有點興奮。

抵達美國後，很快就結識與會的 FBI 駐東京法務參事威廉（William T. Rice），他還驅車帶著我們兩人往波多馬克河沿線參觀，並至附近高地的湘菜餐館用餐。能在異鄉吃到家鄉菜，非常難得，威廉還特別補充，這家餐廳是他們夫婦的最愛，連國防部長錢尼（Dick Cheney）也常來光顧。

五月二十日，會議正式開始，開會地點在華盛頓特區國會山莊凱悅酒店（Hyatt Regency Capitol Hill, Washington D.C.），有美國、澳洲、加拿大、智利、多明尼加、法國、德國、義大利、日本、墨西哥、西班牙、瑞士、英國等二十二國代表參加，場面非常盛大。我注意到，與會人員名單中，我國國名印爲「Republic of China（ROC）」，很意外被如此尊重。

這場會議一連召開五天，我被排在第三天即五月二十二日上台報告。我報告的主題是「港商王德輝擄人勒贖洗錢案調查報告」（Investigation Report on the Kidnapping for Ransom and the Ensuing Money Laundering of Hong Kong Businessman Wang Teh-Huei），這件案子正是我曾參與偵辦的「港台洗錢案」。由於我對案情相當了解，所以報告起來也沒有任何違礙，報告前，我還提供書面資料供與會者參考。

報告結束，接受與會者提問時，有一名國家代表舉手發問：「你們華人社會裡的『銀樓』是怎麼回事？」我愣了一下，回答說：「『銀樓』存在於華人社會已久，在還沒有銀行時，就已經有這樣的民間組織，以前叫作『錢莊』，是讓民間商人可以兌換或存取金錢的地方。」我也承認銀樓的存在，的確會造成很多洗錢上的漏洞，我當場向與會來賓說明，我國政府已經注意到這個現象，會逐步加強管理。

我當時怎麼樣也沒想到，幾年之後，我偵辦「奉天專案」時，被我查出，有一批可疑的旅行支票就是從銀樓兌現的。看來，那麼多年過去，銀樓作爲地下匯兌的洗錢破口，這問題還是一直都沒有解決啊。

（二）馬來西亞吉隆坡

八十一年九月，我突然被防制中心主任劉展華指派出國開會。這次會議的地點是在馬來西亞的雲頂高爾夫鄉村俱樂部（Awana Golf & Country Club），會議由有組織犯罪和經濟犯罪國際文獻中心（CIDOEC, The Centre for International Documentation on

Organized and Economic Crime）、馬來西亞全國工商會（NCCIM, The National Chamber of Commerce and Industry of Malaysia）、國際商會（ICC, The International Chamber on Commerce）主辦，會議名稱是「第一屆經濟犯罪區域研討會」（First Regional Symposium on Economic Crime）。與會者包括馬來西亞、澳大利亞、印尼、斐濟、新加坡、英國、美國、挪威等十四國七十餘人，我國以正式國號 Republic of China 列名參加。

這次會議，我沒被安排報告，所以相當輕鬆。事後回想，這應是主任劉展華有意讓我出去歷練，所以才安排我出國。

說實話，在我四十年的調查局生涯中，從沒有那麼輕鬆出國開會過，這次開會，簡直像是渡假，但我還是趁機結識了不少外國情治單位的朋友，對於日後我推動追緝外逃犯罪業務時，也發揮了一定的作用。

（三）英國劍橋

八十二年九月間，我又有機會出國開會。

這一回，我在防制中心第四科服務，手中同時有兩個國際大型研討會要籌辦，忙得不可開交，但局長吳東明指示，要我去英國劍橋參加會議發表論文，我也只能硬著頭皮準備。

爲了要同時兼顧我手中兩場國際研討會的籌備工作，我婉拒陪同局長一行人提前出發，一直熬到九月十日的會議前，才搭機飛法國巴黎轉往英國，與早已抵達並已走訪英、法等處的局長吳東明等人在劍橋會合。

這場會議於九月十二日至十八日在英國劍橋大學基督學院(Jesus College, Cambridge)舉行，會議名稱是第十一屆經濟犯罪國際研討會（Eleventh International Symposium on Economic Crime）。開幕前一夜的酒會，駐英代表簡又新也從倫敦趕來參加。

我在會議上提報的論文題目是《中華民國證券市場犯罪現況與防制》（Crime and Deterrence on the Republic of China Stock Market），除了提出書面報告外，我還上台報告，並輔以幻燈片加強效果。值得一提的是，在與會的一百多位各國代表名單中，我的頭銜上正式印爲「Republic of China」，論文題目上，中華民國的國名也同樣顯現，沒有辱沒了國家身分。

（四）香港

我在防制中心後期，還參加過兩次由國際防制洗錢金融行動工作組織（FATF, Financial Action Task Force）主辦的國際會議，這是攸關我國加入國際防制洗錢組織艾格蒙聯盟（Egmont Group）的前奏，是非常重要的會議。

第一次會議是八十四年十月十六日至十八日。我們這一行由台北地檢署檢察官洪光煊擔任團長，成員包括板橋地檢署檢察官江東原、本局防制中心調查員王富國和我共四人。行前，我們由外交部獲悉，主辦單位推翻承諾，不同意我方代表以「Chinese Taipei」名稱與會。抵達香港後，我們趕快與外交部駐港人員張國瑋會面，協調會議期間的聯絡與訊息通報。之後，再與主辦單位 FATF 亞洲防制洗錢秘書處負責人 Mr. Rick McDonell 溝通，得知大陸也會派代表出席。爲了避免被矮化，我們當場表達，我們不同意大會將在會議中援用國際刑警組織對我國使用的名稱「Taiwan, China」，我們明確表示，一定會在大會中表達抗議。我們從深夜十一點半一路溝通到凌晨一點，Mr. Rick McDonell 終於表示諒解，但希望我們不要擾亂會議進行，也承諾會向國際刑警組織及香港警方反映我國不滿，並保證十二月在東京舉辦的第三屆亞洲防制洗錢研討會不會再發生類似情事。

第二天開會。我們先到設於香港警官俱樂部的會場，了解座位安排與布置，避免再被矮化。大陸以C排，我方以T排，分別坐在矩形位置的對面，會場均未懸掛國旗。我方代表團四人也都依照我的建議，不佩掛標示「Taiwan, China」的名牌以示抗議。下午，會議開始討論並報告時，再由團長洪光煊遞交書面抗議書，並要求列入會議紀錄。

會中，我方代表團報告洗錢犯罪現況，我也補充報告我國對於加強國際合作，共同打擊犯罪的意願，並呼籲與會各國以遞解出境方式協助我國追緝外逃罪犯，遏止可能涉及洗錢犯罪的經濟罪犯逃避法律追訴。

同天晚間，駐港人員轉達外交部密電訓令，若次日會議總結報告時仍稱我方爲

「Taiwan, China」且未以加註方式表示「Chinese Taipei」，我方代表團就要退出會議，以表達對名稱矮化之抗議。

翌日（十八日）開會時，發現主辦單位果然還是沒有修正我國代表團的名稱，於是決定執行外交部的指令。

這天下午召開總結會議時，我率先發言，質問大會主辦單位，爲何會議結論草稿中，把出席的代表團寫成十五個司法管轄區，而非十六個？少了一個是什麼意思？大會馬上緩頰，解釋是統計錯誤。

我接著再詢問會議總結報告中，我國列名爲何？大會只好硬著頭皮回答，「Taiwan, China」且不能加註「Chinese Taipei」。我馬上說，我國建國於一九一二年，國號爲Republic of China，並非 PRC 中華人民共和國的一部分，中華民國因內戰而在一九四九年播遷台灣。中華人民共和國從未統治過台灣，絕對不能代表台灣，我們也無法接受「Taiwan, China」這樣的稱謂。隨後，代表團團長洪光煊檢察官宣布不能接受「Taiwan, China」名稱，決定退席抗議。我們四人同時昂首離場。離開時，我眼角也瞄到有他國代表在桌下私自對我們豎起大姆指，心中非常感動。

（五）日本東京

前一回在香港舉行的亞太地區防制洗錢工作研討會（Disposal of Proceeds of Crime, Asian Money Laundering Methods Workshop），其實只是一場會前會，這年十二月，在東京舉行的第三屆亞洲防制洗錢研討會（Third Asia Money Laundering Symposium）才是正式的大會。這次會議是七國高峰會議金融行動小組（G7 Financial Action Task Force）爲使亞洲地區各金融、司法和執法人員了解洗錢活動新趨勢，並研究有效反制作爲，特別與大英國協秘書處共同舉辦一場會議，共有三十一個國家、地區及國際組織代表一百一十八人參加，除了綜合討論外，還分成金融、法律司法、執法三個組進行分組討論。

這場會議我方代表由中央銀行行務委員張紹台擔任團長，其餘成員包括財政部金融局組長王耀興、專員楊德庸、法務部檢察官蘇南桓和我共五人。張紹台和王耀興是金融組，蘇南桓、楊德庸是法律司法組，我參加執法組會議。

開會前一天，我駐日代表處人員及代表團一行人先行晤訪大會主席 Mr. Bill Coad（澳大利亞主任）及其同僚副主任 Mr. Neil Jensen，表示我國對名稱問題的關切，他們也滿口承諾，不會有任何問題。

當晚，日本外務省在各國代表下榻的 Tokyo Prince Hotel 舉辦歡迎酒會，我駐日代表林金莖亦應邀出席。

這次會議中，主辦單位果然同意我方以「Chinese Taipei」的名稱與會。開會前，我頗擔心我們與大陸代表的座位若排在一起會被矮化，所以，我提前抵達會場觀察，大陸代表團以P（PRC）排列，我方以C（Chinese Taipei）排列，兩方代表的座位果眞錯開，會場亦未懸掛各國國旗。

會議於MITA House舉行，日本外務省次長Mr. Kazuo Ogura及代表美國出任FATF輪值主席的財政部次長Mr. Ronald Noble都在開幕典禮致詞。

當晚，美國財政部次長Mr. Ronald Noble在美國駐日大使館舉辦酒會，邀請各國與會代表。由於美國與我並無邦交關係，所以我駐日代表林金莖並未受邀，但我們這些參與會議的成員都應邀出席，我也抓緊機會，努力大搞國民外交。

在執法組分組會場進行報告時，大陸代表發現工作人員正在協助我向與會來賓發送提供的書面文件，這份文件是我國洗錢防制法草案的英譯版，其實並無敏感性，但書面文件上印有我國國號，這就變成政治問題了。於是，大陸代表馬上向工作人員表達抗議。主席遂宣布，文件請工作人員收回，但如果與會代表決定要保留，可以不收回。結果，除了大陸代表外，所有各國代表都把我提供的文件留下來。

後來，大陸代表又離開會場向大會秘書處再次抗議，我也趨前了解。我先以英語跟大會秘書處人員說：「請容許我用中文跟大陸代表談一談。」接著，我跟大陸代表說：「你這樣抗議，會影響開會啊！」他無奈的說：「你這樣搞，我回去怎麼交代？」我了解他們的立場，就莞爾一笑。

這次的會議，確定設立亞太地區防制洗錢工作推動小組（Asia/Pacific Steering Group

on Money Laundering），負責亞太地區防制洗錢工作推動與區域合作。台灣在國際防制洗錢組織剛剛籌建時就參與運作，算是非常幸運。

（六）美國關島

八十五年五月，我卽將從防制中心調至台北市處社文組服務，但在此之前，我已向人事室報名爭取參加由美國 FBI 聯邦調查局在關島舉辦的中級管理幹部訓練，並且中選，所以，在新職報到前，我還得出國完成這三周的訓練。

五月四日下午，我和局本部外事室科長侯傑搭機飛關島，一起參加「太平洋地區執法人員培訓課程——溝通、人質危機處理和重大案件處理」（Pacific Training Initiative Course - Communication, Crisis Management and Major Case Management.）。這項課程已開辦了五年八期，FBI 廣邀太平洋地區國家執法人員參加，但我國直到此次才首度獲邀參與。這一期，除了我國之外，還有新加坡、泰國、南韓、菲律賓、關島、薩摩亞等國家或地區共二十八位執法人員一起受訓。講師是 FBI 各地的特勤探員，授課方式除了原則講解、實務作業規範說明、案例報告外，更注重個人表達、群體討論、狀況推演、分組演練、模擬案件操演等，課程非常靈活而充實。

我們的班機在凌晨抵達關島，FBI 特別派了一名幹員到機場迎接我們，非常細心而周到，也代表他們高度重視這項訓練課程。我們入住於訓練區 Tiyan Housing Area 的宿舍，這是個軍區，宿舍的造型是美式獨門獨棟的房舍，很像陽明山的美軍宿舍。我和侯傑共住一棟宿舍，屋內寬敞而舒適，簡直像在渡假似的。

第一天上課時，全體學員都要上台報告自己的國情文化。輪到我上台時，我先介紹中華文化和中文的象形文字，之後話鋒一轉說，英文也有象形文字，台下的學員一愣，我隨手在黑板上寫了「bed」三個字，並問大家：「這個字跟『床』的造型不是一樣嗎？這不就是象形文字嗎？」眾皆大笑。之後，我也順口講了一個「有顏色」的笑話（當期沒有女性學員受訓），把各國代表笑翻了，他們發現我不似印象中的華人那麼一板一眼，後來就與我打成一片。

這次訓練課程中，讓我非常有感的是人質危機處理。FBI 極爲重視此項工作，也列爲 FBI 幹員重要訓練項目。此一訓練包括三個層級：個人技術訓練、團隊技術訓練、整體危機處理系統訓練。內容包括阻隔區（Perimeter）之設置、監視（Surveillance）、協談（Negotiation）、攻擊（SWAT/Tactics）、情報（Intelligence）、科技支援（Technical Support）、指揮所（Command Post）、現場指揮官（On-scene Commander）、媒體（Media）處理以及行政支援等等。FBI 認爲，平時有充分的訓練和準備，才能將危機發生後的處理時間減至最短，尤其使人員的傷亡（包括人質、暴徒和執法人員）降到最低。

我當時也沒想到，在我受完人質危機處理的訓練課程後一年多，國內就爆發「〇四一四」白曉燕命案，案件發展到最後期，綁匪陳進興在陽明山挾持南非大使武官及家眷，並要求與檢警單位談判。一時之間，檢警人員都亂了手腳。當時，我就深深覺得，我們的執法人員真的應該要好好接受人質危機處理的訓練。而那時，我和記者之間一段有感而發的交談，竟被媒體作成新聞登在報章上，還為我惹來不少困擾。

利用三周訓練課程的空檔時間，FBI 還安排我們參觀美國海軍基地。除了觀看海軍裝備展示和直昇機載運特種兵垂降操演外，也讓我們分批親登小型橡皮快艇，實地體驗快艇高速前進及迴轉的性能。之後，FBI 帶我們到靶場射擊，現場也提供了霰彈槍、半自動步槍、手槍等，讓大家試試身手。多國代表都下場嘗試，但槍法高低各有不同。輪到我時，我每次射擊都全部中靶，而且彈著點都非常密集，代表我的精準度甚高，連 FBI 探員也都稱許我槍法很準。

（七）德國 Heimerzheim

九十一年八月間，我奉派到德國參加一場為期三周的研習會，還在柏林巧遇後來擔任德國總理的梅克爾（Angela Merkel），是我人生中很難得的經驗。

這場研習會，其實是國家安全局和德國聯邦憲法保護局（Federal Office for the Protection of the Constitution, BfV）合作的一個專案，由德國憲保局專門為我國情治單位主辦的訓練活動，輪到我們這一梯次時已經是第五期，這一期的訓練主題是「國際恐怖及間諜活動之反制」。這批受訓學員共有十人，其中，安全局四人、警政署三人、調查局三人。本局代表除了我之外，還有台北縣站的同仁吳崗、高雄市處的李如森。

我們在八月八日父親節出發，一行人搭乘長榮航空班機前往荷蘭，抵達阿姆斯特丹之後，再轉搭荷蘭航空飛往德國。

在德國受訓期間，憲保局的教官有些是以英語授課，有些雖以德語傳授工作經驗，但課堂上一定有翻譯人員在場口譯成中文。我們也利用課餘時間參觀憲保局，並獲局長 Heinz Fromm 親自接見，另也抽空拜會我駐德代表胡爲眞，並獲晚宴招待。

印象最深刻有兩件事，其一是在德國聯邦議會大樓門口，遇到梅克爾。

梅克爾當時是德國基督教民主聯盟（簡稱基民黨）主席，也是聯邦議員。她體型微胖，身形略矮。

德國憲保局在聯邦議會裡面有一間辦公室，那一天，我們的行程剛好是參觀這間辦公室，所以一行人就前往聯邦議會參觀。

抵達大門口時，剛好遇到梅克爾。憲保局人員向梅克爾介紹我們，她也非常親切的點頭微笑致意。當時，我們都沒想到，她後來竟然當到德國總理，而且任期長達十六年。

能跟當今國際上最重要的政治領袖見面，是我畢生難得的體驗。這麼多年過去，我依然記得梅克爾對我們點頭微笑的丰采。

另有一次，德國憲保局負責這期訓練課程的 Prof. Horst Schuh 邀請我們到他家作客。爲了那場 BBQ 烤肉宴，我特別身著黑、紅、黃三色類似德國國旗的T恤到場。主人開門一見我身上穿的服飾，大喜過望。在餐宴中，我也注意到，他家中播放的音樂竟然是鄧麗君的「小城故事」。我心中暗想，原來雙方事前的準備工作都作得非常到位，完完全全投對方所好，眞是諜對諜啊！

六年後（九十七年），我當聯絡室主任時，德國憲保局訓練中心校長 Andreas Hubsch 一行四人來台灣訪問，我還特別設宴招待他們，並邀請歷年前往德國受訓的同仁每年各推一位代表陪同。我知會外事室主任莊銘，他特別請局長葉盛茂出面接待來訪貴賓並主持餐會。這場餐宴中，大家憶及過往受訓時的點點滴滴，許多往事都浮上心頭，大夥都吃得賓主盡歡。

（八）蘇州

九十九年十月，我於兩岸情勢研析處處長任內奉派去大陸開會。

算一算，上一次因公出國開會受訓，是九十一年八月的事，從那一回赴德國受訓之後，有長達八年的時間，我都專心在國內工作，沒有出國參加任何會議或受訓。

這一次的會議，地點在大陸蘇州。對我而言，這是個很特殊的經驗。我猜想，我在調查局工作期間，辦了那麼多偵防案件，中共的情治單位一定早就注意到我了。所以，當我聽說這次開會的地點在大陸時，心中其實是有些忐忑的。

以往，我代表局裡出國開會時，必須使用英語。我用英語與人溝通雖不困難，但英語終究並非我的母語，多少還是會有點壓力。這次到大陸開會，全程使用國語，語言上沒有障礙，但想起過去我辦過那麼多共諜，心中卻又有另外一層壓力。

當然，我並不擔心會一去不返。中共再怎麼拙劣，也不會在邀請我去開會時把我當場活逮，不放我回來。但我猜想，像我這樣的人，一旦進入了中共勢力能夠掌控的領域，他們當然不會放過任何機會，絕對會努力對我展開全面性的蒐證與調查。

十月十八日，我與毒品防制處處長王華富、經濟犯罪防制處處長江桂馨一起從松山機場搭機赴上海浦東機場，再轉往蘇州。下了飛機後，主辦單位派出專車接送，並有警車開道，行經高速公路及蘇州市區均有交通管制與警車前導，一路通行無阻，且陣仗頗大。

當晚，我們一行人接受江蘇省公安廳晚宴，並入住蘇州香格里拉飯店。

翌日，「第五屆海峽兩岸暨香港、澳門警學研討會」正式登場，與會人員也包括一些台灣警察局長、警大教授及港、澳、大陸地區的治安首長，會議連開兩天，我是調查局唯一的論文發表者，被排在第二天的主場發表。書面報告的題目是《海峽兩岸經濟合作架構（ECFA）簽訂後台灣金融犯罪之西進複製可能與預防》。在現場，我以口頭報告，輔以 Power Point，論文發表完畢後，也接受學者點評及在場聽眾的提問。

在蘇州期間，主辦單位安排我們夜遊蘇州市及絲綢工廠，工廠人員事先得知我們要夜訪，還特別加班接待。另外，我們也赴蘇州市虎丘、拙政園遊覽，並參觀昆山公安局、長江派出所。

會議結束後，一行人轉往上海參觀世界博覽會，主辦單位安排我們入住上海虹橋路西郊賓館。在辦理住房登記時，全體人員只有我被分配的房間無法入住。賓館櫃台人員聲稱，我的房間還未清理妥當。但我稍後還有行程，所以急著想要進房梳洗後外出，櫃台服務人員聽聞，就提供另一間行政套房讓我入住。

我在房間稍稍漱洗後，就準備和同行團員王華富、江桂馨一起出遊。我回到大廳時，隨口跟同仁說：「我們住的飯店好像很高級，我房間門口都掛著很多外國元首政要的照片，像是布希總統、依莉莎白女王、日本天皇等，代表他們曾經下榻過這家賓館。」其他同仁面面相覷，因為他們的房間門口並沒有懸掛這些照片。

當晚，我們在上海海關緝毒人員陪同下搭船夜遊黃浦江，飽覽上海外灘夜色風光。

結束行程回賓館要進房時，我發現他們從大廳都向右轉，只有我一個人向左轉，我才發現，原來我的房間和他們分屬不同區域，當然，這樣的安排絕對不尋常。第二天，王華富還打趣說，我晚上洗澡時都不敢開燈，怕春光外洩，赤身裸體全被錄下。

幸好，此行只有在上海入住賓館時發生了小小的風波，其餘都很平安。

翌日，我們整束行囊，搭機返台。

（九）澳門

有了前次赴大陸蘇州參加「海峽兩岸暨香港、澳門警學研討會」的經驗，兩年之後，「第七屆海峽兩岸暨香港、澳門警學研討會」在澳門登場，局裡就再度指派我參加，代表調查局發表論文。

一〇一年十一月二十七日，我隨同副局長吳莉貞從桃園機場搭機赴澳門，入住氹仔銀河渡假村銀河酒店，晚間的迎賓晚宴設於四季酒店。第二天的開幕式在銀河渡假村悅榕庄酒店宴會廳舉行，隨後並在同一場地舉行一整天的研討會。

我的論文發表被安排在第二天第六場的議程，書面論文題目是《臺灣地區犯罪組織跨境洗錢的現況與預防——以賭博所得爲例》，這份論文在有東方賭城之稱的澳門提出，眞是非常適切。我口頭報告時，仍然輔以 Power Point，論文發表完畢，我同樣接受點評及聽衆提問和討論。

論文發表完畢後，無事一身輕，我抽空隨同吳莉貞副局長拜訪我駐澳門辦事處。在大會的安排下另也參觀澳門賽車場及紅酒博物館、治安警察局特警總部。

十一月三十日，結束出差，搭機返抵桃園機場。

這次出差時，我心知肚明，應該是我最後一次以調查局人員身分出國了，所以也不免百感交集。

回國之後一個半月，我請調至研究委員會擔任副主任委員。再過一年，我即辦理退休。

回顧在局裡工作這四十年，我代表局裡出國開會或受訓的次數就只有這九次，次數不多，但都是頗爲難得的體驗，除了增廣見聞之外，更是很好的歷練和學習的機會。其中有幾次會議期間，面對中共強大的政治壓力，我明顯能感受到我國外交處境的艱困。國際處境如此，我無力改變，只有在能力範圍內努力爭取，以求順利完成任務。幾次折衝，我總是以不卑不亢的態度據理力爭，且勢必做到不讓國格受損。回顧這幾次在境外開會的過程，總算是幸不辱命，相信自己的所做所爲，也都對得起國家了。

第4章

屢破大案

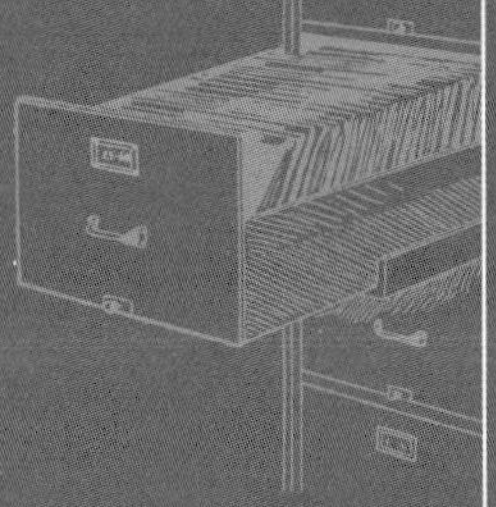

身爲一位資深調查員，我當然偵辦過不少案件，這些案件的難易度不一，但能偵破，都非僥倖。我常常覺得，辦案人員一定要有上窮碧落下黃泉的決心，對任何蛛絲馬跡的線索都得追查到底，才能有所突破。當然，有如神助般的靈光一閃，往往是破案關鍵的臨門一腳。

多年後的今天，回顧過往的辦案歷程，我可以非常自負的說，有些案子，若不是由我承辦，說不定還破不了呢！

一、港台洗錢案

七十九年四月十三日，我調任台北縣調查站副主任，迎面而來的第一樁重大案件，就是轟動全國的「港台洗錢案」。

其實，這件案子的前期跟監及蒐證工作，早在我奉調到台北縣站之前就已經展開，我等於是半途加入偵辦的行列。爲了要跟上大家的進度，我到任之後可眞是作足了功課，天天加班研讀相關資料。夜晚就拉開行軍床睡在辦公室，全程掌握案件調查。

這件案子的線索來自國家安全局。我們在七十九年初獲得的情報顯示，有一群香港、台灣的不法份子有意走私大批槍械來台。我們鎖定了幾名重要的嫌犯，日夜跟監，其中一人就是陳麒元。

陳麒元的身分很特殊。他是香港華僑，來台就讀東吳大學，畢業後進入調查班第十四期受訓，結業之後就被派回香港，是本局派在香港的秘密工作人員，直接受局本部海外室督導，蒐集各類型的反滲透情報，但他私下也跟安全局聯絡，成為安全局海外運用人員。巧合的是，全台北縣站沒有任何一位調查員和他同期受訓，所以我們動員包括雇員小姐在內的全站人力，投入跟監行動時，竟然沒有人發現他是「自己人」。其實，本案在偵辦初期，除了站主任張閩笙及承辦副主任被告知陳麒元的身分，並被叮囑要保密外，局本部也只有局長吳東明、業管副局長高明輝、第三處處長等極少數直接相關人員知道他的眞實身分，連負責直接督導聯絡的海外工作室，也不知情。

我們鎖定的另外一名嫌犯，是台灣籍的杜史存。其實，整件案子最初監控的對象，就是杜史存。由於杜史存家在台北縣新店市（現新北市新店區），從轄區來看，屬於本局台北縣站的管轄範圍，所以這案子的外勤工作才會落到台北縣站頭上。

我們台北縣站派人二十四小時全天候盯著他和他家人的行動，想要搞清楚他們在幹些什麼勾當，每天也都作詳細的偵查紀錄，但同仁連續跟了他三個月，卻都沒有發現什麼蛛絲馬跡，只查出杜史存在外面有情人，這種無關宏旨的情報有點令人洩氣。不過，到了四月十六日，跟監同仁發現，杜史存突然到桃園中正機場接一位名叫鍾華的香港客人。陪同杜史存一塊到機場的還有一位香港人，叫陳麒元。他們乘車離開機場後，直奔台北市忠孝東路的山利多飯店住宿。第二天，香港又來了一名叫鍾志能的人，和他們碰頭。隔日，又來了一位香港人黃壽。連續三天，都有香港人陸續來台跟他們接觸，這讓我們都提高了警覺。

我們持續跟監這幾名可疑份子，但陳麒元本身受過調查局的嚴格訓練，又在香港工作多年，警覺性甚高，很不好跟。有一次，我們同仁開車跟蹤陳麒元，被他發覺，他將車子停在路中間，直接推開車門下車找跟監同仁理論，並發生爭吵，雙方還差一點動起手來。陳麒元後來落網時提到這一段故事，他說，他被跟監時就覺得不對勁。因爲跟監的手法太細膩，不像是警方所爲，但他沒想到，他是被「自己人」跟監。

香港人黃壽也不好跟。有一回，黃壽發覺被跟監，就回過頭來反跟監，還跟我們同仁發生爭執，雙方最後扭打成一團。衝突中，黃壽的鼻樑還被我們同仁打破。黃壽大概覺得苗頭不對，衝突發生後不久，就提早返回香港。

這案子偵破之後，我看到香港警方傳眞文件中，有一份是同案嫌犯許少雄的詢問筆錄，其中記載，警方詢問許少雄，知不知道黃壽的鼻樑爲何受傷？許少雄稱黃壽說是在台灣「被秘密警察跟蹤」，被秘密警察所打傷的。

我看到這段筆錄時，忍不住哈哈大笑。香港警察也眞有意思。

四月二十六日上午，跟監同仁回報：「『目標』買了一百多個紙箱，不知要幹什麼，而且，他們又從原本的飯店退房，搬到來來飯店（今喜來登飯店）五〇八號房住宿。」中午，再次回報：「他們開著一輛小貨車，先到第一銀行大安分行，之後又到台灣銀行，提取大量現金。」

跟監同仁一路跟著小貨車，看到車子停到來來飯店門口，幾名嫌犯下車後，很辛苦的拖著一個個的大箱子進入飯店大廳。

在搬運紙箱的途中，有一名飯店服務生不小心踢到紙箱，箱中一疊疊的千元大鈔就這麼被撞飛，滾落在大廳地面。

這麼多錢突然灑出來，現場所有人都傻了。跟監同仁見狀，不由分說就衝上前去，扣住其中一名嫌犯。

其實，這時根本還沒到正式行動的時機，這名同仁衝上前之後，才透過無線電回報他的行動。我和張閩笙主任在指揮所，聽到無線電傳來同仁已經行動的消息，連聲叫苦。因爲，直到此時，我們都還沒弄清楚整件事的脈絡，如此貿然的行動，一定打草驚蛇，說不定會把其他同夥嚇跑。

張閩笙主任也覺得發動的時機不宜，他一度要同仁找個理由撤回，但我表示，開弓沒有回頭箭，同仁都已經行動了，現在退縮，反而更糟，說不定搞到最後什麼都沒有。所以，既然行動了，就一定要硬著頭皮查下去。

於是，原本在來來飯店四周埋伏的同仁都緊急行動，十多位調查人員直接衝進五〇八號房，並以涉嫌販賣槍械罪爲由，當場將陳麒元、鍾華、鍾志能三人逮捕，並對房間展開搜查。

我們把這些紙箱查扣，打開一看，發現裡面滿滿的全是千元大鈔，大家都愣住了。有人懷疑這些鈔票是不是假鈔，但請專家鑑定，確認全爲眞鈔。進一步清點，總計有新台幣四億七千四百萬元。這是我第一次看到這麼鉅額的現鈔出現在眼前，眞是把眼睛都看花了。

這筆鉅款運回台北縣站後，我們在文康中心找了一張撞球桌，把一疊一疊的鈔票全都推在上頭，像是一座小山似的。之後，再派出全副武裝的警衛同仁戒備，架上錄影機二十四小時錄影，任何人都不准接近。

過了幾天，我先與台灣銀行板橋分行經理聯繫，獲得同意後，就請同仁前往以台北縣調查站的名義開了一個帳戶，把這筆鉅款全部存入。等到確定全部的款項都平安送進銀行，我們才鬆了一口氣。

這次行動，只逮捕了三人，另一名重要嫌疑犯黃壽數日前已經回去香港，杜史存也已逃之夭夭。我們根據跟監所掌握的資料，陸續約談幾名與嫌犯來往密切的證人，但並沒有太多進展。

根據安全局的情報，這群嫌犯是走私槍械犯罪集團的成員，可是，我們在杜史存的家裡只搜到兩把玩具手槍，幾把小刀，怎麼看都不像是走私槍械集團的格局，可見，情報或許並不精準。不過，他們身上有這麼多的現金，也證明本案絕對不簡單。我們只能針對已落網的嫌犯加強審訊，但他們都不肯說實話，案情沒有取得重大突破。

我思考了好幾天。有一天，我突然想到，從邏輯上來說，如果這個集團眞的是打算走私槍械，那麼，他們手中持有的，應該是槍械，而不是現金，身爲賣方，他們應該要找能付得出鉅款的買方交易才對。他們現在手上滿滿的都是現金，這代表什麼意思呢？難道他們是買方嗎？但有沒有可能，這個集團並不是想要拿錢買槍，而是已經做了某件不法之事，因而獲得鉅款？換句話說，這些錢，有沒有可能是犯罪所得？

這麼一轉念，我覺得很多事理就能解釋得通。所以，我趕快把這樣的想法跟負責偵訊的同仁分享，也請他們改變方向，再去向嫌犯們深入挖掘。

果然，偵訊方向一調整之後，嫌犯之一的鍾志能就承認，他是奉他父親鍾維政之命，來台灣接應這筆錢的，其他的事情他不清楚。這一點，馬上引起了我們的重視。我們立即將工作重點放在查找這些現金的來源與用途問題上。

同仁接著到銀行調查，發現四月二十六日這天，香港恒隆銀行將港幣二億六千萬元以多名人頭帳戶經由多間銀行及銀樓轉匯到台灣，這筆錢兌成台幣後，總額高達六億九千多萬元。我們在第一天的行動中已經當場查扣了四億七千四百萬元，後來又有二億一千多萬元也被我們追回來，剩下的一千多萬元則被杜史存帶走。

這一下，更證明我的判斷是對的。

首先，買賣槍械，要不了這麼多錢。其次，付款方在香港，但台灣的不法份子不可能有辦法提供那麼多槍械賣到香港，所以槍械走私一說更不成立。這麼鉅額的錢，大概只跟毒品交易或其他重大案件有關。

此時，本局第三處承辦科長吳蔭椿奉命到刑事警察局去打探消息，沒想到這麼巧，就讓他在刑事局裡碰到了香港皇家警署偵緝組警官袁應林。原來，袁警官是來台請警方協助調查在香港發生的一起重大綁票案。

據袁應林的簡報，被綁的肉票是香港富商華懋集團總裁王德輝。歹徒勒索的贖金高達十億美金。其中第一筆款已經匯來台灣。這下子，雙方馬上就接上線索，判斷陳麒元等人接獲的款項，應該就是這筆贖款。我們據此加強力道偵訊陳麒元等人，果然獲得重大突破。

其實，王德輝被綁架，是件非常離奇的事。

早在民國七十二年四月，王德輝就曾經被綁架過一次。當時，歹徒向他的妻子龔如心（綽號小甜甜）勒索二億美元。這筆贖款中的一千一百萬元也是以洗錢手法匯來台灣，但被警方查獲，綁匪也全部被捕。

七年後，綁票案再次發生，而且，這回綁票集團的主嫌鍾維政竟是香港警署的退休警長，所以他對王德輝前一次被綁架事件的經過知道得一清二楚。他覺得，他完全可以複製這起犯罪手法，而且，只要做好事後的洗錢工作，就能萬無一失，不會被抓到。因此，他們就以幾乎完全相同的手法，再次綁架了王德輝，勒贖的贖金更高達十億美元。

歹徒綁架了王德輝後，不但公然打電話給王的妻子龔如心，而且還要龔如心交一隻行動電話給他們使用，甚至還在報刊登出廣告，告訴龔如心該如何與綁匪們聯繫。

爲了救丈夫，龔如心不得不按照歹徒的要求，送上第一筆贖款，但付贖之後，卻一直得不到丈夫的消息。

香港警方也因爲採取「以錢追人」的方式查案，才查出這筆贖款流到了台灣，並派人跨海來台跟刑事警察局洽詢相關線索。

我們掌握了以上的案情後，就繼續詢問陳麒元，他也透露，依照計畫，王德輝應該會被藏在一艘漁船上。但這艘船不會停靠在某一個固定的地方，而會在香港附近的公海上駛來駛去，這樣，香港警方就很難查出王德輝確實的藏匿地點。況且，香港警方也不能在公海上隨便攔截漁船檢查。

我們獲得這項重要的情報後，馬上通知香港皇家警署警官袁應林，他也立即回報香港警方，但可惜還是沒有找到王德輝的下落。後來，我收到香港警方提供的一張有標示的海圖，據說是從犯罪集團據點中查獲的，有了這份海圖，我特別協調海關，請他們支援大型緝私船謀星號，載著同仁多次往棉花嶼一帶的外海巡查，希望能發現王德輝之下落，但遺憾一直沒有找到他的行蹤。

據陳麒元供述，這件綁架案的成員原本都只有香港的犯罪集團，但當他們想到要把勒索的錢匯到台灣時，卻發現沒有人可以接應，所以才找上陳麒元幫忙，當然也承諾會給他巨額報酬。陳麒元搭上了杜史存，並把杜史存介紹給鍾維政等人。杜史存作爲在台灣的接應者，也找了幾個做外匯生意的人在銀行開戶，以便收取王德輝妻子龔如心匯來的贖款。

至此，全案眞相大白，香港警署在我方提供的線報下，大舉展開行動，也逮獲多名犯罪份子，終於一舉把全案偵破。但遺憾的是，王德輝始終下落不明，而幾名重要的主嫌也一直逃逸無蹤。

事後，我們曾多處緝捕杜史存，甚至派站裡兩名很幹練的同仁廖本鴻、徐明，荷槍實彈到他在台北市民生東路秘密租用的套房全天候埋伏多日，但都一無所獲。杜史存後來偷渡出境，一年多後，在馬來西亞終於被捕解送回國受審。

本案偵辦過程中，香港警署還曾打算邀請承辦檢察官蘇南桓、本局吳蔭椿科長一起到香港協商辦案，但蘇、吳兩人因顧慮到這件案子的綁匪成員複雜，除了大圈仔外，還有退休警官。如果他們兩人在香港時被綁匪綁架，跟我們要求釋放在押的同夥，我們該如何處理？想來想去，他們兩人最後還是婉拒了香港警方的邀請。

這件案子之所以會被立案調查，原始的情報來源竟然就是陳麒元，這一點，應該出乎眾人的意料。當初，他向安全局提供情報，指稱有一個集團打算走私槍械。他應該沒想到這條情報會獲得重視，並被安全局發交本局調查，最後還查到他自己身上。這一切的一切，只能說是老天有眼。

本案發生後，深受國際注目，也促成我國洗錢防制法的優先立法，爲此，我後來還曾出國，到美國華盛頓特區參加 FBI 聯邦調查局舉辦的國際研討會，並上台報告這件案子的案情。

二、獨台會案

八十年五月九日凌晨，在上級一聲令下，在台北縣站擔任副主任的我和同仁們一同展開「獨立台灣會」案的拘提搜索行動。行動之初，我從沒想過這件偵防案件會引發如此深遠的政治效應。

獨台會案的偵辦行動全由局本部主導，動員多個外勤處站同仁於天色剛亮時在台北市、台北縣（今新北市）、新竹市、高雄市同步執行，順利拘提台大社會學研究所畢業的陳正然、民進黨籍社運工作者王秀惠、清華大學歷史研究所碩士生廖偉程及傳道士林銀福四人到案。兩天後，再逮捕協助林銀福張貼獨台會文宣的安正光。

由我帶隊的這組人負責拘提王秀惠。其實，在行動之前，我們早已長時間監控她。爲了避免被她發現，我還把一輛廂型車僞裝後供同仁守候，更親自在她住處附近覓得可就近觀察的民宅，供同仁長期守候監控。我們從情報確認，王秀惠已印妥大量反動傳單，準備在全省各地散發，研判時機成熟後，決定展開拘提行動。這批傳單也在王秀惠家中當場查獲。

王秀惠被拘提後，由同仁解送到台北市調查處詢問，偵訊工作由我負責，陪同王秀惠的辯護人是郭吉仁律師。一開始，郭律師對我充滿敵意，還提出百般意見，我最初隱忍不發，後來看郭吉仁眞的鬧得太厲害了，就臉色一沉，很嚴肅的告訴他，依據當年刑事訴訟法的規定，偵查中被告的辯護人只能在場，不能辯護，所以，郭律師雖然可以陪同，但不能說話。但郭吉仁還是不斷干擾、打斷我詢問的過程。最後，我忍不住了，就站起來，請郭吉仁離開詢問室。

他愣了一下，但還是很強硬的說，他有權利在場。

我從抽屜中取出一疊辯護人的委任狀，遞給郭吉仁，並說，按照刑事訴訟法的規定，一名被告最多只能委任三位辯護人，但王秀惠一被拘提後，她的支持者就找了一批知名律師到場，王秀惠也和每位律師都簽署了委任狀，我算了一算，她已經簽了四份委任狀，郭吉仁是第五位律師，已經超過法定的上限，因此，我有權請他離開。

語畢，王秀惠和郭吉仁都愣在當場。因爲，之前那批律師，都只有遞出委任狀讓王秀惠簽署後就離去，根本沒人在調查處裡陪著她。如果此時我再不讓郭吉仁陪同，王秀惠可真要落單了。

眼見王秀惠一臉驚慌，郭吉仁連忙安慰她，並要她再簽名撤銷前面四位律師的委任，才解決問題。

我給了郭吉仁一記下馬威後，他知道我不是省油的燈，氣焰才不再囂張。此後，他也謹守分際，只在場陪同，不再發言。受此波及，王秀惠應訊的態度也變得較爲軟化。

在詢問過程中，王秀惠承認，她曾到日本與獨立台灣會的主腦史明（本名施朝暉）晤面，她也曾研讀史明所著的《台灣人四百年史》，聽史明講授台灣歷史與社會主義及台灣獨立觀念等，她也承認受史明指示回台發展組織，宣傳獨立台灣會的理念。在我的詢問之下，王秀惠親口說出，她與史明告別時，史明把一張鈔票撕成兩半，其中一半交給了她，並說日後會有人持另外半張鈔票跟她碰面，屆時，只要把兩張半截的鈔票合攏比對，就知眞假。

這種確認身分的方式，簡直像是間諜小說的情節。王秀惠侃侃而談，絲毫不知道她說出這些細節是自證己罪，但我從眼角餘光看到坐在王秀惠身後的郭吉仁，只見他愈聽愈驚訝，還忍不住搖頭。我知道郭吉仁認爲王秀惠說得太多，把一些對自己不利的事證都和盤托出，讓我扣住了關鍵的法律要件。但他苦於法律規定及限制，只能在場，不能發言，他只能眼睜睜的看著王秀惠毫不知輕重的對我知無不言，就像拿條繩子栓住了自己的脖子，還愈栓愈緊，但他完全束手無策。

坦白說，郭吉仁是位非常認眞且稱職的律師。他自從接獲通知，趕到台北市調查處擔任王秀惠的辯護人後，就從此寸步不離，連上廁所時都直接借用詢問室的洗手間，不使用室外的大盥洗室，他完全不讓王秀惠有落單、脫離他視線的機會。

我的詢問工作一直進行到淸晨五點，他也一路熬夜陪同，直到我把筆錄作好，裝訂完畢，他還再三跟我確認整個詢問程序都結束，並要我保證不會再開啟詢問後，他才拖著疲憊的身軀離去。

離去前，我忍不住稱許他是一位很盡職的律師，他苦笑一下，也反問我，他看我如此漏夜詢問且不換手，問我是不是都這樣辦案？我點點頭。他沉默了一下，說：

「你也很辛苦。」

在詢問王秀惠期間，另名嫌犯的律師李勝雄突然推開我們這間詢問室大門，探頭進來後劈頭就是一句：「某某某（嫌犯名）在哪間偵訊室？」

我眉頭一皺，忍不住開口損他：「搞這招也太沒水準了吧？」

一般人可能不懂李勝雄此舉有什麼特殊的意義，但我當然清楚。我們執行搜索拘提行動時，是在全省多個不同地點同步執行，被約談的對象一被控制住後，就馬上斷絕他與外界的任何聯繫管道，避免發生通風報信或串供滅證等妨害司法調查的情事。所以，王秀惠被我們拘提到案時，她完全不知道還有哪些同夥也落網了。但李勝雄律師這麼推門一喊，無異是暗示（根本是明示）王秀惠，讓她知道某某人也被拘提到案了。

李勝雄被我這麼一損，頭馬上縮回去，反正他的目的已經達到，也就不跟我爭辯，立刻關門離去。

相較起來，陳水扁的態度就好得多了。

那時，陳水扁已是非常有名的立法委員，他獲悉我們發動偵查行動後，爲了表示關切，也親赴台北市調查處，並由坐鎮在台北市處的本案指揮官，副局長高明輝出面接待。陳水扁表達想要探視一下被同仁拘提到案的嫌犯，以確定他們的人身安全，高副局長卽陪同他到一間一間的詢問室探視。

他們兩人抵達我這間詢問室時，我仍在詢問王秀惠，只聽到門外有輕輕的敲門聲，隨後看到有人開門，陳水扁站在門口，對我非常恭敬的彎腰致意，王秀惠聽到聲音，回頭看到陳水扁，陳水扁也揮手跟她打個招呼，像在爲她打氣，全程未發一言卽行離去。他那種恭謹的態度，與他在立法院問政時的強勢作風完全不同，這麼多年來，我對那一幕仍然印象深刻。

這一次的行動，可謂相當成功。被監控的對象無一漏網，該掌握的證據也都查扣到案，若論法律構成要件，這幾名嫌犯應該都逃不過法律的制裁。

不過，新竹市站在拘提清華大學研究生廖偉程時，在程序上出了差錯。他們沒有先行通知校長劉兆玄，就直接進入校園學生宿舍把廖偉程帶走，此舉嚴重觸怒了劉兆玄。事後，他非但不安撫情緒騷動的學生，反而借題發揮公開強烈抗議。學生被鼓動後，也串連其他大專院校學生及社運人士，到台北市處門口聚集，聽說劉兆玄還安排了遊覽車送聲援的學生們到台北來。

這群學生和社運份子在台北市處門口集會演講，還同聲齊唱社運歌曲，由於聲量甚大，聲浪還傳到詢問室。王秀惠在接受詢問時，聽到外頭的歌聲，知道有人在外聲援，不免士氣大振，她一度還樂陶陶的搖擺身體輕聲同唱，經我制止，她才住口。

這次的行動，就因爲新竹市站進入校園逮人時先斬後奏的程序瑕疵，成爲整件案子最後全面潰堤的缺口。

偵訊後，四名嫌犯移送到台灣高檢署，全部被檢察官依內亂罪下令羈押禁見。但檢察官對我們的支持，並無法阻止社會上愈來愈烈的抗議聲浪。

五月十五日，罷課的清華大學學生們串連其他大專院校學生、社運團體和一些大學教授集結占領台北火車站，且一占五天，立法院也迅卽在五月十七日廢除懲治叛亂條例、檢肅匪諜條例，但仍無法壓抑激烈的社運怒潮。

翌年五月，立法院又通過刑法第一百條修正案，從此，必須要有「強暴或脅迫著手實行」的行爲，才會構成內亂罪。而且，原本內亂罪也處罰的陰謀犯，在修法之後，也不再論罪。

以本案爲例，由於獨台會幾名嫌犯的行爲雖然已經是「著手實行」，但尚未達到「強暴或脅迫」的程度，不構成法辦要件，最後法院把全案所有被告都改判免訴。

如今回頭看看當年的獨台會案，這件案子的確造成整套關於懲治叛亂法系的大崩解，但若說我們辦的這件案子是導致整套懲叛法系解構的「元兇」，可能也失之偏頗。其實，從那個時代的政治氣候來看，早在八十九年十月間，立法院民進黨團就極力倡議廢除刑法內亂罪章，之後，朝野黨團屢屢針對刑法第一百條內亂罪該廢或該修而爭執不休。獨台會案爆發，讓抽象的法律問題一下子變成具體個案，民進黨借力使力，挾著民氣可用的氣勢，在立法院就一舉把懲治叛亂條例、檢肅匪諜條例兩部特別法給廢掉了。之後，再花了一年的時間，朝野政黨才終於達成共識，刑法第一百條的內亂罪可修不可廢，於是修正成現今的法條。但等到蔡英文執政後，民進黨又回頭大修所謂的「國安五法」，把許多政治性的法條又愈修愈重，這與當年民進黨在野時的主張，顯然又有所不同。

所以，我眞不覺得我們當年是捅了馬蜂窩的人。我們是執法人員，對於違法的人，有法律，我們就依法究辦，如果法律廢了或修了，該除罪就除罪，行爲不再構成違法，我們就不行動。這就是我們的行爲準則。

法律的存與廢，不是我們這樣層級的人該過問的事，這是上層結構的問題，我們是執法者，必須依法行政，道理就這麼簡單，看似無奈，但這就是政治現實。

三、總統就職演說講稿外洩案

八十五年五月二十日，是中華民國第九任總統就職日。由於這一任總統產生的方式是首次採取全民直選，所以意義特別重大。在激烈的選戰後，由李登輝、連戰當選正、副總統。五月二十日的總統就職典禮上，李登輝將發表就職演說，政治性非常強烈。

但沒想到，就在總統就職典禮的前一天，日本五大報之一的日本經濟新聞竟然獨家提前刊出李登輝就職演說講稿全文。

日本經濟新聞刊載的，是日經駐台記者村山宏自台北發出的稿件，雖然是日文版的講稿，但全文和第二天李總統要演說的內容全然相同。這一下子，日本和台灣都引起了大地震。

爲此，調查局也立即成立了專案小組，要追查總統就職演說講稿是如何外洩給日本媒體的。

總統就職演說講稿外洩事件發生時，我人還在關島受訓。國內發生了這麼驚天動地的大事，我雖略有所聞，但壓根兒沒想到案子會掉到我頭上來。我在五月二十六日返國，二十七日下午到台北市處報到，接任社文組主任的工作，連業務都還沒搞清楚，二十九日上午，處長劉展華就點名要我加入專案小組。

我後來才知道，這天上午開專案會議時，劉展華突然脫口問道：「你們怎麼沒把『黑皮』找來？」

「黑皮」是我派在基隆站工作，支援「誠舍」時期被學長們取的綽號。劉展華當時是我的副主任，他當然知道。但除了他，專案小組的所有成員，沒人聽過或喊過這個綽號。劉展華開口提了一個大家都不知道的綽號，也沒人敢問他。

散會之後，副處長沈小成、承辦本案的第三科科長蕭湘台交頭接耳討論，互相打探劉展華提到的「黑皮」到底是誰？剛好有某位同事路過，聽到了，就跟他們說：「『黑皮』就是劉禮信啊！」他們才趕忙把我拉進了專案小組。

我加入專案小組後，馬上翻閱之前的訪查資料，心中暗忖，總統就職講稿外洩事件發生至今已過了十一天，專案小組雖然天天開會，但還是一籌莫展。同仁們也訪查了所有曾經接觸過總統就職文稿的印刷廠人員，但員工們也都堅稱，他們絕對沒有外洩文稿，就連印刷過程中，印壞的文稿也都集中保管後統一銷毀。所以，從訪談紀錄來看，似乎沒有任何環節有漏洞。但如果文稿不是從印刷廠流出，難道是從總統府洩出的嗎？若真是如此，政治敏感性又太強，可能性似也不大。也有人建議，如果從文稿印製流程上無法突破，要不要嘗試從發稿的日經記者身上下手？但如果要調查外國媒體駐台記者，茲事體大，而且記者又有爲消息來源保密的義務，照這樣的規劃，看來難以破案。想來想去，我覺得，如果要有所突破，必須得另闢蹊徑。

我從專案小組清查的資料得知，總統就職講稿是由總統府送交位於台北縣新店市（現新北市新店區）寶橋路的裕台中華印刷廠承印，裕台中華印刷廠是國民黨黨營事業單位，門禁森嚴，外人不能隨意進出，但總統就職講稿外洩，一切的源頭都指向此處。如果想要突破，必須進入廠區查訪。

剛好，我跟時任中廣董事長宋時選熟識，宋又曾任裕台企業董事長，我決定動用這層關係，請他幫忙。

我趕忙打了電話給他，並約定第二天上午到中廣辦公室看他。

到了約定時間，我來到台北市仁愛路中國廣播公司董事長辦公室，連寒暄的時間都省略了，直接向他表明來意，並請他幫忙。

宋時選也非常熱心，當場就打電話給裕台中華印刷廠廠長游明善，並跟他說：「我有一個學生，叫劉禮信，他現在在調查局工作，有些事情想要麻煩你，他要去拜訪你，請你多幫忙。」游廠長在電話裡當然連聲說好。

當天下午，我立即趕到裕台中華印刷廠拜訪。有了宋時選的一通電話，我的查訪過程非常順利，也很快就確認了印刷廠受託印製總統就職講稿的流程。

五月三十一日，我再去裕台中華印刷廠，跟多位關係人談話，查明流程的每一道環節，仔細推敲，研判出問題的癥結。

為了要卸下被訪談對象的心防，我還刻意不帶筆錄紙，也不作任何紀錄，不讓受訪者認為我在進行正式的調查程序。此舉果然發生效果，被我訪談的工作人員幾乎知無不言，讓我收穫的成果異常豐碩。

其實，從這兩天連續待在印刷廠裡的所見所聞，我發現，廠裡的一位王小姐個性外向又豪邁，而且非常熱心，對人也不設防，常常會在不同單位間遊走，聯繫各種事項。這樣的個性，很容易受人利用。我直覺，案情如果要有突破，就得從她身上下手。

我向處長劉展華回報，劉展華要我繼續調查，但想不到他接著下達的指令是：

「不能搜索、不能約談！」

我愣住了。

不能搜索、不能約談，案子要怎麼辦下去？

他看我愣在當場，又接著說：「辦不出來，你提頭來見我！」

處長既然指示不能搜索、不能約談，我也只好另想辦法查案。

六月一日，我再度前往裕台中華印刷廠，並表明要再度訪談王小姐，請游明善廠長協助。找到王小姐後，我先安撫她，避免她心慌。我建議：「不如我們到廠外找個地方聊聊好了，免得在廠裡談話時被同仁看到，會驚擾到別人。」游廠長同意了，王小姐自然也不便反對，於是，我就帶著王小姐、游廠長一起到寶橋路旁邊的麥當勞晤談。

談了幾句，我又推稱現場太吵雜，難以好好談話，提議不如到調查局的一處民宅繼續相關的話題。我也跟游廠長說：「我們不去調查局的辦公室談，不要引起誤會。」

這麼一說，王小姐馬上降低心防，同意跟我們前往台北市仁愛路招待所。

事前，我已經請同仁預先把仁愛路招待所布置妥當，並安裝了秘密錄影設備，我特別要求，錄影機要能同時將我、游廠長、王小姐三人的影像錄下，以證明整個詢問過程中，王小姐並沒有受到任何脅迫，而且全程都有人陪同。

抵達招待所後，我就運用談話技巧，詢問整個事件的發生經過，並一再安撫王小姐，我稱她也是受害者，請她不要害怕會受到任何責罰。王小姐最後終於不再抗拒，坦然供出一切。

原來，台大教授許介鱗之前委託裕台中華印刷廠出版一本書名爲《Peace through Democratic Reforms》的英文書，爲了這本書，許教授也曾親赴印刷廠關心印製的進度。當時，日本經濟新聞駐台聯絡人陳中雄就曾陪同許教授前來。他可能那時就已經注意到總統就職講稿是交付這家印刷廠印製。

五月十八日下午，陳中雄打電話給印刷廠，自稱是行政院新聞局人員，約好要到廠裡領取許教授交印的英文書，隨後，陳中雄抵達印刷廠，並在門口會客室冒簽許介鱗教授的名字並辦理登記後，直接進到印刷廠裝訂組。

到了裝訂組後，陳中雄再次冒稱自己是新聞局人員，除了索取許教授託印的英文書外，同時也索取總統就職演說講稿。王小姐不疑有他，就讓陳中雄把李總統的就職講稿帶走一份。事後，陳中雄把這份講稿交給日經新聞駐台記者村山宏，由他發出這則全球大獨家新聞。

我獲得重大突破後，趕快趕回辦公室，把訪查結果跟處長報告，第二天雖然是周日，專案小組仍然立即動員，迅速訪問其他周遭關係人員，並比對各項證據，果然在裕台中華印刷廠會客室登記簿上，發現陳中雄冒簽許教授的名字。更好笑的是，我聽說陳中雄還把許介鱗的鱗字誤寫成「麟」，這項鐵證更證明會客室登記簿上的名字絕非許教授親簽。

之後，同仁再調出陳中雄的通聯紀錄，發現他果然曾經在五月十八日打電話給裕台中華印刷廠，事後又打國際電話到日本東京日經新聞總社，幾經交叉比對後，我們確認，日經刊登的總統就職演說全文，就是陳中雄自印刷廠取得的文件。

我不認識陳中雄，但聽說他是一個自由撰稿記者，常常在採訪獨家新聞後，把稿件賣給願出高價的中、外媒體。在這件案子發生後二十多年，他也開始接受各電視台邀請，並以「溫紳」的化名，出現在談話性節目中。

六月三日星期一，這天下午，我們突然接獲新聞媒體的緊急查證電話。原來，總統府已經對外發布新聞，宣布調查局偵破總統就職演說講稿洩漏案。新聞稿還特別強調，總統府秘書長吳伯雄對調查局偵破本案表達欣慰與敬佩。吳伯雄並表示，「中華民國政府與人民一向尊重新聞自由與採訪的權利，他本人也了解新聞界彼此競爭的激烈，但是，對於用不正常甚至不正當的方式來取得新聞，則要表示強烈的譴責與不滿。」

獲悉總統府已經對外發布訊息後，承辦科科長蕭湘台只好匆忙配合發布新聞，處長劉展華志得意滿的站在台北市處一樓門口的樓梯階上接受大批媒體訪問。我行經門口時，處長一眼瞄到我，馬上招手要我過去，我揮揮手婉拒了。

但我隨後進到辦公室，馬上就打電話給裕台中華印刷廠游廠長，跟他說，總統府已經對外發布訊息了，本局也馬上要對外說明。你要有心理準備，一定會有很多記者去找你，你要記得，你是受害人。

後來，果然很多記者去找他，他也維持一貫的說法，自稱是受害人。

我算了算，從我五月二十九日加入專案小組，六月一日破案，前後只花了四天的時間，算是非常神速。但這件案子沒有列為刑事案件，沒有移送法辦任何人，陳中雄也從未被我們約談。但我後來還是拿著總統府的新聞稿，跟承辦科長蕭湘台說，你們可以向局本部第三處爭取「偵破績效」的分數。我說，連總統府新聞稿上都說這案子是「偵破」，怎麼可以不給我們偵破績效的分數呢？

四、職棒簽賭案

民國八十五年五月，我接任台北市處社文組主任後，馬上檢討內部績效，發現在新的評分標準下，社文組難拿高分。我心想，社文組如果想要重振往日雄風，就不能墨守成規，一定得要有所突破。想要拿到好的績效，不能像以前一樣只專注於情報蒐集一項，必須要成爲一個能夠辦案的單位，如果偵破大案，就能拿到大量的辦案績效，全組的成績才能提升。

雖然，我才一上任，就協助偵破了總統就職講稿外洩案。但那件案子承辦科是第三科，績效算不到社文組頭上，所以，我們還得開拓新的案源才行。

剛好，我注意到已成軍七年的中華職棒比賽非常受到矚目。當年，中華職棒一共有統一獅、兄弟象、味全龍、三商虎、時報鷹、興農牛共六支隊伍，八十六年還又新增了一隊和信鯨，由於球隊衆多、球員精銳盡出，賽事熱烈，到場觀戰的球迷人數場場都爆滿，眞是盛況空前，而在激烈的比賽之餘，媒體也不時報導，傳言有賭場大莊家介入，在場外開起賭盤對賭，輸贏動輒上千萬。

六月間，味全龍隊總教練徐生明收到黑函攻訐，說他在某場比賽中指示球員放水。幾天後，職棒聯盟秘書長屠德言召開記者會，要求球團與選手自清自律，若有人員發生不法情事，絕對依法一律開除。這些消息經媒體報導後，也引發社會各界的關注。

那一年，運動彩券還沒推出，對運動賽事下注賭博仍是非法行爲。但賭博是輕罪，也不屬於調查局十一項業務職掌的範疇，本來不關我們的事。但是，如果職棒球員、教練跟賭盤莊家串謀，大家一起打假球放水，去坑殺賭客的賭注，這可就是另一件事了。

我把副主任李磐找來，指了指報紙上的新聞，問問他有什麼想法。

他看了我一眼，不說話。

原來，李磐跟我一樣，也是個職棒的門外漢，平時都沒在關注這些運動賽事，球員名字也叫不出一、兩個來。所以，職棒上場有沒有發生什麼蹊蹺，我們這些外行人哪裡看得出門道呢？

但我鼓勵李磐，不妨先多方收集資料，了解狀況，如果眞的感覺有些什麼風吹草動，到時候如果要下手，或許就更容易些了。

他點點頭，很費神的調出職棒比賽規則、賽程安排、每隊領隊、經理、教練到球員名單，再把每隊跟每隊的比賽成績一一列表比較。

這些前期作業，其實都是作苦工，就算投入了大量的時間精力，但不見得能有成果。可是，若非李磐如此積極投入，後來轟動一時的職棒簽賭案就不可能辦得出來。

八月初，兄弟象隊在四連勝後首度輸球。當晚，象隊球員陳義信、洪一中、李文傳、陳逸松、吳復連五人被黑道份子從下榻飯店帶走，逼問他們在球賽時是否放水？吳復連的腦袋還被其中一名黑道用手槍槍柄敲破。球員獲釋後向球團報告，球團也趕忙向警方報案。八月三日，象、牛四連戰第二場在台中球場開打，台中市警局動員百餘名荷槍實彈員警保護球員進場及退場，而且二十四小時都有警力全天候監護球員。法務部長廖正豪則發表聲明，決心清查黑道暴力介入職棒賭博，檢察機關也表示要擴大查辦球團人員是否介入賭博。

黑道綁架球員事件發生在台中，自然由台中的檢警單位負責偵辦。但我的著眼點不在一場球賽或一次事件，我認爲，如果眞有球團、球員和黑道份子勾結，這絕對是結構性犯罪，如果要辦，就必須連根把所有不法份子鏟除才行。

我們決定由外而內，逐步收緊。

這時，剛好有同仁發現，坊間出現一種名爲「強棒樂遊戲卡」的卡牌，是由強棒樂公司發行，並透過經銷商銷售，每張卡片一百點，售價一百元，持卡人可以透過強棒樂公司所提供的電話語音系統簽注，每次下注至少十點。強棒樂公司逐月統計戰果，當月積點最高的前五十名招待前往國外旅遊。我和李磐研究後認爲，這就是一種簽賭行爲啊！不如就從這個點切入吧！

八月十九日黃昏時刻，我們到台北市朱崙街強棒樂股份有限公司執行搜索，並把公司總經理陳志明在內的四人約談到案。陳志明到案時大呼冤枉，他說，強棒樂遊戲卡總共也只賣出三十一張，全部營業額也只不過三千一百元，這怎麼算是犯罪？

但我們繼續訊問嫌犯後發現，在強棒樂公司原本的計畫中，他們的確設計了一整套簽賭的流程。而且，賭客贏得獎勵後，如果不願出國，還可以跟強棒樂公司合作的旅行社兌換現金，這顯然已有財務上的對價關係，不再只是供人暫時娛樂之用的休閒遊戲。

我們再往下追查，又發現強棒樂公司的前身是祥登育樂公司，它是巨登育樂公司的合作夥伴。巨登育樂之前在有線電視「拉斯維加斯」頻道開了一個「龍虎爭霸戰」節目，首開有線電視簽賭下注之風。祥登公司就是在市面上幫巨登公司銷售百家樂遊戲卡的經銷商。後來，「龍虎爭霸戰」節目因爲爭議太大停播，祥登公司也與巨登拆夥，並改名爲強棒樂公司，自行發行強棒樂遊戲卡。

我們清查巨登公司，發現總經理是具有天道盟背景的黑道大哥楊登魁，「拉斯維加斯」頻道也是屬於楊登魁另一家「飛梭傳播」公司所有。這無異代表楊登魁是透過兩家公司分頭操作，一家在電視頻道上播出類似美國拉斯維加斯賭場的賭博性電視節目，另一家公司則在坊間兜售百家樂遊戲卡，供賭客下注賭博。

但因爲楊登魁背景特殊，我們決定要再進一步蒐證，掌握更確切案情後再對他採取行動。

回頭再清查強棒樂公司的遊戲卡，我們赫然發現統一獅隊領隊郭俊男的名字出現在資料中。原來，強棒樂公司當初決定要發行遊戲卡時，曾經找過統一獅商量，並獲得領隊郭俊男的支持並同意協助推廣。這一下，我們找到了突破點，可以切進球隊了。

八月二十九日，我指派李磐南下台南市，並協調台南市調查站協助，翌日，台北、台南兩地同步搜索統一職棒公司，並把統一獅總經理、領隊等四人約談到案，晚間解送地檢署複訊。

約談職棒球隊的消息一曝光，媒體果然大幅報導。但我知道目前只查到冰山一角，如果要再繼續深入追查，後續還不知道會遇到什麼意想不到的狀況，一定要步步為營，小心謹慎才行。

九月十九日，我們對巨登公司的蒐證告一段落，也覺得時機成熟，於是，當天上午就動員了全台北市處一百多人，在多處地點執行巨登公司搜索行動，並約談公司重要幹部，忙得不可開交。

十一月九日，中華職棒聯盟會長陳重光帶領秘書長屠德言和職棒七隊領隊拜會法務部長廖正豪，並且提供十三場有問題的比賽場次，請法務部協助處理黑道介入職棒情事。很顯然，陳重光此舉是為了自清，也代表憑著職棒聯盟自己的力量，已不足以約束球團和球員，非要靠外力的整頓，無法肅清積弊已久的職棒簽賭歪風。

第二天是星期日，中午我帶著李磐，約了屠德言在遠東國際飯店碰面，討論職棒賭博案的案情。屠德言和李磐都是童山濯濯，而且兩人的身材、外貌和頭型都很相近，他們一照面，都覺得像是看到鏡中倒影。後來，屠德言和李磐還相互打趣說，他倆理髮都是半價的。

有了中華職棒聯盟的表態支持，我和李磐都決定要展開全面性的調查行動。接連兩個月，我們都在秘密蒐證、彙集案情資料，並對可疑的對象布線監聽電話，也向銀行調出特定對象的資金往來紀錄。

待一切資料都已經差不多準備完成，我撰寫報告，上呈處長、局長，請求批示。局長很快就批准由社文組偵辦職棒打假球案。我也決定隔周就要採取行動。

利用周日時間，我約李磐出來，跟他密商職棒打假球案件的執行細節。我跟他說，本案執行後，鐵定成爲全國各界矚目焦點。我很嚴肅的跟李磐說：「我們一定這一戰，只許成功，不許失敗。」他也很堅定的對我點點頭。

八十六年一月二十八日，我一早主持案件勤前會議，各任務編組的幹部都出席。我強調一定要保密，並排定執行順序，而且一定要先查獲主要對象郭建成的行蹤後，同仁才能到中、南部分頭約談其他共犯。部署完畢後，同仁傾巢而出，果然順利把時報鷹球員郭建成約談到案，另兩名球員古勝吉、卓琨原也隨後成功約談。

由於此次約談行動非常保密，直到晚間，相關訊息才從球隊中洩出，媒體獲悉後，都守在台北市處門口，等候進一步的消息。

在偵訊時，三名球員沒有太多掙扎，很快就都坦承犯行。我們經過一夜訊問後，第二天中午決定把相關嫌犯都移送台北地檢署複訊。

但當同仁正準備解送嫌犯時，突然接獲處長劉展華的通知，要我們不要在中午前把嫌犯送至地檢署，我心中納悶，偷偷打探緣由，才知道原來這天中午部長廖正豪要邀宴各家媒體主跑司法路線的記者們餐敍。但檢調路線的記者知道有職棒簽賭案這樣的大事發生，都擔心會漏新聞，不肯去用餐。部長室的機要秘書怕餐會開始時，到場的記者零零落落，部長會失了面子，趕忙跟處長協調，並一再向記者們保證，涉案球員絕對不會在部長餐會時移送，這群記者才半信半疑的參加餐宴。我們也只好延到下午兩點才把相關嫌犯解送到台北地檢署，訊後，三名球員郭建成、古勝吉、卓琨原，全數被下令羈押。

元月三十一日，第二波約談行動展開。在執行前，我主持案件勤前會議，勉勵同仁：「我們在寫台灣的職棒歷史……」同仁們的表情既嚴肅又興奮。

當天，我們依計畫再約談了時報鷹隊球員張正憲及從鷹隊轉至和信鯨隊的楊章鑫，夜間移送台北地檢署，也都於訊後羈押。

農曆春節連假結束後，我們馬上展開第三波約談行動。

二月十二日，同仁分赴高雄縣、嘉義市約談統一獅隊球員江泰權、郭進興、鄭百勝。由於這三位都是非常知名的明星球員，消息一出，馬上轟動全國。記者全面堵人採訪，機場、辦公室門口都是記者，電視台的SNG採訪車也到場連線報導，我既要面對媒體採訪，又要研析蒐獲的證據，並決定後續偵辦方向，心中壓力更大，深覺時間不夠用。

除了球員之外，我們也在南部約談到一名幫派份子林國清。在深入訊問後，他坦承曾為蕭登獅操控職棒賭博，也曾跟蕭登獅共同脅迫過郭建成，逼他配合放水。

蕭登獅是嘉義地區重量級黑道，也是嘉義市農會理事長，他哥哥蕭登旺是嘉義市議長，弟弟蕭登標為嘉義縣議長，兄弟同掌嘉義縣市議會，創下地方自治史先例。他們三人所形成的「蕭家班」，是嘉義地區最有勢力的家族。但後來蕭登標被提報為治平專案掃黑對象，由於他擔心自己會被送往綠島羈押，因此展開逃亡生涯。而蕭登獅卻結合其他黑道份子，涉入職棒賭博案。

由於蕭登獅的身分過於敏感，在他還沒被約談到案前，我們對這部分的案情都密而不宣。沒想到，此一消息還是被媒體得知。

當我看到聯合報司法記者高年億在頭版頭條刊出的獨家報導，把我們訊問筆錄中的內容一五一十的完整呈現，還直指嘉義地方蕭姓重量級黑道介入簽賭，脅迫球員打假球時，我眞是嚇了一大跳，因爲，這麼敏感的機密訊息，連社文組內也只有幾位最核心的同仁才知道，記者怎麼可能掌握到這樣的消息呢？不明就裡的人可能還會懷疑是我洩密吧？後來，我從其他記者口中得知，高年億的消息來源是地檢署的高級長官，記者們還安慰我揹了黑鍋，我只能苦笑。但媒體如此一爆，不免打草驚蛇，蕭登獅也聞風逃到美國，我只覺得扼腕。

二月十九日，同仁到高雄約談郭建成的胞兄郭建材，郭建材是現職警察，他承認和弟弟郭建成裡應外合，串謀球員打放水球。訊後也移送台北地檢署。

這段期間，法務部長廖正豪大力掃黑、整頓治安，不少重量級的黑道份子被列爲「治平專案」對象，被拘提到案後，都用直升機載到綠島羈押，場面非常震撼。調查局平時不辦掃黑案件，但在政策要求下，也跟著動員。我們偵辦的職棒簽賭案，由於查出有黑道介入，跟政策需求不謀而合，部分涉案人也被同樣被列爲「治平專案」對象送到綠島羈押，上級長官更覺重視。甚至，連行政院院會中，副總統兼行政院長連戰都針對職棒問題有多項指示，顯見此案深受矚目。

而職棒簽賭案愈辦下去，涉案人的範圍也愈擴大。後來，我們更查出，除了郭建材外，還有其他警界涉入簽賭並逼迫球員打假球等不法事件。於是，我們也約談兩名員警，檢察官訊後，把其中一人下令收押，一人交保。其實，約談名單上本來還有一名高階警官，但他罹患重病即將動手術，我連忙暫停對他的約談行動。因爲，萬一他在約談時發生任何意外或影響病情，我們就頭痛了。

這段期間，我們也歸納出另一名黑道份子李茂發疑有涉案，並派員南下嘉義搜捕，但未有所獲，研判他應該已經躲藏他處。幾天後，我們再派同仁赴嘉義執行約談搜索行動，還請嘉義市站、嘉義縣站及嘉義憲兵隊配合，陣容非常浩大。這次行動中，我們查獲黑道份子出錢招待球員赴澳門旅遊的證據，大有斬獲。

三月初，我們對時報鷹隊的偵辦行動持續進行。先是一天之內同步約談了陳慶國、黃裕登、蔡明宏三名球員，第二天，又從球隊宿舍中把陳耿佑帶回台北約談。連續約談的結果，對時報鷹隊產生的壓力自然非同小可。

就在此時，聯合晚報也突然大肆報導職棒簽賭案的消息，新聞中還把黑道如何勾結球員、如何臨場對球員打暗號要求放水的手法都披露出來，又說調查局鎖定了時報鷹大批涉案球員，可能會把球隊辦到「只剩一兵一卒」。

閱報後，我很清楚這些訊息一定都是從社文組流出去的。因爲，如果不是辦案同仁，絕對不可能對案情掌握得如此清楚。至於是誰洩密？我心中當然有懷疑的對象，但在此時此刻，辦案優先，不能爲了清查內部洩密而耽誤辦案進度。我只能在組務會議中以沉重心情與同仁探討偵查中消息事先走漏的嚴重性，並請同仁自律。

聯合晚報以頭版頭條直指，調查局要把時報鷹隊辦到滅隊的消息，實在太過震撼，而中時、聯合報系長年以來又都是競爭對手。聯晚大幅報導時報鷹還有其他球員涉案的訊息，看在中時報系高層的眼裡，難免懷疑聯合報系是故意藉機修理對手，更對調查局故意放消息給聯合報系的舉動非常反感。爲此，時報鷹隊領隊文念萱還特別發表聲明，表示「就算只剩一兵一卒，時報鷹也會堅持下去」。

看到兩大報系似乎要搞到翻臉，我只好趕快跟文念萱會面，說明後續作爲，避免誤會。幾天後，中國時報資深司法記者姜鎭邦陪同時報鷹董事長周盛淵來台北市處拜訪處長。經過調查局一連串的約談、收押行動後，他們大概也感受到很沉重的壓力，所以就很明白的表示，時報鷹隊的本土球員只剩下十一人，如果照媒體的報導，還會再有球員因涉案被羈押，那麼球隊就無法出賽了。他們說，這絕對不是關說，不是請求調查局收手，而是希望調查局能夠暫緩行動，等到球季結束後才繼續偵辦時報鷹隊的球員。

我心中盤算，球季至少要到六月中才結束，目前才四月初，按照原訂計畫，還要再約談時報鷹隊九名球員（眞的會把時報鷹辦到只剩一兵一卒），如果眞的照進度繼續辦下去，時報鷹隊的確會被辦到無法出賽。少了一支球隊，整個中華職棒的賽程表都會受到影響，後果堪慮。我心想，這九名球員目前還沒有必須馬上約談的急迫性，暫緩行動亦無妨。但是，元月約談並且羈押的球員，到五月就被收押滿四個月了，如果檢察官不想放人，就得馬上起訴，而若要起訴，調查局必須先將移送書送到檢察官手上。或許，職棒案眞的必須要切割，分成幾波段處理，一部分已約談完畢且證據鞏固得差不多的嫌犯和案情，可以先移送、先起訴，其餘的對象等到下一波再繼續進行。

於是，我決定調整偵辦的節奏和方向，先暫停對球員的約談行動，轉而從外圍黑道份子下手。五月初，我們順利把重要黑道人物陳武龍傳喚到案。陳武龍應訊時，陪同到場的杜英達律師是台北地檢署前任檢察官，杜英達卻是受到嘉義出身的立委曾振農請託而來，但曾振農看似又沒有涉入職棒簽賭案，他爲何要重金聘請如此大牌的律師爲一名黑道份子辯護？這其中的關係與奧妙，昭然若揭。

五月七日，好消息傳來。涉及職棒簽賭案的蕭登獅，在潛逃出境多時後，終於在美國洛杉磯落網，但警方已先一步派員赴美準備把他押解回國。

我心想，蕭登獅雖然是「治平專案」對象，但他也是職棒簽賭案裡的重要人物，這功勞不能讓警方獨享。於是，我強力建議，在押解蕭登獅返國的過程中，調查局不應該缺席。最後，局長王榮周接受我的建議，同意由派駐美國的同仁會同警方一併同行押解。

蕭登獅回來之後，該怎麼處置？對此，部長廖正豪還特別主持專案會議，警政署長、調查局長都參加。會中幾番拉扯，最後決定，蕭登獅抵台後，在機場由警方負責押解，送至保一總隊。本局人員可以借用保一總隊的偵訊室，先行訊問蕭登獅涉及職棒簽賭案的案情。

五月八日晚上，蕭登獅被解送到保一總隊，我馬上率領同仁趕去。結果，到場時發現警方已經先一步展開偵訊工作。我從監控室發現，警方除了對蕭登獅作基本的人別訊問外，還就他涉及流氓的涉案情節，展開實體詢問。

這顯然跟之前協調的結論完全不同。

我向在場的警察主管抗議，質疑他們憑什麼插隊？但警方表示，他們從未接獲命令要把蕭登獅交給我們詢問。我碰了一鼻子灰，只好折返辦公室，再請上級長官協調。談妥後，深夜再赴保一總隊。這一回，警方終於不得不把人交給我們詢問了。

我們從凌晨一路訊問蕭登獅到早上七點多，同仁都累得人仰馬翻，但蕭登獅卻一臉神清氣爽。我猛然想到，蕭登獅剛從美國回來，美國和台灣有十多個小時的時差，我們的半夜，正是他的白天，我們又累又睏，他可是精神大好。

在詢問時，蕭登獅也承認，本局詢問他持續收買中華職棒聯盟多支球隊球員打假球、操縱賭盤的案情，比警察問他的幫派問題還難應付。我莞爾一笑，調查局人員的偵訊功力本來就有一定程度的水準啊。

等到我們和警方的訊問工作都結束後，台北地檢署兩位分別負責職棒、掃黑案的檢察官黃柏齡、李進誠也趕到保一總隊複訊，訊後當然是下令收押。

不久，警用直升機降落到保一總隊廣場，幾名霹靂小組員警荷槍實彈押著蕭登獅上機，我看到現場有多家媒體記者在採訪，趕快叫同仁穿著調查局的辨識夾克，跟在警方後頭一起解送蕭登獅到機門口。這段解送到登機的過程，全程被電視台攝影記者拍下，證明調查局在緝捕蕭登獅的行動中，沒有缺席。

五月十二日，我把黑道介入職棒賭博案的移送書送交台北地檢署。至此，職棒簽賭案第一階段的偵辦行動告一段落。後續還有十餘位涉案球員，我打算等到六月中旬職棒上半年球季結束後再約談移送。

於是，我們鴨子划水一個多月，都沒有任何檯面上的行動。但偃旗息鼓的結果，卻讓媒體沒有新的題材報導，記者們被他們的主管逼急了，只好亂掰新聞，猜測調查局是不是受到壓力，職棒簽賭案的偵辦工作有可能半途而廢了。處長劉展華對媒體這樣捕風捉影的報導方向非常不滿，問我新聞怎麼會這麼寫？但我也只能沉住氣，總不能跟媒體和盤托出整個辦案計畫吧？

六月十六日晚間，時報鷹隊董事長周盛淵、時報資深記者姜鎮邦再度來訪，他們眼見上半年球季即將結束，調查局對於球員的偵辦行動很可能隨時都會展開，所以也特地跑過來表示關心，也希望能先探個虛實，我當然什麼都沒透露。這晚的職棒賽事中，統一獅隊意外輸給興農牛隊，這也讓時報鷹隊提前登上上半年冠軍寶座。坦白說，對於一個涉及賭博案被我們辦到幾乎潰不成軍的球隊，還能在上半球季奪冠，我心中也非常佩服。我打聽到時報鷹隊將在十八日舉行慶功宴，就決定等到二十日再約談其餘涉案球員。

六月十九日上午，我派同仁把約談通知書送達時報育樂公司。下午，同仁回報，中時報系接到約談通知書後，已向董事長余紀忠報告。

二十日上午，我請第三科同仁支援，一口氣約談了時報鷹隊的王光熙、廖敏雄、曾貴章、褚志遠、李聰富、陳執信、謝奇勳、黃俊傑、邱啟成共九名球員，鷹隊本土球員中，只剩張耀騰、尤伸評兩人沒被約談。當晚，九名球員全部移送台北地檢署，檢察官訊後都諭令以五萬元交保。

時報鷹被辦到幾乎滅隊，董事長周盛淵也隨後發出聲明，引咎辭職，董事會雖然隨即慰留，但他辭意甚堅。到了八月底，時報鷹董事會終於同意他辭職，改由姜鎮邦接任。

職棒簽賭案辦得轟轟烈烈，電視台也決定要在節目中討論這件重大案件。有一晚，我臨時接到部長室電話，原來，民視胡婉玲主持的現場談話性節目要討論職棒簽賭案，部長指名要我代表出席。我個性不喜歡在媒體前曝光，但部長指示，不能不從，只好硬著頭皮上場。隔了幾天，遇到局長，他竟也看到節目，還對我在節目中的表現頗多讚許，不免受寵若驚。

九月初，部長廖正豪在晶華飯店宴請中國時報社長、副社長、總編輯和時報鷹隊董事長、總經理等人。我隨著局長、副局長、處長作陪。檢調單位在偵辦職棒簽賭案的當下，法務部長卻帶著調查局首長跟被偵辦對象的公司負責人一起吃飯，其實並不妥當，消息若傳出去，輿論可能更會大嘩。但我知道，部長此舉，是爲了緩和中時報系的不滿情緒。因爲，不久之前，承審職棒簽賭案的台北地院法官李英豪親赴綠島訊問蕭登獅後，傳出蕭登獅供稱六支職棒球隊都有人收錢放水，但從檢調單位辦案的力道來看，對別支球隊都似輕輕揭過，時報鷹隊卻被辦到幾乎滅隊，這也難怪中時報系和時報鷹的高層會懷疑，檢調單位辦案是不是有針對性。

九月十日，職棒簽賭案一審宣判。被起訴的三十九名被告中，有三人未到案被發布通緝。到案的三十六人中，三十四人被判有罪。二十三名涉案球員，包括郭建成、卓琨原、古勝吉、張正憲、楊章鑫、陳慶國、王光熙、廖敏雄、曾貴章、李聰富、陳執信、黃裕登、謝奇勳、邱啟成、曾政雄、陳耿佑、褚志遠、黃俊傑、蔡明宏、吳俊賢、江泰權、鄭百勝、郭進興（後改名郭尚豪），全數都被判有罪。

民國九十三年十二月三十一日，全案在纏訟八年後由台灣高等法院作出二審判決後全案定讞。二十三名球員中，除了蔡明宏被改判無罪外，其餘二十二人仍維持有罪判決，但刑度減輕，並都宣告緩刑。這也證明，我們當年辦案的正確率極高，並沒有冤枉球員。

職棒簽賭案在第一審判決後，承審法官李英豪在判決書中也認定未在這一波起訴名單中的味全龍隊管理黃清文、球員張泰山、陳金茂、黃文博、陳大順、葉君璋、賈西、洪佩臻，興農牛隊賴有亮、白昆弘、廖俊銘、黃杉楹、陳彥成、克魯茲、王傳家、張文宗、陳威成、張協進、張建勳、黃忠義、張耀騰，以及兄弟象隊陳義信、陳逸松、洪一中、李文傳、林易增、吳復連共二十七人也涉及打放水球，並把他們移送回台北地檢署繼續偵辦。後續的偵辦行動，改由刑事警察局接手，我們就沒再參與了。

一年後，我在電視上看到環球電視播出匿名職棒球員指控，聲稱還有球員涉賭放水打假球，部長也在電視節目中答覆說會繼續偵辦，隔日，多家媒體刊載此事，並指責後續偵辦太久太慢。

媒體的指責並不冤枉。在檢察官的指揮下，刑事警察局費了八年多的時間偵查本案，直到九十四年三月初，仍然查不出還有哪些球員涉及打放水球，也無證據證明這些被台北地院移回檢警機關偵辦的球員，在球賽中是否眞的曾經獲取過任何不法利益。檢察官終於決定將這二十七人全數都不起訴處分。

附帶一提的是，當年我們偵辦職棒簽賭案時，媒體大亨邱復生也剛成立了那魯灣職棒台灣大聯盟，欲與中華職棒聯盟分庭抗禮。台灣大聯盟深恐會被職棒簽賭的歪風襲染，因此特別強調自淸自律。爲此，聯盟還特別表示，他們打算要送兩張可以隨時免費入場的 VIP 證件給我和台北地檢署承辦職棒簽賭案的檢察官黃柏齡，還畫定了兩個位於捕手區後方最好的座位給我們。聯盟的目的當然是希望藉此表示支持檢調機關調查職棒賽事有無涉及不法，但對我們而言，我們若接受 VIP 證件，免費到場看球，豈非等同於接受聯盟的招待？更有可能涉及收受不正利益的違法犯行。也因此，我和黃柏齡檢察官馬上婉拒了聯盟的好意，也從來都沒踏進球場過。

回想起來，我們當年偵辦職棒簽賭案，眞的是在改寫職棒的歷史。在我們那一波強力的偵辦行動結束後，時報鷹隊在八十七年九月宣布解散；八十八年十一月，三商虎隊解散；十二月，味全龍隊解散。而球迷對球員收錢打放水球的行徑也大感失望，職棒熱潮不再，某些賽事中，有時球場上的球員人數竟然還比看台上的觀衆多，令人不勝唏噓。

五、國安密帳之鞏案

民國八十九年十月間，網路媒體明日報以頭版頭條位置獨家報導國家安全局出納組組長劉冠軍涉嫌侵占公款約一．九億元，並於事發後潛逃出境。當時，我在彰化縣調查站當主任，並沒有特別關心這則新聞。一年多之後的九十一年三月二十日，壹週刊刊出後續報導，由資深記者謝忠良撰稿的調查報導〈國安局絕密文件曝光，李登輝非法挪用三十五億〉，成了這期的封面故事。同日，中國時報也以頭版頭條刊出這則爆炸性的新聞。這天，高檢署也以洩密罪爲由發出搜索票，交由調查局分頭搜索中國時報和壹週刊。由於中國時報一早就出刊，來不及查扣，但在印刷廠內的八萬本壹週刊則被全數扣回。不過，壹週刊並未就此棄守，反而另覓印刷廠再印了八萬本雜誌，於第二天重新出刊。這兩家媒體指稱，李登輝總統任內曾非法挪用國安局經費新台幣三十五億元，設立秘密帳戶。這則新聞報導的內容就是後來俗稱的國安密帳案。

壹週刊和中國時報之所以能夠刊出這則爆炸性的新聞，是因爲掌握到大批自國安局流出來的秘密文件。而保管國安密帳的核心人物，正是國安局出納組組長劉冠軍。國安密帳的相關文件流出，外界都高度懷疑是從劉冠軍手中洩出的，但他既已潛逃出境一年多，爲什麼還要把國安密帳的內情掀開？外界始終不得而知。

但無論如何，由於壹週刊和中國時報刊出的消息太過震撼，政府不可能坐視不理，也更擔心還有其他涉及國家重大機密的文件或訊息外流，於是就把全案交由本局調查。我在九十一年五月調到第三處偵防工作組時，同仁查這個案子已經查了好一段時間，偵查重點放在追查劉冠軍有無洩密，並查訪他的下落，但進度有限。我接手後，就把所有資料全部重新過濾一遍，看看能不能發現一些蛛絲馬跡。

有一天，我在翻閱一份由劉冠軍簽辦的文件時，突然發現，文件中塡寫的承辦人電話分機號碼是四位數字，但依文件上的日期（八十八年一月十六日）推算，當時安全局內部公務電話系統還沒更新，分機號碼都應是三位數才對，顯見，這份文件絕對是後來僞造的。我再去追查這份公文的字號，發現根本虛構，發文紀錄上從沒有出現過這份文號，再查公文中提到的專案名稱，也與事實有違，我心知，這份公文應該是事後杜撰的，既然文件有假，其中必有隱情。於是，我便根據文件中的資料，秘密前往台北市南京東路農民銀行調查公文中提到的某個帳戶資料。

我當時絕沒有想到，我從這份文件上這麼一個微小且不起眼的電話分機號碼開始一路挖掘，最後竟會挖出一件幾乎動搖國本的驚天大案。這件俗稱「鞏案」的秘密外交金援案，就是從這份公文開始突破，最後掀開全貌。

接連幾天，我獨自在農民銀行外匯部、營業部四處查找，發現在八十八年二月四日，有一筆一千零七十萬元美金的鉅款匯入農民銀行國外部的盛昌貿易公司帳戶，這筆錢在同年月二十三日被人提領美金十九萬餘元，兌成台幣後，存入農民銀行營業部欣業貿易公司帳戶。二十五日，又被提領二百七十萬餘元美金，兌成台幣後存入景欣貿易公司支存帳戶。三月十八日、二十三日，盛昌貿易公司的戶頭再分別被提領出美金一百萬元，並兌成台幣現金。但到了二十五日，這兩筆錢又再度兌成美金回存回盛昌公司的帳戶。但由於匯率變動，回存時的美金僅有一百九十九萬四千五百六十五元，等於損失了五千四百三十五美元的匯差。四月一日，帳戶內的七百五十萬美元被以現金提領出來，翌日，剩餘的二十九萬四千五百四十五美元也被提出後結清，並當場銷戶，資金鏈就此中斷。

但我轉念一想，四月一日、二日接連兩天提領出來七百七十九萬餘元美金，這不是個小數目，提款的人絕無本事把這麼大量的現鈔從銀行扛走。所以，我再跟銀行索取前後幾天各項交易紀錄和文件，赫然發現四月一日當天有一筆交易紀錄，有一名自稱為「劉治平」的男子申購面額一千美金的美國運通銀行旅行支票共七千五百張，合計七百五十萬美元，這個數字與當天從盛昌貿易公司戶頭內提出的金額完全一樣。我心想，這絕不可能是巧合，申購七百五十萬美元旅行支票的人，絕對和之前從盛昌貿易公司戶頭提款的行為脫離不了關係。

我再去翻查之前的那份可疑文件，發現文件中記載：「『固誼專案』所需經費美金一千一百萬元，已由會計處執行美金二百九十萬十九元二十五分，折兌新台幣九千五百九十一萬六千八百六十元交付第二處，執行期間匯兌損失美金五千四百三十五元。」以此作為報銷。但這份公文尚未擬完，我更覺得可疑。

我連續傳喚安全局會計長趙存國好幾次，但他並沒有經手這筆錢，也說不出個所以然來。我只好約談已從安全局退休的前會計長徐炳強少將，這時，才得知他退休後已由國安局前局長殷宗文安排到東鼎液化瓦斯興業公司稽核室擔任協理，而東鼎公司的負責人正是劉泰英。

徐炳強坦承，國安局原本有一筆情報經費，爲求有效靈活調度運用，由局長殷宗文簽奉總統李登輝核准，成立「奉天專案」情報經費，共計新台幣三十億零八十萬八千五百零一元七十四分，全數存在農民銀行營業部，並以基金孳息供情報工作運用，每半年結算庫存，由局長呈報總統核閱。專案經費由徐炳強和劉冠軍經辦，其後，劉冠軍雖自會計處調至總務室出納組長，但基於業務機密，這項專案仍由劉冠軍繼續承辦。

針對所謂的「固誼專案」，經過密集詢問後，案情也大致勾勒出概況。原來，八十二年間，曼德拉當選南非總統，且與中共開始接觸。爲了鞏固邦誼，外交部於是成立了「鞏案」計畫。八十三年五月，李登輝總統出訪南非，參加曼德拉的就職典禮，並與曼德拉密談。李登輝總統答應捐贈南非執政黨「非洲民族議會」南非幣四千萬蘭德（折合美金約一千零五十萬元）。但外交部沒有編列這筆預算，無法支應，在李登輝的授意下，時任外交部長錢復乃發文給國安局，請國安局先動支「奉天專案」的錢代墊，國安局乃從奉天專案經費中撥出新台幣二億八千二百零四萬餘元，折合美金一千零五十萬元，交給外交部後，再授權當時駐南非大使陸以正兌換成南非幣，以捐助南非執政黨。

到了八十七年九月，國安局突然發文要求外交部歸還這筆積欠已久的代墊款，外交部長時任部長胡志強原本不明所以，便請會計長楊淸吉查帳，又詢問前駐南非大使陸以正，獲悉外交部當年的確欠了國安局這筆帳。但胡志強原本認爲，外交部並無明確的借款紀錄可查，且年度久遠，都過了好幾年的決算期，所以有意拖延甚或賴帳，但殷宗文不允，更多次在國家安全會議後，當面向胡志強表示，國安局內部有帳可查，要求外交部儘速歸還墊款。另據稱，胡志強到總統府洽公時，常會遇到秘書室主任蘇志誠，蘇亦多次當面催促胡志強還款，胡志強見蘇志誠表情嚴肅，認爲是「高層」的意思，不好再多拖延，幾經與國安局協調後，決定連本帶利把一千零七十萬美金匯還給國安局。

而徐炳強得知外交部有意還款後，也擔心這筆鉅款如果直接匯到國安局的帳戶，日後挪用恐有不便，於是指示劉冠軍以工作需要爲由，向不知情的農民銀行國外部副理顏邦玉借用該行在中國國際商銀紐約分行的帳戶（戶名：農民銀行國外部），作爲接收外交部還款之用。外交部收到匯款帳戶資料後，在八十八年一月底將一千零七十萬美金分兩筆款項匯入。

八十八年二月一日，殷宗文升任國安會秘書長，局長一職由國防部軍事情報局局長丁渝洲升任，但殷宗文在卸任前交代徐炳強，無須將外交部還款處理細節報告丁渝洲，相關業務仍聽從他的指示繼續辦理。徐炳強乃再指示劉冠軍，在農民銀行國外部開立盛昌貿易公司帳戶，並使用化名「張松齡」的印章，作爲該帳戶的提款印鑑。二月四日，劉冠軍即請農民銀行國外部副理顏邦玉把外交部電匯到農民銀行國外帳戶的款項轉入盛昌貿易公司的外幣帳戶。這也就是我最初在農民銀行查出的帳戶資料。

國安局本以爲這個帳戶只爲了鞏案的歸墊款使用，用畢之後就關戶，外界應該無人知曉。哪裡曉得，這麼神不知鬼不覺的作爲，竟然被我發現破綻。

顯然，這筆鉅款是劉冠軍經手提領的，七百五十萬美元的旅行支票也是他以劉治平的化名兌換的，他一定知道相關資金的去向。但，劉冠軍早在八十九年間就因爲侵吞公款，東窗事發後潛逃出境了，哪裡還能找得到他呢？我只好多方會晤劉冠軍周邊的親朋好友，不以約談而以訪談或聊天方式，看看能不能從中探出些線索。

果然，有一天，我和一位劉冠軍昔日好友曾先生聊天時，對方隨口提到，劉冠軍以前常常抱怨，長官隨心所欲動用經費，甚至還要他用水果盒把錢裝好後交給長官。

這項訊息後來果然派上用場。某次，我再度約談安全局前會計長徐炳強，詢問那七千五百張旅行支票的去向，徐炳強本來不說，但我靈機一動，以輕描淡寫的口吻套他：「你把旅行支票裝在水果盒裡交給誰了？」他聽到我說出關鍵詞「水果盒」三個字，眼睛瞪得好大，以爲我知道所有內情。頓時，他像洩了氣的皮球似的，不再掙扎。

他望了我一眼，說：「連這個你都知道？好，既然你知道，那我承認。」於是和盤托出。

他表示，這七千五百張面額共七百五十萬美金的旅行支票，他的確裝進了水果禮盒，親手送到中華開發工業銀行董事長辦公室，當面交給了劉泰英。他也解釋，爲什麼外交部歸還的代墊款不用匯回「奉天專案」的帳戶。他說，其實從八十四年到八十六年間，國安局已經用自身的預算結餘款，先後歸墊了一億九千二百六十三萬餘元，帳上僅餘新台幣八千九百四十萬餘元待補，所以外交部歸還的一千零七十萬美金不必全額歸墊，還有一大筆餘款可以運用。他表示，旅行支票之所以要交給劉泰英，是殷宗文指示他這麼做的。

按照法令規定，政府機關每年編列的預算如果沒有消化完畢，年底應該要繳回國庫，安全局也不該例外。但從徐炳強的說法可知，安全局並沒有這麼做，而是把用不完的預算拿去填補「奉天專案」的洞。但既然安全局自己就有能力逐年把代墊款項的缺口填回，為什麼後來還要向外交部全額追討代墊款，而且還要加計利息？追回來的錢用來償還「奉天專案」的缺口後還有很多剩餘，這些剩餘的款項，豈不就成為有心人士得以上下其手的標的？

七百五十萬美金的旅行支票，劉泰英不可能自行花用，一定有人幫他把錢消化掉。為了查明究竟，我只好想方設法追查旅行支票的下落。

我想了想，這批旅行支票於八十八年自銀行售出，到我查案時，已隔三年多，經歷了這麼久的時間，旅行支票應該已經兌現，並流回銀行。由於旅行支票都有號碼，所以我們就再透過洗錢防制中心的管道，請位於美國紐約的美國運通銀行總行協助查找，看看這些支票是不是都已經回籠，果然大有斬獲。

美國運通銀行提供這批旅行支票的影本給我們，我從支票上的簽名逐一比對，發現兌領人的簽名都非常潦草，很難辨識。我拿著支票影本拜訪台北市多間老字號銀樓，經他們提醒，支票上有些不同的小戳記，代表這些支票是自哪些銀樓兌現的，我再循線比對簽名，花了好大的工夫，才發現其中有好幾張支票的兌現人都是潤泰集團負責人尹衍樑身邊的親信。我判斷，這筆款項的流向應該與尹衍樑有關，但要怎麼串聯起來，還是頗費思量。

此時，劉泰英已因另案在押，爲了要突破案情，我判斷有必要提訊劉泰英查明情況。我把計畫呈報處長轉呈局長葉盛茂後，獲得同意。翌日，我便親赴台北看守所詢問人稱「泰公」的劉泰英。

偵訊到中午時，我問劉泰英想吃雞腿還是排骨便當，也幫他一起叫餐。劉泰英聞言，感嘆說調查局比較尊重他。我不解其意。劉泰英解釋，他之前被檢察官提訊時，對於偵訊的內容，他一概以行使緘默權方式對抗。檢察官問不出個所以然來，但也不把他還押看守所，中午休息時，就把他暫押在地檢署地下樓層的候訊室，讓他和各類等待訊問的被告關在一起，而這些被告大多是涉及竊盜、吸毒案被捕，或是涉及暴力犯罪之人。以「泰公」當年還未落難時總是被衆人前呼後擁的風光，對照如今竟要與這些雞鳴狗盜之輩平起平坐，他心中當然難受。而且，他中午被暫押在候訊室時，也沒便當吃，法警都只拿麵包讓他果腹，相較起來，他當然覺得調查局對他尊重有加。

在詢問過劉泰英後，我們獲悉，當初那七百五十萬元的旅行支票，由徐炳強交付給他之後，他私下將其中五十張旅行支票（五萬美元）據爲己用，並在八十八年四月初，把票面總額十萬美金的旅行支票一百張交給耐斯企業集團負責人陳哲芳，另把票面額七百三十五萬美元的旅行支票共七千三百五十張交給潤泰集團負責人尹衍樑，要他們兩人想辦法把旅行支票兌換成現金後，以個人或公司名義捐贈給台灣綜合研究院（劉泰英爲台綜院院長），劉泰英並囑咐尹衍樑，如果覺得金額過大，可以再找東帝士集團總裁陳由豪一起幫忙。

耐斯集團陳哲芳認爲不妥，當面將旅行支票退還給劉泰英，但礙於情面，仍然慨然允諾將捐款與美金十萬相當的現金三百四十萬台幣予台綜院，並當場開出三張支票交給劉泰英。而劉泰英收回了陳哲芳退還的十萬美金旅行支票後，就截留私自花用。

至於尹衍樑，他收到大筆的美金旅行支票後，即指示財務部副總丁祈安、協理柯順雄規劃、操作洗錢流程，兩名部屬分頭把旅行支票攜往銀樓業者兌現後，交由潤泰集團財務部人員存入尹衍樑所調度的相關人頭帳戶內，再由尹衍樑以他自己、書田診所醫師蔡培斌、評輝營造公司、潤泰營造公司、興業建設公司名義，合計開立新台幣二億五千萬元的支票共五張，捐贈給台灣綜合研究院。台綜院收了這些鉅額的捐款後，再開立收據，讓這些企業據以抵稅。

查明了資金的流向後，我整理案卷，和局長葉盛茂、副局長崔昇祥、處長周無奢到安和路招待所與檢察總長盧仁發、台高檢署檢察長吳國愛、高檢署檢察官李金定、北檢檢察長施茂林開會，將鞏案案情向所有長官簡報。由於案情極度敏感，與會人士個個面色凝重。我最後大膽建議，這麼重大的案子，是不是應該指定一位幹練的檢察官承辦？長官們都同意了，並問我可有屬意的人選。我想到之前在台北市社文組時，和北檢檢察官薛維平合作愉快，就推薦他。長官也都欣然接受。

九十二年七月二日，犖案執行最大規模一次約談、搜索行動。上午，我持檢察官公函，並在鄭鑫宏檢察官的陪同下，赴台綜院調閱犖案歸墊款流入的相關卷證資料。現場，我一眼就看到李登輝前總統的女兒李安妮，她沒待在她的副院長辦公室，反而跟著其他同仁一起混坐在大辦公室裡，我不動聲色，突然趨前大聲對她打招呼：「副院長好！」她見身分被我識破，神色尷尬。我向李安妮等人說明來意，並表示要調閱相關資料。負責財務的行政處長劉淑蓉（劉泰英之親人）原本拒絕，我很客氣但堅定的說，如果台綜院無法主動提供，我們迫於無奈只好採取搜索行動。劉淑蓉不願事態擴大，只好讓步，承諾會把相關資料整理後再交給我們。

這一天，我們另外幾組人馬也同步搜索約談了尹衍樑的多名親信如丁祈安、柯順雄、李肇祥等人，印證了我們之前查獲的洗錢流程果然不假。

七月三日，我們再約談已於另案獲得交保的劉泰英。劉泰英也在兩名保鑣人員的陪同下，一早就搭車趕赴偵防工作組所在的青溪園區。

我交代園區大門口警衛，劉泰英不是訪客，不用禮遇他，他的車子也不能直接進入園區。他到了大門口後，要他下車等候，由同仁引導他到園區內的詢問室接受約談。約談完畢後，再陪他走到大門口的警衛室，辦完手續才可以上車離去。

在詢問時，劉泰英還很自豪的說，他剛從看守所交保出來，家門口每天都有大批記者守候，爲了避開這些記者，他早上還特地換車出門並且走不同路線，以避人耳目。

我們也另外約談了尹衍樑，對於收到旅行支票以及捐款給台綜院的過程，他也坦承不諱。

至此，鞏案的整個案情輪廓已經明朗。簡單來說，李登輝指示安全局長殷宗文由奉天專案機密帳戶中支付金錢給南非以鞏固邦交。後來，安全局向外交部索還代墊款時，並未將款項歸墊回奉天專案，而是瞞著新任的安全局長丁渝洲，由劉冠軍開設專戶處理專款，再購買旅行支票裝入水果禮盒，交由徐炳強面交給劉泰英。劉泰英再把旅行支票交給尹衍樑兌現，並由尹衍樑以捐款名義把錢送到台綜院。

台綜院受領尹衍樑「捐贈」的新台幣一億五千萬元後，由劉泰英將錢投入股市和基金市場，再次漂白，嗣後即用以支付台綜院向潤泰集團（負責人尹衍樑）購買位於淡水的「安泰登峰」大樓第二十七、二十九、三十樓及位於台北市敦化北路的「潤泰敦品」大廈，並支付淡水新辦公室的裝潢費及支應台綜院人事薪資和業務開銷等一般費用。

劉冠軍涉案潛逃後，媒體大肆報導國安密帳案，立委也關切此事，安全局遂清查帳目。九十一年三月間，安全局發現外交部於八十八年歸還的美金一千零七十萬元帳目不清，除歸墊現金新台幣八千九百四十萬餘元外，餘款去向不明，時任局長丁渝洲乃指派會計長趙存國清查，一查之下，發現有七百九十九萬餘元美金短缺。劉泰英、殷宗文、徐炳強知道東窗事發，因而同赴桃園鴻禧山莊向李登輝報告此事，並研商如何彌補。李登輝見劉、殷兩人帶著「外人」徐炳強前來，還一度動怒。

徐炳強在離開鴻禧山莊後，曾親筆寫下所謂的備忘錄，全文爲：

「本（九十一）年三月二十六日下午十五時，本人經由殷宗文先生、劉泰英先生率領於鴻禧山莊晉見李前總統，報告『犨案』經費墊款有關作業情形，且因原簽遺失，形成作業缺失，是否能補辦公文以符程序，經奉李前總統面示要項，如後：

一、『犨案』經費墊款，來龍去脈，我都知道，但現在補辦公文，並不適宜，我也不會同意。

二、『犨案』餘款（歸墊『奉天專案』後所剩餘之款）支援台綜院第四所開辦所需是事實，劉泰英先生也確實收到這筆款項，必要時請劉先生出面說明。

三、本案當初作業情形應回歸事實，大家要按實況相互配合說明清楚，並應向現任蔡局長詳細報告。」

備忘錄最末，有徐炳強親筆簽名，殷宗文和劉泰英也都在備忘錄末端附署，表示並無異議。

徐炳強寫完了這份備忘錄後，再擬了一份報告給趙存國，聲稱「美金二十萬元係外交部轉請台綜院第四所代爲執行之專案」、「其餘七百七十九萬餘元美金依據國安會丁秘書長懋時先生簽奉總統核定成立戰略及國家安全研究所案，案中有關開辦所需經費，由國安局提供補助之原則……奉准將該款撥付台綜院第四所全權規劃運用」。國安局並提供了一份空白收據，讓劉泰英填上「專案經費」、「美金七百九十九萬七千一百九十二點八七元」、「八十八年四月十二日」等字樣作爲銷帳依據。

從我們事後調查的結果發現，徐炳強等人跑去見李登輝，其實根本是一種串供的行爲。鞏案的歸墊款經過洗錢流程後，被拿去當成台綜院購置辦公廳舍的經費，根本與台綜院第四所的開辦無關。但他們怕被究責，所以趕忙去找李登輝，希望能夠口徑一致，把事情給掩蓋過去。

外人或許不明瞭，台綜院與台綜院第四所（即戰略及國家安全研究所）根本是兩個完全不同的單位，台綜院是財團法人，是學術單位，但台綜院第四所卻是國安局的智庫，只是爲了掩人耳目，所以才掛籍在台綜院底下，第四所的人事、業務均獨立，與台綜院無關，且經費全由國安局補助。再者，台綜院第四所是在八十六年創設，而鞏案歸墊款是遲至八十八年才發生的事。把八十八年拿到的錢說成八十六年的第四所開辦費，這在時序上根本就是牛頭不對馬嘴。

這件案子原本若繼續深掘，應該還能查出更多不法情節，但我在執行赴台綜院調閱資料的行動後就接獲局裡的人事命令，七月七日將調任爲第三處副處長，我只能在工作的最後一天，召集所有同仁，說明鞏案歸墊款流入台綜院的後續偵辦重點。我腦中當然還有很多辦案構想，也深信若能實踐，縝密查明，扣緊法律要件，必有漂亮結果。

我離開後，鞏案是否有如我所規劃的方向繼續前進，因我不在其位，不便過問，也就不得而知。但從後續媒體的報導所知，本案後來的發展有限，據傳是受到了干預。這也可以從九十七年八月媒體報導，陳水扁涉及「海角七億」海外洗錢案被李登輝人馬圍剿時，他透過核心幕僚向媒體放話，聲稱他手中握有李登輝也涉及鞏案的資料，並且說，「當時不殺李登輝，確有『政治考量』」。

其實，在本案調查的過程中，我除了追查鞏案歸墊款資金的流向外，也非常努力的想要查出劉冠軍的行蹤，並想要了解壹週刊和中國時報當初爲什麼能夠掌握到那麼多關鍵的國安局內部文件。爲此，我曾與處長周無奢同赴中國時報訪問總編輯黃清龍，探詢該報接獲專案資料的經過，黃清龍當然輕描淡寫的敷衍過去。我也曾訪問過立委劉文雄、李慶安、周錫瑋，查證他們是從什麼管道收到安全局外洩的機密公文。我另外也曾訪問安全局駐外人員楊六生，他也坦言，在我們約談前，安全局長官已經叮嚀他要妥爲應對，並在約談後也要了解他和調查局之間的談話內容。

劉冠軍潛逃前，曾將他任職時經手接觸的三十件專案的原簽、領據、帳目共一百二十九頁影印攜走。這些資料包括了奉天專案、當陽專案中，由殷宗文呈送並經李登輝批示的大簽，也有蔡英文於八十八年八月向丁渝洲提出之「八一六專案」研究計畫書，申請二百六十二萬元經費等。劉冠軍此舉，或許意在保命，但他爲何潛逃出境後，又把這些絕密資料以 CF 卡數位照相方式向多處遞交，顯然有違常情。

根據一名關係人的說法，在劉冠軍出逃，且資料尚未流出時，就有人持數頁文件影本給他過目，顯然，公文洩密一事確有同夥。我們根據這名關係人的描述，請專家繪出與他接觸之人的面貌，但對外公布後，始終沒有進一步的消息。在這名關係人之後，包括中國時報、立委劉文雄、李慶安、周錫瑋也都曾陸續獲得部分資料。而獨家報導雜誌社相關人員也證實，他們得到的資料，是某人投到辦公室大樓的信箱中。我事後得知這項訊息後，非常重視，想要再去調出監視器錄影帶，但因時過境遷，當天的影像早已被新的內容覆蓋。但由此也可以印證，劉冠軍確有同夥支援。

爲了掌握劉冠軍的行蹤，我也曾與劉冠軍在國外的親人通過電話，設法了解劉冠軍的心態並追查他的下落。我另也訪談過安全局前後任政風處長賴穎平、林四渝，督察姚天賜、劉選生、歷任會計長徐炳強、趙存國、陳天送等人。但他們都堅稱，沒有人掩護劉冠軍脫逃，他們也都不知道劉冠軍是怎麼逃到國外的。我當然對他們的說法半信半疑。

因爲，劉冠軍雖是安全局人員，但他長年都待在會計部門，並不負責行動業務，理應接觸不到安全局爲掩護特工身分所使用的工作護照，他能逃到國外，而且妻小家人也都順利出境，若說沒有人協助，很難令人相信。劉冠軍雖然曾經申請移民紐西蘭，但據知他潛逃出國後，落腳地點之一是在加拿大，就在那段期間，本局同仁楊以銘（以前我在台北市處社文組時的副主任）和他太太報名赴加拿大觀光的旅行團，他太太的觀光簽證順利過關，但他的簽證卻一直下不來，讓我不得不猜想，是不是加拿大當局怕我們情治單位假藉渡假之名跑去查案，所以始終不核發楊以銘的簽證？但我的猜疑得不到證據支持，也只能作罷。

我在追查這些外洩的文件同時，也查到一份標題爲「三十六億新臺幣是如何從國庫流失——李登輝鉅額私房錢大曝光」的文件。這份文件初看之下，只是一般的電腦打字文件，但我仔細比對字體和標點符號，發現其中有十幾個特定中文字的字體，與坊間可見的電腦字體有細微差異，我詢問本局資訊室，他們也無法鑑別出這些字體是出自於哪一套軟體，這讓我不免懷疑，這份文件是否有可能是從香港或大陸的電腦軟體製作，才會出現台灣未曾見過的字體。

而且，這份文件的內容對李登輝、國家安全局及民進黨執政的政府傷害很大，我更懷疑，有沒有可能是劉冠軍停留在香港或大陸（他曾在上海露面）時，大陸官方與他接觸後，獲得他從國安局攜走的文件，之後再利用這批文件作出攻擊我政府的計畫？

因爲，劉冠軍既已潛逃出境，按理說不會再大張旗鼓的製造出讓他自己成爲輿論焦點的動作，所以，國安密帳的絕密資料竟會在他出逃一年多後大量曝光，實在是件令人費解之事。

民國一一〇年五月間，國安局對外宣布，前上校出納組長劉冠軍涉及侵占鉅額公款等犯行，於八十九年間潛逃出境，近期根據情資發現他另涉「投敵罪」等罪嫌，因此在二月間再以他涉犯「投敵」等罪，函送台灣高檢署，高檢署也在四月發布通緝。依法律規定，投敵罪最重可處死刑，是相當嚴重的罪行。至於劉冠軍有哪些事證被認定有投敵犯行，我並不清楚，但對照我之前的懷疑，似乎並非無據。

在辦案過程中，我也曾與處長周無奢同赴安全局前局長丁渝洲自宅訪談，以了解劉冠軍外逃前後情事，並製作筆錄。

在情治圈中，國安局一直自認爲是全國情報機關的龍頭，調查局人員去訪談安全局局長，等於是以下犯上，丁渝洲心中一定不是滋味。而訪談丁渝洲時，我也能深深感受到他對前任局長殷宗文懷有強烈的不滿。丁渝洲抱怨，國安密帳案在他任內爆發，但有關鞏案歸墊款被挪用一事，他事前毫無所悉，殷宗文離任時也從來沒有把相關過程交接給他，結果，事件爆發後，他卻得負起政治責任辭職下台。他一直質疑我們，全案最關鍵的人物就是殷宗文，爲什麼我們不去訪談他？

丁渝洲哪裡知道，殷宗文當時已經臥病在床，我們根本不敢碰他，深怕在約談他之後萬一有個意外，我們麻煩可就大了。果然，殷宗文在九十二年三月二十八日病逝。在他死前，我們一直沒有機會訪談他，所以很多案情最關鍵的內幕，我們的確不得而知。

殷宗文從國安局長離任，赴國安會擔任秘書長後，依然持續掌控國安密帳，還越級指揮安全局會計長徐炳強，要他將外交部匯還的「鞏案」歸墊款提現後交給劉泰英，完全架空丁渝洲的權力。

後來，徐炳強被起訴，檢察官薛維平還在起訴書中直指徐炳強「等同國庫派在機關內之守門員，且其多年掌管機密預算，受國家重責託付，竟爲迎合上級，主動開門揖盜，違法挪用公款，棄監守職責於不顧，致令國庫鉅額損失」，並認爲他犯罪情節重大，特別求處有期徒刑十五年。但徐炳強在法院審理時辯稱，他的行爲都是奉長官指示辦理，竟然也獲法院採納，判他無罪。刑法雖然規定，公務員依所屬上級公務員命令之職務上行爲，不罰。但徐炳強在安全局的直屬長官是丁渝洲，不是殷宗文，殷宗文根本無權指揮他。他的行爲怎麼能稱得上是依長官之命行事呢？就算法院再怎麼擴大解釋，硬要把國安會秘書長也算成是安全局會計長的長官吧，但刑法也明文規定，公務員雖然依長官命令行事，但若明知命令違法者，仍要受罰。我再怎麼想，都不相信徐炳強不知道殷宗文的指示是違法的。而法院最後會如此判決，其中有無不爲人知的奧妙？就任人解讀吧！

六、〇三三〇專案

我在偵防工作組初試啼聲之作，就是偵辦「〇三三〇專案」。

「〇三三〇專案」是海軍邵陽艦士官劉岳龍及其父劉禎國涉嫌洩漏軍事機密至大陸的國安案件。由於涉案人有軍方背景，我一接手這個案子，就非常重視，也常找承辦副主任曹小愚和承辦人何維國沙盤推演，我還親赴軍事檢察機關洽商偵辦事宜。在商討後，我認爲這個案子的證據已經差不多完備，足以構成法辦要件；而且，因爲涉案人對國家安全造成的損害太大，拖延愈久，國家受害愈重，所以，一定要儘速下達決心。因此，雖然我到任還不滿半個月，但我仍然決定於九十一年六月五日發動約談行動。

選擇在那天執行，是因爲當天劉岳龍服役的船艦靠港。海軍和常人不同，艦艇出海不一定哪天回來，而且因應任務需求，船隻每次停靠的港口也不盡相同，行蹤不易掌握。我們好不容易確定他的船艦靠岸日期，所以馬上執行。

行動當天，專案小組兵分多路，分別從宜蘭蘇澳中正軍港和高雄縣梓官鄉（現高雄市梓官區）把劉岳龍和他父親劉禎國拘提到案，劉禎國的太太陳金葉也被約談。由於劉岳龍具軍職身分，訊後移送國防部北部地方軍事法院檢察署收押，劉禎國移送高雄高分檢署羈押，陳金葉訊後飭回。

由於這件案子執行過程非常保密，外界根本不知道發生了什麼事。整個案件的調查工作，是由調查局以及國防部軍事安全處與反情報單位主導，軍方由總政戰局副局長張海平中將負責。執行當天，我們同仁會同國防部總政戰局及軍檢人員在蘇澳逮捕劉岳龍後，隨即把他隔離在中正軍港內的一個小房間偵訊，隨後，大批荷槍實彈的憲兵登上邵陽艦，展開地毯式搜索，並當場查扣劉岳龍名下的一台惠普筆記型電腦、三十餘片光碟片與所有磁碟。

直到一周之後，媒體才得到風聲，高雄高分檢署鄭文貴檢察官被記者們追著跑，但他也不敢透露內情。

全案曝光後，立法委員林郁方曾在立法院質詢本案的影響程度。海軍副參謀長葉亘回答，海軍在本案爆發後，立即組成因應小組負責善後，並確定密碼本沒有遺失，所以劉岳龍造成的損害並不大。

但，曾在海軍新江艦、邵陽艦服務過的劉岳龍，真的沒有造成國家什麼重大的危害嗎？被他竊取及洩漏的國防機密，僅如軍方回應的那麼輕描淡寫嗎？一段時間之後，國防部北部地方軍事法院發布新聞稿指出，海軍上士劉岳龍涉犯妨害軍機治罪條例案件，全案審理終結，被軍事法庭判處無期徒刑，褫奪公權終身。他的父親劉禎國雖不具軍職身分，但一審也被高雄地院判處無期徒刑，劉岳龍的母親陳金葉被判有期徒刑八年。若說劉禎國、陳金葉、劉岳龍一家人沒對國家造成重大損害，法院何以對他們下重手？顯然軍方之前的公開講法是刻意淡化本案對國家安全傷害的影響程度罷了。

我聽說，因爲本案，國防部長湯曜明曾大發雷霆。我獲悉後，向局長葉盛茂建議，如果他跟湯曜明碰面時，不妨幫忙緩頰說，感謝軍方這次跟我們合作辦案，才能順利偵破這件重大的國安案件。葉盛茂點頭同意，但他也感慨的說，湯部長本來罵人就很兇的。

這件案子，要從劉岳龍的父親劉禎國說起。劉禎國早年也是一名職業軍人，他是陸軍官校二十期出身，曾在陸軍航空隊、航訓中心等單位服役。民國六十八年，他以上尉身分從陸軍航指部退伍，轉至國際電信局宜蘭頭城海底電纜單位服務，卻與當地走私集團合作，後又偷渡到大陸，從事兩岸人蛇、骨董走私及販售假護照等不法活動。

七十七年間，他在大陸遭公安逮捕，羈押於福建省泉州看守所。在押期間，經叛逃到大陸的空軍飛行員黃植誠遊說，劉禎國同意與自稱是福建省省委辦公室的「張平」交換條件，簽署「願爲祖國空軍及統一大業做出貢獻」的文件，加入中共對台蒐情組織。

八十年十二月，劉禎國返台，隔年起，他就開始攜帶情資到大陸交給張平，而張平也給他一萬港幣作爲酬謝。爲了加強情蒐能力，張平又安排劉禎國接受情報作業指導及照相訓練。八十三年起，劉禎國利用弟弟劉禎生任職於台東志航基地空軍七三七聯隊的機會，假藉拜訪弟弟的名義，進入營區後，偷偷竊取劉禎生保管的「空軍作戰綱要」、「油料使用表」、「飛機妥善率」及「空軍後勤業務缺失檢討報告」等軍事機密文件。由於這些情資都極爲重要，張平收取後，除了仍按月給付劉禎國一萬港幣的工作費外，另按件計酬，給予每件一至三萬港幣不等的獎金。

爲了培養更多情報來源，八十六年九月，劉禎國把兒子劉岳龍送進海軍指職士官班，擔任譯電士，八十九年又透過軍中舊識，把兒子調到海軍一三一艦隊的新江艦服務。之後，劉禎國再購買數位相機，透過妻子陳金葉說服兒子後，讓兒子拿著相機在新江艦上偷拍極機密的「長風密表」以及機密的「電文辨正表」、「陸海空軍識別信號」等近十項軍機資料。之後，劉岳龍又利用艦上接觸到的戰情部門具極機密性質的「安訊六號系統程式」、「反潛機申請規定」以及機密的「台灣海域觀通系統雷達站實際測距分析表」、「FM 作戰情報網」、「FM 戰術管制網」、「國軍通訊反反制作業程序」、「緊急應變計畫」等近百項軍事資料，將資料偷偷存到私人的筆記型電腦後，交給劉禎國，由劉禎國帶到大陸廣東省珠海市面交張平後陳報上級。

劉岳龍只是一名士官階級的軍人，他爲什麼能夠接觸到這麼多的機密資料呢？後來我們調查時才發現，劉岳龍服役時的新江艦並不是一艘大型軍艦，艦上軍士官不多，同袍間相互代班的情況時常發生，也因此，劉岳龍才能接觸到他人保管的機密業務，進而竊取。這也讓他對國家安全的危害性變得更重大。後來，他被調任至邵陽艦時，依然故技重施，照樣帶著筆電和數位相機上艦，繼續竊取軍事機密。

這件案子布線偵查時間長達兩年，而且被查獲現役軍人涉案，情節相當嚴重。最初，我們一度懷疑劉禎國的弟弟劉禎生也是同犯，但深入清查後確認他並不知情，所以未併予移送。但本案執行後，海軍像是遭逢一場大地震，所有的軍事密碼表全數更新，以保障軍機安全。

劉岳龍後來被法院判處無期徒刑定讞，劉禎國上訴後減爲八年徒刑。劉岳龍的刑責雖重，但他以現役軍人身分還從事叛國行爲，其罪當誅，判處無期徒刑絕不爲過。

七、橫山專案

九十一年十一月十三日，原本是要在金門地區執行「橫山專案」的日子，但當天上午要執行前，我們到高等法院金門分院聲請搜索票時，才發現金門高分院連同院長在內，全院只有兩位法官。可是，依刑事訴訟法規定，高等法院開庭時，必須由三位法院組成合議庭審判。法官人數不夠，是執行專案時怎麼樣也沒想到的變數。無奈之餘，專案只好延後一天執行，等台北一位法官飛到金門支援後，在第二天才執行這件專案。

「橫山專案」是一件涉及媒體人的政治偵防案件。這件專案的對象有兩人，他們是「金門晚報社」的社長彭垂濱、陳秀霞夫婦。事隔多年之後，這件曾被我們秘密蒐證長達四年多的案子，總算可以公諸於世了。

原來，彭垂濱在八十三年間曾擔任「台灣省報紙事業協會」總幹事，他與妻子陳秀霞到大陸參訪時，結識中共「湖南省人民政府對台辦經濟合作處」處長宮克勛。經過介紹後，彭垂濱在湖南投入了大筆資金購買土地，想要開設賓館，但等到資金投入後，卻發現當地法令無法配合。彭垂濱不甘心血本無歸，向宮克勛求助，宮克勛乃介紹他們與共軍總參謀二部所屬的廣州軍區情報部前上校副主任韓江瀾、中校參謀林翔結識。韓、林兩人表面上允諾為彭垂濱追回部分資金，但也介紹他們投資由廣州軍區情報部掩護化名的公司，進而吸收彭氏夫婦加入對台蒐情工作。

八十五年八月，在韓、林兩人的協助下，彭氏夫婦在金門成立金門晚報，做為工作據點。為了逃避偵查，林翔最初要求彭垂濱使用公用電話與他聯繫，後來，林翔更提供一具大陸門號的行動電話，讓彭垂濱得以直接跟林翔聯繫。由於國內目前尚無監聽大陸行動電話的技術，以致彭垂濱夫婦得以藉此逃避國內的通訊監察作業。

在林翔的要求下，彭垂濱夫婦指示金門晚報社的記者蒐集軍方人事資料及內部動態，並自軍方網站蒐集最新人事及武器動態，定期彙整「國防備忘錄」資料，攜到大陸交給林翔，並換取報酬。為了獲得進一步有價值的情資，彭垂濱還以報導大陸漁民在東碇島附近捕魚的情形為由，藉機登上東碇島攝影，刺探並蒐集島上兵力部署及水電設施供應情資。另也依照林翔的指示，多方蒐集台灣其他外島的大比例地圖、海岸地形照片及海事水文等資料。

九十年間，林翔再度提出要求，要彭垂濱提供更有價值的情資，否則拒絕付錢，彭垂濱乃向在金防部任職的友人刺探並蒐集金門防衛司令部電話總機表「西康總機」以及金門防區國軍精實案含各部隊編制異動情資。

一般人可能不知道，「國軍精實案」屬於國軍軍制重大變革，戰略基本單位由「師」改變爲「聯兵旅」型態，內容包括戰略構想、作戰運用、部隊特性、能力、戰力等級及組織運作模式等事項，八十六年七月一日由前參謀總長羅本立上將核定爲「機密」，其中金門防衛司令部組織結構調整，陸軍總部亦核定屬於「密」級的國防軍事機密，均尚未解密，而金防部所屬的後勤部隊編制異動情形，亦爲金防部精實案後「編裝表」內容的一部分，可據以推斷兵力部署、戰鬥序列及後勤補保能量等國防軍事機密，如果外洩，對國防安全絕對有所損害。

另外，林翔又從香港來電，以暗語通知：「聽說現在那個大的預算好像做得挺大，特別是有一部分不是很公開，就怕人家知道」，指示彭垂濱收集九十一年度中央政府總預算中的國防機密預算資料及文書，彭垂濱接受指示後，以「金門晚報」業務需要爲由，以電話向不知情的金門籍前立法委員李炷烽、陳清寶及前立法委員李炷烽國會辦公室助理、主任李炳團及金門縣長秘書許加發等人，索取九十一年度中央政府總預算國防機密預算資料；彭垂濱並指示不知情的金門晚報前駐台中特派記者前往立法院向立委助理李炳團索取該國防機密預算資料，但經李炳團告知，國防預算是機密資料不能借閱，彭垂濱才未得逞。

這件案子最初是以依妨害軍機治罪條例及刑法刺探、蒐集國防秘密未遂等罪嫌偵辦，金門高分院原本合併判處彭垂濱有期徒刑十個月，全案上訴發回更審後，法院仍依刑法第一百一十一條第一項刺探中華民國國防上應秘密之消息罪及同條第二項、第一項收集中華民國國防上應秘密之文書未遂罪，合併判處他有期徒刑十月，彭妻則判無罪。

但由這起案例可知，中共對於台商赴大陸投資失敗者，的確會提供經濟利誘，讓他們返台蒐情。若說中共對台的情報作爲無孔不入，倒也並非虛言。

八、明源專案

「明源專案」是我在偵防工作組內完成跟監、蒐證等前期作業，但等到我離任之後，才展開拘提行動的一件偵防專案，由於辦案過程很特別，也很値得一提。

這件案子涉及兩個對象，一人是曾昭文，他於文化大學新聞系畢業後，民國六十年進入國防部情報局（現爲軍事情報局）擔任文職人員，七十七年被資遣，身分上算是前軍情局人員。另一人是陳穗瓊，他是現役的軍情局九職等特情專員，是眞的能接觸到敏感情報的特工人員。

曾昭文雖然離開了軍情局，但他在八十六年三月返回軍情局參加局慶，並因此和第一處的老友陳穗瓊恢復聯繫，爾後，兩人平均每一到兩個月就會碰面一次，見面後再共同前往餐廳用餐。而曾昭文每回與陳穗瓊碰面後的當晚或翌日，就會到住家附近的便利商店傳眞，行跡非常可疑。

我們秘密跟監了許久，終於決定在九十一年十二月十日展開最大規模的一次跟監蒐證行動，由梁台明組長帶隊現場指揮。

那天傍晚果然看到曾昭文和陳穗瓊又再度碰面，他從台北市全聚德餐廳（後改名爲宋廚菜館）聚餐完畢後，先返回基隆家中，晚上十時左右又出門，步行到附近的OK便利商店基隆延平店傳眞一份資料，傳完後，曾昭文邊走邊將手中的原稿撕碎，丟到下水道中。

我們盯住下水道的人孔蓋，一等曾昭文走遠後，馬上打開人孔蓋，趴在下水道上打撈。幸好，那段時間沒什麼下雨，曾昭文拋到下水道的碎紙片沒被沖走，我們把所有的碎片都撈起來，帶回辦公室拼湊，發現竟然是軍情局的人事動態資料，而這份資料，也坐實了曾昭文的犯罪事證。

爲了掌握更確切的證據，我們向司法機關聲請監聽票（通訊監察指揮書），把曾昭文家附近的幾家便利超商的傳眞機都掛線監聽。

透過監聽，我們果然掌握了大批曾昭文傳遞文件的證據。他傳眞文件到北京，給一名叫「李京」的對象，而他傳眞的內容，則是軍情局派赴特殊地區從事特種工作者的人事資料或執行情報工作人員派遣事項等，皆屬於軍事機密資料。

這件案子一直持續蒐證，在我離開偵防工作組後，於九十二年十一月十二日才採取拘提行動，把曾昭文、陳穗瓊都拘提到案。

由於我們已經掌握了非常充足的事證，曾、陳兩人後來都被高檢署起訴，並被法院判刑一年四月，緩刑五年。其中，陳穗瓊因具有公職身分，還被移送公懲會議處休職一年的懲戒處分。

把我方情報人員的身分、化名和派遣事項洩漏給中共，在我看來，是非常重大且惡劣的犯行，因爲那會嚴重危害到我敵後工作人員的生命安全。但法院對他們兩人僅作出了非常輕度的判決，而且還給予緩刑，頗出乎我的意料。只是，我身爲執法人員，對於司法的判決不能評論，就留給社會各界公評了。

九、厲開平案

我在偵防工作組期間，除了辦過安全局、軍情局等「友軍」單位人員，也曾辦過自家調查員。厲開平案就是一個例子。他出事時是本局北機組的現役調查員，他被偵辦，我心中當然難過，但他違法亂紀，又嚴重損害國家安全，我們也不得不嚴肅執法。

九十一年間，本局接到國家安全局傳來的情報，獲悉北機組調查員厲開平把本局列爲機密等級的「法輪功研究學會現況調查」調查專報傳真到大陸，由於此舉太不尋常，所以我們馬上就展開偵查行動。

「法輪功研究學會現況調查」是本局第一處第三科內勤同仁扈治平所編撰的調查專報，而厲開平是北機組的外勤人員，法輪功在台灣也只是個單純的民間團體，沒有治安上的疑慮，按理來說，外勤辦案人員沒道理對法輪功產生興趣。但法輪功在大陸當局的眼中則不同，中共一直把法輪功視爲意圖顛覆中共政權的組織，中共的情治人員也持續的在偵蒐一切與法輪功有關的訊息。因此，當我聽說厲開平把法輪功的相關資訊傳眞到大陸時，馬上就覺得此舉太不對勁了。

扈治平證實，第一處第一科的同仁趙光宇曾在九十一年三月間向他索取這份專報，扈治平也不疑有他，向科長報准後，就把專報提供給趙光宇。我們再去問趙光宇，他也證實，北機組同仁厲開平曾向他索閱法輪功的資料，理由是辦案參考，由於資料是由第三科同仁保管，所以他才找上第三科同仁扈治平。他借得資料後，除了封面及目錄以外，把全部的內文共十二頁都影印下來，原本奉還後，影印資料都轉交給厲開平。

至此，案情已經明朗。我們馬上約談厲開平，並出示他曾經把資料傳眞到大陸上海的相關通聯紀錄。

厲開平承認，他是受了在上海工作的台商王春雄之託，向局裡同仁借得相關資料後，再傳眞給王春雄。但他否認洩密，聲稱趙光宇提供給他的資料並沒有封面，所以他沒看到封面上的「機密」二字，並推稱是受到立法院長王金平的請託，才會把資料傳到上海，提供給王金平外甥女的丈夫王春雄。

厲開平的說法當然不足採信。他是調查班結訓的調查員，從七十二年開始就在局裡工作，怎麼會無法判斷什麼東西是情報？什麼資料具不具敏感性？更何況，他找上的趙光宇，是本局第一處第一科同仁。而本局第一處第一科負責國內安全調查工作，實際上就是情報蒐集。而本局內勤所掌握的資料，十之八九都是機密，以厲開平這麼一個老調查員，他怎麼可能不知？

而且，王春雄其實也不純然只是個台商，他也是調查員出身，和厲開平是同期同學。若說王春雄找上他純屬巧合，我也不信。此外，如果王金平眞有意索取法輪功資料，以他身為立法院長的身分，大可直接向調查局索取，何須透過厲開平取得？厲開平的辯詞顯不足採。

這件案子呈報給局長後，局長認為厲開平的行為嚴重違紀，下令記一大過並移送法辦。但懲處案送到法務部後，陳定南部長直斥厲開平的行為是「通敵」，危害國家安全至鉅，所以特別召開考績會，議決記兩大過免職。而厲開平的犯行被移送到司法機關後，也被依洩密罪判處有期徒刑二年，全案上訴後，高院改判有期徒刑一年定讞。

其實，厲開平早年就曾經出過事。

民國八十年七月，厲開平任職於台北市處黨政組，他當時喬裝為僑選立委的助理，在立法院蒐集「軍中人權促進會」請願人士的名冊，被民進黨立委盧修一、謝長廷的助理查覺有異，而當場追捕，在追逐中，厲開平一度摔倒，後來又躲到廁所，閉門不出。被揪出時，還謊稱自己是「憲調組」人員，企圖矇騙立委，讓他們誤以爲是軍事單位派來的特工。在憲兵司令部嚴正否認後，他才改口承認自己是調查局「憲政調查組」人員。但當然，調查局根本沒有這個單位。

厲開平出事後，本局一度停止在立法院的工作，後來與立委協調並取得諒解後，才正式以「國會聯絡人」的身分進出立法院，這也使得調查局在立法院的活動終能化暗爲明，從此公開透明化。但厲開平的「糊塗情報員」印記就此烙上，一直如影隨行。想不到多年之後，他卻犯了更嚴重的罪行，終究連他調查員的身分也被拔除。

十、海興專案

我從偵防工作組調任到第三處擔任副處長後，原則上不再負責外勤業務，但我走馬上任還不滿一個月，航業海員調查處就會同北機組執行了「海興專案」。這件重大的偵防案件由我督導並順利偵破，本來是美事一樁，但沒想到，主嫌葉裕鎮在羈押期滿交保後竟然棄保潛逃，而調查局更成爲各界十目所視、十手所指的究責對象，實在冤枉。

本案的主嫌葉裕鎮早在六十九年間就曾在國防部中山科學研究院第三所設計中心接受訓練，後來，他自行創業，經常進出大陸地區，也在上海以技術投資方式取得了上海愛迪西顯示測控有限公司部分股權。另外，他也在台灣成立艾伊喜科技公司，並任負責人。

八十九年間，葉裕鎮到大陸四川省成都市與中國科學院成都光學研究所洽談合作生意時，被成都市國安局人員以探聽國家機密罪名逮捕訊問，葉裕鎮想盡辦法，聯絡之前在大陸時認識的朋友吳金玉援救，最後在吳金玉的協調下，葉裕鎮寫下悔過書，並承諾「必須將功贖罪，做一些有利於祖國之貢獻」才獲釋返台。

一個月後，葉裕鎮應吳金玉通知，到廣東珠海與中共中央軍事委員會總裝備部情報工作人員徐咏超會面，受命爲中共蒐集及刺探我國國防上的秘密文書並購買管制輸出大陸的戰略性高科技貨品後，送交大陸。

於是，葉裕鎮找上中科院昔日好友陳士良。陳士良是中科院第三所五組（現改名爲電子所地面雷達組）的約聘人員，負責物料庫房管理及國軍統一料號申編作業。

從八十九年十二月間起，陳士良即陸續提供磁控管型錄、暗燈面板型錄、美規採購規範料號單等資料給葉裕鎮，葉將這些資料攜往大陸交給徐咏超後，獲得酬金，葉再將其中一部分存入陳士良的外匯存款帳戶。

九十一年底，葉裕鎮再受徐咏超指示，由陳士良進入中科院內部網站下載資料或持數位相機拍攝中科院內部設施、裝備，總計收集了「亢龍計畫」、「大成計畫」、「強網」目錄資料及中科院「長晴機動雷達」照片、「國防部中山科學研究院新編文電代字建議表」等資料，葉裕鎮取得後，轉錄成光碟，並攜往大陸交給徐咏超，陳士良爲此前後共獲得報酬約二萬六千美金。

九十一年間，葉裕鎮透過朋友介紹認識許希哲。許希哲是華裔美籍人士，曾任職於美國波音公司，退休後以某科技顧問公司負責名義遊走海峽兩岸。

恰好，許希哲也希望能在大陸地區推展有關機場飛航管制系統計畫，兩人一拍卽合，許希哲立卽同意爲葉裕鎮蒐集F16軍機、美軍空中預警機（E2C）的技術手冊及操作手冊、美國飛彈防禦系統（TMD）暨有關美國對台協防評估報告等資料。之後，葉裕鎮又要求許希哲繼續蒐集提供台美聯合軍事會議、聯合作戰暨指揮自動化系統（指揮、管制、通信、資訊、情報、監視、偵察，簡稱C4ISR）、聯合戰術無線電系統（Joint Tactical Radio System，簡稱JTRS）、Link16戰術資料鏈、AH64D阿帕契攻擊直升機等資料。許希哲返美後，找上兩名也在美國波音公司軍用部門任職的友人Don和Marsh，他們也同意爲中共蒐集機密資料，葉裕鎮卽將上情回報徐咏超，並由徐將他們吸收。

此後一年多的時間中，葉裕鎮除了不斷透過許希哲、Don和Marsh在美國蒐集相關軍事機密外，還向美國進口戰略性高科技管制貨品，如紅外線夜視攝影機、飛行員用的夜視鏡、夜視管、夜視飛行頭盔、夜視燈及濾光罩等。葉裕鎮取得這些管制貨品後，卽親自攜帶赴大陸交貨取款，使中共得以獲悉並掌握美國管制出口的戰略性物資。

這件案子當然案情重大，且情節敏感。又因爲涉案人之中除了許希哲是美籍華裔人士之外，還牽涉到兩名士生士長的美國人Don和Marsh。我們研判，要同時一舉將所有嫌犯成擒的機率不大，但可以與美國FBI分頭行動，分別逮捕在自己境內的要犯。

本案由航業海員調查處執行，第三處承辦科長是仝智利，我和他們研商多回，決定了執行時間。

九十二年八月五日，陳士良、許希哲分別從美國搭機來台，許希哲還打算跟葉裕鎮會合後，一起前往大陸。我們見時機成熟，即先行拘提葉裕鎮，並在機場陸續拘提先後入境的涉嫌人陳士良、許希哲到案。

執行完畢後，我們正式發函給美國在台協會（AIT），向他們通報此事。海興專案讓美方相當重視，因爲外洩的資料有一大部分是美國的軍事機密。九月間，美國司法部檢察官、聯邦調查局五位專案人員爲了本案特地來台，我也連續三天與他們舉行專案會談，並陪同他們前往海員處查看扣押物之實品，又帶領他們到資訊室解讀扣案電腦硬碟中被刪除的資料。其中一名FBI人員看到一件被我們查扣的小證物時，忍不住驚呼。原來，那具乍看之下毫不起眼，像聖誕燈飾內的小燈管，竟是戰機飛行員夜視鏡內的重要零組件，也是美國政府限制出口的管制物品。FBI人員很訝異，爲什麼這麼敏感的零組件會流入台灣。他們認爲案情重大，也問我能不能讓他們帶一具小零件回美國作爲證物？但我表示不妥。因爲，這是我國司法偵查作爲時所查扣的證物，當然不能任由他人隨便取走。FBI人員只好由其中一人拿著這項證物，另一人以現場錄影方式存證。舉證人先說明自己的身分，且表明自己正位處於台灣的法務部調查局內，他出示手上的這項證物，讓錄影機清楚錄下。據這位FBI幹員說，他們錄影的畫面攜回美國後即可作爲法庭上呈庭的證據。

十一月間，第二批 FBI 人員又從美國來台，繼續洽談海興專案後續事宜，我也盡可能抽出時間和他們會談，以強化台美雙方共同打擊犯罪的合作關係。

九十三年四月二日，海興專案偵結，三名被告都被依外患罪起訴。而全案偵結前，由於涉案被告都已羈押近四個月，檢察官也分別諭令三名被告交保。我獲悉後，馬上提醒同仁，要注意擁有美國籍身分的被告許希哲有可能會潛逃出境。

但想不到，第一個逃跑的，竟然是被高檢署以三十萬元交保的主嫌葉裕鎭。他獲交保後即悄悄的到戶政機關申請改名爲葉文淵，我們獲悉後，也曾通知境管局，要境管局注意他的行蹤。另外，我們也請同仁不定時到他家附近探悉動靜。某次，一名同仁到他家樓下時，發現他家的信箱塞滿了廣告傳單，顯然已經多日沒人清理信箱。同仁將現場狀況回報後，我們判斷，葉裕鎭很可能逃亡了。

爲此，處長還特別召集衆人開會研討因應對策。

事後，本局雖然動用大批人力四處查訪葉裕鎭的下落，但一無所獲，而境管局也沒有他出境的資料，研判他極有可能是採取偷渡方式出境。

十一月間，蘋果日報獨家報導葉裕鎭棄保潛逃的新聞，各界指責的矛頭都針對著本局而來，連國防部總政戰局張副處長都來電關切。爲了說明原委，我只好抱著大批資料，跟著副局長崔昇祥趕赴國安會，向相關長官說明葉裕鎭潛逃情事。我一再解釋，葉裕鎭被檢察官羈押將近四個月後交保並限制出境，本局已盡責處理，並隨時了解行蹤，且適時發現其下落不明等。之後，國防部接著報告軍機審議時程，表明並未延誤審判；境管局說明出境管制程序，也表示葉裕鎭未循正常管道出境；法務部說明被告在偵查中僅能被羈押四個月，檢察官在羈押期滿前讓被告交保，是不得已的處置；海巡署則說明出海限制；安全局最後說明法令不足……說來說去，大家都不認爲自己應負最後責任。

十二月初，監察院來函，要我們說明葉裕鎭潛逃出境的過程，我撰妥答覆說明，強調本局並無疏失，不會處分同仁。監察院來函中，還特別指定要承辦本案的同仁親自將相關回覆函文送至監察院，我心中一動，覺得監察院此項要求頗不尋常，所以特別交代，請一位與本案完全無關的同仁遞送文件。

果不其然，這位同仁把函文送到監察院時，監院調查處調查官臉色一沉，表示要對送公文的同仁製作調查筆錄。同仁大驚，馬上說明他並非本案的承辦人員，對本案內情一無所悉。監察院見突襲不成，只好悻悻然讓他離開。

坦白說，這件案子一開始辦得眞是非常漂亮，該掌握的證據幾乎都被我們掌握住了，而且，透過本案，我們與美方的執法單位也建立起非常密切的聯繫管道，對台美共同打擊犯罪合作模式的建立，也有一定程度的幫助。

但非常可惜，主嫌葉裕鎭竟在交保後潛逃出境，而讓本案無法圓滿畫下句點。

事後，媒體究責，矛頭指向調查局。但說實話，人，是我們抓到的，移送給檢察官後，責任不是應該由檢方來承擔嗎？檢察官如果擔心嫌犯交保後會逃亡，當初就不該讓三名嫌犯具保，而應該直接起訴後移給法院接押。若嫌犯在偵查中羈押期滿，但檢察官因事證尚未明確而來不及起訴，不得不釋放被告時，也應該命相關單位監控被告，避免他們逃亡才是。另一個角度來看，當年司法機關還沒有採購電子腳鐐等器具，無法以科技方式監控獲得交保的被告，獲得自由之身的被告若眞有心逃亡，實在很難避免或防止。所以，把全部的責任都推到調查局身上，我認爲實在是不盡情理啊！

第5章

媒體關係

調查局是情治單位，從事的業務當然有一定的敏感性，保密更是最基本的工作要求。因此，除非特殊情形發生，否則調查人員通常都不會跟媒體接觸，免得萬一有洩密事件發生時，會有瓜田李下的困擾。但我在局裡工作時，有兩段經歷都要跟媒體打交道。其一，是在台北市處擔任社文組主任；其二，是在局本部任聯絡室主任。擔任社文組主任時，常要代表台北處對外發言；等到出任聯絡室主任，就要代表整個調查局對媒體發言。因爲是職務關係，所以和媒體的往來，反而變成光明正大的行爲。但不明就裡的人或許會以爲，這兩項工作都是所謂的「涼缺」、「爽缺」，只要成天陪著俊男美女的記者們吃飯聊天打屁就成了，但知道其中底細的人，通常會視爲畏途。就我而言，還沒接任社文組主任之前，我絕少有和媒體往來的經驗，但接任這份工作之後，就全力以赴。後來，在外站歷練一輪，回到局本部再接任聯絡室主任，那又是另一種心情和另一種不同層次的工作體驗。如今回想，因爲曾經擔任這兩項工作，也才讓我的調查局生涯中，除了辦案之外，更多了一種回憶。

一、媒體聯繫

我於八十五年五月從局本部防制中心科長調任台北市處社文組主任。社文組工作中非常重要的一環就是媒體聯繫，但組裡的據點同仁卻往往視爲畏途。這道理也很簡單。情治系統人員跟媒體接觸，對方一定會有戒心，會覺得不尋常，會以為我們的同仁是要刻意吸收某些媒體人員，做些特殊的運用，不然就是想要透過媒體打探某些消息。被接觸的對象若一開始就心存排斥，就很難再往下發展。而且，萬一對方設局，把我們同仁跟媒體接觸的情形側拍側錄下來，再公諸於世，調查局可眞要灰頭土臉了。就算我們的工作再正當、再坦蕩蕩，但總難免啟人疑竇，出了事時，眞是跳到黃河都洗不清呢。再者，外勤同仁的七項工作中，沒有媒體聯繫的工作績效，聯絡室也不能核績效分，除非發掘案源，或蒐獲被局本部採用的情報，否則全無績效可言，同仁當然不願做這些徒勞無功的事。

而且，據點同仁往往會自我設限。他們往往覺得，自己只是個小調查員，層級不高，就算想要接觸媒體，但媒體大佬怎麼可能見他們？如果只是一味的跟基層記者接觸，效果也很有限。久而久之，媒體聯繫的這項工作就難以落實了。

我接任社文組主任之後才知道，做媒體接觸的工作，往往吃力不討好，所以，同仁常裹足不前，也是有道理的。但我覺得，身爲主任，我應該要協助同仁排除障礙，若我以社文組主任的身分去拜訪媒體，應該比較容易接觸到高層。如果我拜訪的時候，也攜據點同行，不就可以讓據點趁機認識媒體高層嗎？以後，據點要開展工作，不也就會便利許多嗎？

主意既定，我到社文組之後，就馬不停蹄的向各家媒體展開拜會行程。算了算，在短短兩年內，全國的各大各式媒體幾乎都被我跑遍了。

在平面媒體方面，中時晚報、聯合晚報、自立晚報三家晚報當然都會拜訪。幾家日報如中國時報、聯合報、自由時報、工商時報、經濟日報、中央日報、台灣時報、民眾日報、台灣新生報、民生報、青年日報等，也都一一親訪。在雜誌方面，諸如新新聞、商業周刊、新台灣周刊、獨家報導、財訊月刊、今周刊、TVBS周刊等，也都先後接觸。廣電媒體部分，包括台視、中視、華視、民視、TVBS、三立、中廣等，當然也都不能放過。另外，由資深司法記者黃越宏主持的另眼新聞雜誌，雖然時常刊登調查局負面消息，但為維繫關係，我也親自拜訪。印象較深刻的是曾與華衛新聞台總監璩美鳳等人會餐。璩美鳳後來雖曾多次與人傳出緋聞，但當時她還是一位專業的媒體工作者，我們一場餐會仍是賓主盡歡。

與媒體接觸，不是只有形式上的登門拜訪，我會非常用心經營。舉例而言，有一次，我獲悉某報社副社長住院開刀，我抓緊機會報告處長劉展華後，就一起赴醫院探病；另一家電視新聞部經理開刀完畢剛出院回家休養，我知道後也馬上趕到他家慰問。又有一次，我到一家報社拜訪時，獲悉其中有一位編採人員喜獲女兒，我立刻送上一枚小金飾祝賀。某幾家報社社慶、某晚報創報十周年園遊會、某雜誌成立十周年酒會、某電視台開台酒會，我也不會錯過。此外，諸如某些媒體主管新上任、升職、退休、某些記者生日、結婚或家人喪禮等重大事件，我都前往參加，以表心意。

還有一次，碰巧知道時任台視新聞部副理李惠惠、中視新聞部副理胡雪珠、華視新聞部副理陳月卿翌日將要參加人事行政局主辦的女性領導人研習班，我晚間趕忙與花店聯絡，請花店第二天一早各送一大束捧花到公賣局訓練所，給三位媒體主管。我想，當她們收到花禮時，一定又意外又開心。

我工作的方式其實也沒什麼特殊的技巧，全靠「勤快」二字。通常，當我要嘗試接觸新的媒體對象時，我都會先問組裡的據點同仁，看看他們有沒有切入管道。如果他們認識的朋友裡面，剛好有人也熟悉我想接觸的對象，我就會請他們居間安排，介紹我們雙方認識。等到認識新朋友後，再透過他們結交其他的朋友。這樣一個牽一個，我很快就拓展了我在媒體圈的關係。

若由我帶著據點同仁拜會他們主跑的媒體時，我也會留意同仁和媒體對象見面時，會不會遞名片。如果據點同仁也跟著我一起向對方遞名片，就代表他和對方一點也不熟，拜訪結束後，我就會詢問同仁，是否有落實據點工作？否則爲什麼連他自己負責的媒體對象也不認識？爲什麼還得像我一樣遞名片？我知道，這樣的詢問一定會對同仁造成壓力，但如果我不這麼要求，同仁也難以進步。

總之，在這兩年的時間中，各大媒體的社長、總編輯、總主筆、總經理、新聞部主管、社會組組長和重要記者，我大概都建立起相當牢固的交情，這些交情對於我工作的開展，當然有幫助，但我積極的和媒體頻繁接觸，也在不經意的情況下，開罪了局裡的一些人。我是後知後覺，到了很久之後，我才知道我的行事作風讓局裡很多的長官和同仁們不快。

二、得罪聯絡室

我和媒體聯繫，不論請客、吃飯、送禮，都是自掏腰包，社文組沒有編這方面的預算，局本部及台北市處也不曾補助過我一毛錢經費，但我不以爲意，也沒有抱怨過。我一直以爲，我作的是份內工作，只要埋頭苦幹，對得起自己的良心卽可，但我怎樣也沒想到，我過度積極與媒體接觸，竟會對別人的業務造成影響。

後來，有同仁提醒我，局本部的一級單位中，有一個「聯絡室」，其中有一科是新聞科，從業務分工來看，聯絡室或聯絡室的新聞科才應該是代表局裡跟媒體接觸的單位。我這麼頻繁的跟媒體聯繫，要小心聯絡室的長官或同仁可能會吃味。

一開始，我還不以爲意。因爲，我跟媒體聯繫的過程，都向處長劉展華報告，他也很支持。甚至，在我擔任社文組工作七個月後，處長還下令，台北市處的新聞聯絡人也由我接任，一改之前都由「處秘書」擔任的作法。顯然，處長是很支持我和媒體發展關係的作法。

可是，某次媒體來局裡參訪時，發生了一些意外的插曲，也才讓我隱隱覺得，我的某些作爲是不是眞的妨礙到別人了。

我記得，那次的參訪行程是台灣新生報提出的，他們希望能到調查局參觀並拜訪局長。一開始，局長王榮周以另有要事回絕，但在參訪活動前一天，局長臨時改變主意，決定要接見新生報社長蘇玉珍。我奉命匆忙協調新生報來局參觀的行程，正努力與各單位聯繫時，卻被聯絡室臭罵了一頓。這時，我突然警覺，聯絡室是局裡法定與媒體聯繫的單位，新生報到局本部參觀，結果居中聯繫安排的竟然不是聯絡室，而是台北市處社文組，這簡直是把聯絡室視爲無物，也難怪他們要藉題發揮修理我了。

後來，有幾次法務部長廖正豪邀請司法記者餐敘時，我都接到部長室的通知，要我到場作陪，並負責招呼記者。職棒簽賭案辦得火熱時，部長爲了要緩和檢調機關與中時報系的關係，特別在晶華酒店宴請中國時報社長、副社長、總編輯與職棒時報鷹隊董事長、總經理等人，我也跟隨局長、副局長、處長劉展華作陪。台視公司經理毛祖貽退休，劉展華處長設宴歡送，我也奉命出席；到場時，我才發現局本部聯絡室主任姚士鵬也在，但神色不豫。另一次，部長邀宴記者於新店達觀晶華飯店，我也奉命隨同局長王榮周、處長戴金康一同前往，但這回，聯絡室居然未受邀到場，事後，聯絡室還有人很吃味的打電話問我，爲什麼部長會跳過聯絡室，直接找我出席？我當然沒辦法替部長回答這個尷尬的問題。

但在此之後的幾次與媒體有關的餐敘，例如到福華飯店銀月廳陪戴金康處長宴請自由時報總編輯、在福華飯店春蘭廳陪處長宴請聯合報副社長、總編輯等，或另一次由處長於福華飯店秋菊廳邀宴中國時報幹部，聯絡室主任姚士鵬皆到場。感覺上，局本部聯絡室似乎存有私下跟台北市處社文組較勁的意味，舉凡重要的媒體餐宴場合，聯絡室都盡量不缺席。

八十六年七月，劉展華處長高升副局長，新任處長由訓練所副主任戴金康接任。

戴處長個性保守，不善交際，與劉展華大不相同。有一次，戴處長出面邀宴媒體，聯絡室也陪同參加。在那次的場合中，爲了使餐會的氣氛不致過於冰冷，戴金康要我協助熱場，我也努力營造各種輕鬆的話題，陪著說說笑笑。不料，中場我離席至包廂外時，姚士鵬也尾隨而出，並追上來，板著臉質問：「你搞清楚，今天是誰的場子啊？」言下之意，他在怪我喧賓奪主，搶了處長的丰采。但如果連處長都不介意，聯絡室主任卻跳出來修理我，他心中眞的是在爲處長打抱不平？還是怨我鋒頭太健，不把聯絡室放在眼裡？

我這些想法，並非空穴來風。有一天，聯絡室新聞科呂科長打電話給我，他和我是調查班同期同學，所以偷偷跟我通風報訊。他說，前幾天聯絡室姚士鵬主任打了兩次電話，都找不到我，結果，姚主任竟在辦公室說：「劉主任故意不接我電話。」這個帽子扣得太大了，我不能不化解。當天，我以「洽談未來新聞工作之配合」爲名目，趕赴局本部聯絡室拜訪並伺機解釋，希望能化解誤會。

我心想，自從我接任社文組主任之後，因爲大力推動媒體工作，可能眞的不小心妨礙到某些人或某些單位了。我想到有同仁提醒我，媒體聯繫工作作得好，「長官滿意，但會令聯絡室不悅。」看來，似非無的放矢啊！

聯絡室怕我搶了他們的丰采，但遇到事情時，聯絡室卻又要我出面解決。

我記得，有一回聯絡室突然通知我，前兩天台視「台灣變色龍」節目對調查員形象多有詆毀，要我前往協調。我心想，電視台節目要怎麼製作，哪裡是我能干預的？但長官交辦，也不能不從。我只好硬著頭皮找上台視副總廖蒼松，透過他與節目製作人劉夢萍會面協調，她聽完原委後，也釋出善意，同意再作一集節目彌補，但希望本局能夠提供相關的題材。之後，我再拜訪節目主持人、台視主任秘書盛竹如，也獲得他的諒解與首肯，這事才圓滿達成。

事後我當然會有點不甘心，心想，聯絡室不是代表本局對外聯絡的單位嗎？不是常常氣惱我越界踩線嗎？爲什麼局裡有事，需要與媒體溝通協調時，他們卻龜縮不前，反而要找我出面？

但我覺得，不管別人怎麼看，該我做的事還是要做。我後來調任澎湖站主任時，獲悉 TVBS 電視台要舉辦五周年慶祝酒會，我除了致送花籃外，還特別從澎湖飛回台北，趕赴凱悅飯店（今君悅酒店）致意。倒不是在離開社文組之後，還一直把昔日的媒體關係緊緊握在手裡不放，而是之前我聽聞 TVBS 總經理李濤知道我調到澎湖後，曾主動打電話給 TVBS 駐澎湖的記者楊傑，叮嚀他：「劉主任是我兄弟，你們要支持他。」衝著此點，就算路途再遠，我也該到場致意。

到達會場後，我看李濤忙著招呼各界賀客，也就不好打擾他，我把澎湖的土特產交給現場工作人員後，略爲致意就離開。

但世界就這麼小。我從凱悅飯店二樓搭電扶梯離開時，剛好看到聯絡室主任姚士鵬陪同新任局長王光宇也搭著電扶梯上樓。兩部電扶梯一上一下，我們等於錯身而過。我向他們兩人點頭致意，他們的眼神都很奇怪，我想，他們一定很訝異，可能也在心中自問，「劉禮信不都調去澎湖了嗎？怎麼會在這種場合出現？」我知道這一定又會再生波瀾，但也懶得再回去跟局長和主任解釋。果然，日後就傳出閒言閒語，但這件擦身而過的事，就只有我們三人知道，我從未向同仁提過，流言自然只能是從另外兩人口中傳出。

姚士鵬後來因爲罹患胰臟癌過世。在他生前，我雖然不爲他所喜，但基於倫理，我也從沒和他正面起過衝突。我在社文組時，努力作好我的媒體聯繫工作，也不管別人怎麼想、怎麼看我。我知道聯絡室是局裡的一級單位，每年的年度預算也都編有大筆媒體聯繫的經費，聯絡室如何運用，不是我能過問的事。但我這個社文組主任，手中沒有預算，只靠自掏腰包和兩條腿勤跑，就能和各媒體上上下下各階層都建立起良好的關係，聯絡室有錢有人，如果有心做事，成果一定可以比我更豐碩。只是，多年來，聯絡室似乎只安於和主跑調查局的記者們建立交情，新聞發布和聯繫的對象也都是這群相同的人，但一跳出這個圈子，聯絡室的力量似乎就難以發揮，非常可惜。

聯絡室沒能澈底發揮功效，我覺得非常可惜，心中也常想，若我當聯絡室主任，我該怎麼調整？沒想到，後來我真的接任聯絡室主任，我也就大力改革，讓聯絡室功能發揮到最大。

三、協調媒體與滅火

到社文組後，處長劉展華知道我開始和媒體聯繫，此後，他每次遇到需要與媒體溝通的事務，也就都順理成章的直接交給我處理。我萬萬沒想到，處長的一聲令下，卻爲我帶來超過想像的業務負擔和工作壓力。

某個周六，我接到處長電話，他從報紙影劇版新聞得知，當晚TVBS「女人開講」節目，播出的主題是「談立委的情人」，節目中將會引用本局監聽數據等等，叮囑我注意後續情況並妥善處理。

電視台要播出什麼節目？節目裡會有什麼樣的內容？我怎麼可能預先得知？又怎麼可能進行任何干預？我只能在節目播出時準時坐在客廳裡收看。看完節目後，我確定所謂「引用調查局的監聽數據」，只是節目來賓的一句玩笑話，無傷大雅，觀衆也絕不可能認爲眞的與調查局有關，我心中懸著的一塊大石頭才放下。事後，還得馬上打電話向處長復命，說明只是虛驚一場。

我剛接社文組主任沒多久時，有一次，周人蔘案開庭，部分媒體報導的內容對調查局隱隱有指摘的味道，也似有偏頗。當天晚上，我頂著大風雨，與承辦本案的機動組主任吳新生接連前往台北市忠孝東路四段的聯合報和大理街的中國時報，親向報社新聞部主管和編輯人員說明，請他們持平報導。

想不到，過了一周之後，處長劉展華針對媒體報導周人蔘案之事不悅，並強烈指責我工作不力，性情剛烈的他氣到大罵：「你們社文組可以去跳樓了！」我知道他這些都是氣話，沒放在心上。但，報社記者要怎麼寫稿、編輯要怎麼下標題、版面要怎麼安排，都不是我能決定之事。我在閱報後發現報導偏頗，不待處長指示就親自到報社滅火，怎麼最後還會落得一個工作不力的罪名呢？

八十六年元月二十日，我從中時晚報上看到一篇新聞評論，主題與台北市處人事調動有關，但新聞標題用了「人肉市場」四個字，非常刺眼。我閱報後主動打電話給中時晚報總編輯陳國祥，向他表達我的想法，他也回應「爾後會注意用詞」。我本以爲這事就此揭過。想不到，過了兩天，處長劉展華突然對我說，他對於中時晚報的以「人肉市場」一語批評台北市處的人事調動，感到非常不滿意。處長生氣，我能怎麼辦？只好親自跑到中時晚報，去拜訪社長林聖芬、總編輯陳國祥，向他們轉達處長的想法。陳國祥倒也爽快，他當場說：「處長不滿意？我直接跟他道歉啊！」說完，他直接抓起辦公桌上的電話，打給處長致歉。處長聽到總編輯直接向他道歉，也不好再發脾氣，這事才告一段落。

現在重提此事，我知道一定有人會質疑我，當年的行徑是不是在向媒體施壓。我要澄清，當然不是施壓。試想，林聖芬和陳國祥是多資深的報人，他們可能會被我這麼區區一個台北市處社文組主任給壓倒嗎？如果我出言不遜，惹惱他們，說不定第二天他們反而在報章上刊出「調查局向媒體施壓」的報導，我豈非提油救火？豈不是害了處長和局裡？實則，我是看到媒體的評論用詞過重，與事實未盡相符，處長又覺得受辱，所以才親赴報社誠意溝通。我婉言向林聖芬和陳國祥說明原委後，也獲得他們的理解。

和媒體相處久了之後，我深深覺得，與媒體溝通，誠意非常重要，絕對不是靠強勢去壓倒對方。很多事情只要誠懇說明清楚，媒體大多也能諒解，並會樂意配合，很少會一意孤行，搞得大家扯破臉。

民國八十六年二月間，我們偵辦監察委員蔡慶祝涉嫌貪污案，就是一個例子。

蔡慶祝是第二屆監察委員，任期自八十二年五月一日至八十六年七月七日。在任期間，他涉嫌收受欣凱公司總經理吳德林一百萬元賄款後，利用輪值日接受業者陳情，再簽請自動調查並提出調查報告，認爲證管會、證交所不准欣凱公司股票上市有所違失，並提交監察院財政委員會通過糾正案。另外，八十五年三月，蔡慶祝收受南方資訊公司三百多萬元支票後，假意接受業者陳情，並對台電調查施壓，企圖逼台電減免對南方公司的工程逾期違約罰款，但台電承辦人拒絕讓步，蔡慶祝眼見施壓不成，只好退還業者行賄的支票，而南方公司最後也因違約，賠償台電六千二百餘萬元。

二月二十六日，我們把蔡慶祝約談到案，由於案情敏感，檢察官特別指示，訊問完畢之後不用解送到地檢署，免得記者群把地檢署包圍得水洩不通，造成機關困擾。檢察官說，他自己會到台北市處來複訊。

二十七日清晨，處長劉展華直接打電話給我，要我提早趕到辦公室，處理蔡慶祝的新聞。

原來，檢察官複訊後，決定要羈押蔡慶祝。羈押處分作出後，蔡慶祝就得從台北市處直接解送到土城看守所收押。而此時，大批記者已經都趕到台北市處守候。

我研究相關的人犯解送路線和流程後發現，如果照正常程序，蔡慶祝應該由辦案同仁直接自詢問室帶往地下停車場，搭車後逕送土城看守所。到了看守所門口，偵防車會先駛入第一道門，關上後，前方的第二道門才會開啟，車輛就會進入警戒區，如此一來，記者就完全拍不到蔡慶祝的畫面，但我們若真的這麼做，媒體一定不滿意，會強烈抱怨。

我想了想，決定故意賣點破綻給記者，讓媒體拍到他們想要的畫面，但又不致於放水放得太明顯而得罪監察院。我把守候在台北市處門外的記者都找來溝通。

我跟他們說，再過不久，蔡慶祝就會被押往土城看守所，爲了怕記者受傷，請記者們答應，偵防車要駛出時，記者不要把路堵死，屆時，我會在現場暗示記者，蔡慶祝會坐在哪一輛車上。

另一頭，我也跟辦案同仁說，偵防車駛出時，記者們很有可能會堵在車前面搶拍照，爲了安全，請保持慢速行駛。我也建議，如果發現記者擋道，坐在前座的同仁，可以搖下一半車窗，籲請記者讓路。我這樣安排，攝影記者們就可以透過半開的車窗攝得坐在後座的蔡慶祝。而爲了顧及蔡慶祝的顏面，我事先也請坐在後座的同仁上車前先帶一份報紙，等到看到大批攝影機對準蔡慶祝時，就把報紙悄悄遞給蔡，讓他打開報紙遮臉。

協調完畢後，大家果然都照計畫行事。惟一與計畫略有不同的是，一名電視台攝影記者竟然把攝影機塞進車窗內錄影，這就有點太過頭了。而他的機器把車窗堵住之後，其他媒體也沒辦法拍照，結果，他的機器果然被其他同業給硬拉出來，他也被衆人奚落了一頓。

事後，處長對我的處置甚表滿意。的確，在處理一位涉案監委的約談過程中，我們既要避免監察院的微詞，又要彰顯工作成果，還要妥適面對媒體，手法眞的要極細膩，才能面面俱到。

而蔡慶祝的案子後來在纏訟十六年後，才在一〇二年五月被最高法院依違背職務受賄罪判刑十四年，褫奪公權十年，並追繳貪污所得一百萬元。

再舉一例。民國八十六年七月十四日，台北市處處長劉展華調升副局長，由訓練所副主任戴金康接任處長。戴處長才上任第四天淸晨，台北市處辦公室一樓文康中心突然失火，好幾輛消防車都前來灌救。我聽到消息後驚覺，調查處失火，一定會成爲媒體報導的好題材，但處長才剛剛上任，如果媒體就報導台北市處發生火災，這不是讓他臉上無光嗎？我一整個上午都在拼命打電話，低聲下氣的跟聯晚、中晚、自晚三家晚報聯繫，請他們賣我面子，不要刊登這則糗事。幸好，三家晚報的記者也都賞臉，這則消息總算沒見報。

但有時，某些負面消息也不是想壓就能壓得掉的。

八十六年七月二十九日凌晨，我接到媒體記者的電話，獲悉台北地檢署檢察官薛維平率領警方和我們台北市處第四科同仁前往台北市新生北路、南京東路口的「一代佳人」系列酒店總公司搜索時，現場竟然闖進一名醉漢，還不停叫囂，後來一查，這名不速之客竟然是台北市處的調查員陳志高。幸好，陳志高並沒有真的阻撓到辦案人員的搜索行動，否則，他的行徑可能還要吃上妨害公務的罪名。但搜索現場出現一名喝醉酒的調查員，也實在太過突兀，他明明已經下班，爲何會出現在那個敏感的場合？難道是有人通風報信？他是否有意要幫業者圍事？

我聽聞後，馬上向台北市處第四科秦台生科長查證，他也證實陳志高的確在場，但狀況已經排除。我馬上向處長戴金康報告，未料，處長竟認爲不嚴重，叫我不必有任何動作。

結果，我的憂慮不幸成眞。第二天，中國時報以大標題獨家刊出陳志高介入搜索現場之事。一整天，我都在滅火，不斷協調電子媒體和平面媒體的採訪記者及編輯。幸好，當天清晨中正站緝獲一名重要對象，我趁機拿這則訊息作爲交換，也請媒體記者們高抬貴手。我一直忙到晚上十點，等到各電視台晚間新聞都收播了，日報也都差不多要截稿了，我才有時間吃晚餐。

滅了一天火，心中還是不覺得踏實。因爲不知道報社記者會不會虛應故事，假裝答應我不再續追陳志高的新聞，但背後仍在偷偷大肆報導。我提心吊膽了一個晚上，第二天一早日報出刊後，我趕快把各大報都買來看，發現媒體果然不再處理這則新聞，心中的石頭才放下來。

看著手中的報紙，我不免苦笑。陳志高八月一日就要離職，結果竟然在離職前三天出事，實在是太不長眼。而我，拼命在做的媒體滅火工作，更是吃力不討好。我心中明白，危機處理就是這樣的宿命，火滅成了，彰顯不出成果，火滅不成，責難就來。但幸好新聞就此打住，否則，若上演成「新聞連續劇」，一發不可收拾，那就是最慘的結果。

而陳志高這個活寶，他離職之後到中國大陸經商，卻被對岸情治單位吸收。九十六年間，陳志高回頭買通在本局經濟犯罪防制中心擔任專員的調查班同期同學林羽農，並刺探本局情資，將本局近年查獲偽造人民幣案情、總統夫人吳淑珍及女婿趙建銘等第一家庭成員案情的輿論、前立委張文儀遭遣返新聞稿及本局內部組織概況，交付中國大陸情治單位，全案在本局自清後查獲，陳志高後來被判刑三年，林羽農被判刑六年，眞是害人害己。

跟媒體記者相處久了，難免相互惡作劇。印象中，就曾經發生兩件很有趣的事。職棒簽賭案辦得如火如荼時，記者每天都打電話來詢問辦案的進度，問我們要約談哪些人。我的個性是，如果能說的，我一定統一發布；如果不能說的，我對誰也不說。但總有些記者不死心，想要碰碰運氣，看看能不能套出些什麼獨家的內幕消息來。有一天，自由時報的司法記者楊國文又打電話來，我被他纏得掛不掉電話，心中一急，脫口而出：「對啦！明天有約談。約談一位姓楊的、一位姓林的。」他愣了一下，連連說：「好！好！好！謝謝！」

他有所不知，我電話裡跟他說，約談姓楊的，指的就是他。姓林的，指的是他同報社的司法記者林益民。

這本來是個玩笑話，純粹爲了把他打發掉的戲言一句。但掛掉電話後，我心中隱隱然覺得有些不安。因爲，那段時間，媒體都瘋傳，職棒明星陳義信也涉入職棒簽賭案，但因爲一直沒被約談，所以記者都在盯緊調查局，看我們什麼時候會動手約談。陳義信和女星楊林墜入愛河，是衆所皆知之事。我在電話裡跟楊國文戲稱，我們要約談兩人，一人姓楊、一人姓林。楊國文會不會誤以爲我在暗示他，調查局要約談「楊」「林」的男友陳義信呢？

我這麼一想，當場嚇出一身冷汗，也顧不得手頭的工作，馬上回撥電話給楊國文，問他：「你是不是以爲我在暗示你，我們要約談陳義信啊？」他說：「難道不是嗎？」我大笑，趕快澄清，之前的電話是個玩笑，「楊」、「林」兩人指的是楊國文和林益民，絕對不是要約談陳義信啦。他半信半疑，我拼命解釋，他最後才沒有刊出錯誤的報導。

喜歡惡作劇的結果，就是很容易被媒體回敬。

有一天，輪到我在辦公室值夜。我忙完公事後在值日室的寢室休息。到了清晨，突然接到電話，有人壓著聲音說，他們有白曉燕命案嫌犯的線索，要我馬上趕去現場。我聽那聲音，覺得熟悉，但分辨不出是誰，只覺得狐疑。我東套西套，終於套出來。原來，是一群記者假裝檢舉人打電話來鬧我。他們白天打電話給我時，無意間知道我晚上要在辦公室值夜，所以他們就想到一個作弄我的方法，幸好我應付得宜，否則，若眞以爲有什麼重大線索掉到頭上來，衝到現場去，豈不讓這群惡作劇的記者們看笑話？

前面說過，跟媒體聯繫接觸，如果被外人以有色眼光看待，會以爲我別有居心或另有所圖，所以，我和媒體朋友來往，也都保持低調，對外也從不刻意渲染，聲稱自己和某某媒體高層是好友，人脈關係如何暢通。我總覺得，如果雙方眞的是朋友，交情放心底就好，眞有事情需要幫忙時，人家自然會出手，成天嚷嚷自己跟誰誰誰很熟，通常都是虛張聲勢，都是假的。

但有一次，我和媒體來往的事情，還是爲我帶來了些許困擾。

我記得是八十七年元月間發生的事。有一天，台北市處黨政組主任孟惠華跟我說，根據黨政組同仁蒐集到的情報顯示，立法委員林忠正懷疑本局在 TVBS「布置細胞」云云。「布置細胞」是一般人對佈建的俗稱，立委這麼說，意思就是指本局在 TVBS 內埋有線民。這當然是一件很嚴厲的指控。

我想了想，最近我們社文組的據點同仁並未接觸 TVBS 的記者，而我接觸的又都是 TVBS 的高層幹部，想來想去，實在不至於有人會說我們在 TVBS 佈建才是。我跟孟惠華說，林忠正委員可能是誤會了，或許可以跟他再說明看看。

想不到，當天孟惠華把黨政組據點的情報往上呈報時，並未註明已向我查證，且我對此說法表示否認。結果，情報一往上報後，當晚，負責佈建業務的局本部第五處同仁、聯絡室主任姚士鵬都來電詢問此事，還說副局長程泉也很關切這件事，我苦不堪言，只好把白天對孟惠華說過的內容再重複一次。

但這件事持續延燒。過了幾天，局長王榮周看到了情報之後，也頗爲重視，要我搞清楚立委爲何會有這種說法。逼不得已，我只好親自帶著社文組據點赳到TVBS，拜訪總經理李濤，一問之下才知道，原來不是調查局，而是國家安全局有意要吸收TVBS內部員工，並要員工探聽TVBS董事長邱復生、總經理李濤的言行。但安全局人員的手法可能太過拙劣，TVBS的員工哪是這麼好收買的，這名員工先與安全局人員虛與委蛇一番，轉身就向李濤和盤托出所有情況。李濤聞言大怒。他坦白跟我說，TVBS已經計劃好，要請那名員工約安全局的人員在某天晚上九點多「二一〇〇全民開講」節目播出時碰面。會面的地點也會先安裝好針孔攝影機、收音器材，等到安全局的糊塗幹員上鉤後，就把安全局人員如何接觸媒體人員、如何設法把媒體人員吸收爲己所用的過程全部錄下，並同步在「二一〇〇全民開講」節目播出，狠狠把安全局修理一頓。

我一聽大驚，連稱萬萬不可。如果李濤眞這麼幹，安全局的臉就眞的丟光了，那名安全局幹員也非被記過處分不可。在我的勸說下，李濤才打消戲耍安全局人員的念頭。我們討論之後也研判，立委林忠正與邱復生向來交情甚佳，安全局想吸收TVBS員工一事，李濤自然會向邱復生報告，有可能是林忠正在誤聽誤傳之下，誤以爲此事是調查局所爲，才發生誤會。

事件澄清之後，我順便到新聞部拜訪李四端，也談及此事。李四端聞言，正色的說：「有啊！調查局有在TVBS布置細胞啊！」我一愣，李四端隨卽笑著說：「我就是你布置的細胞啊！」我倆皆大笑。

我雖然和許多媒體高層都有不錯的交情，但從不會有「看上不看下」或存有「大小眼」的心態。不管媒體大小，也不論接觸的對象是主管或是基層從業人員，我一律平等待之，絕不厚此薄彼，並且，因爲我身兼台北市處發言人角色，所以分寸更要拿捏得宜。面對主跑調查局的司法記者，我發言時一定謹守本分，不能多講，免得爲辦案同仁造成困擾，但也不能少講，不能讓記者沒有報導的素材，更不能獨厚某些媒體，任令他們搶到獨家消息，或故意忽視某位記者，讓他獨漏新聞。總之，一定要一碗水端平，要作到四平八穩，一視同仁，才不會有怨言產生。

但，這樣的處理原則和態度，不是所有同仁都能理解，也不一定得到大家的支持。有一次，因爲黨政組主任孟惠華的一些小動作，就爲我和整個台北市處帶來很大的困擾。

那一回，黨政組正在偵辦全聯社弊案，孟惠華跟我說，處長戴金康交代，由我統一答覆記者詢問，黨政組專心辦案即可。我隨卽問孟主任相關的案情進度，以及可以向媒體公開的訊息有哪些？當天，黨政組明明借提兩名在押嫌犯，但孟惠華卻說只借提了一位，隱藏了另一名較重要的嫌犯。我照本宣科轉達給記者，但後來才知道我所掌握的訊息是錯的，這讓我非常不滿。

我向來的原則是：「可以說不知道，但不能欺騙媒體！」面對媒體，如果有些訊息眞的不能透露，我一定堅決不說，但如果說出口，就一定是實話，我絕對不會提供媒體錯誤的訊息。我很清楚，擔任發言人的角色，一定要誠實。只要欺騙媒體一次，信用就會破產，爾後，再怎麼挽回也來不及了。

黨政組辦案，借提哪幾名嫌犯，身爲主任的孟惠華不可能不知道。明明借提兩人，她卻跟我說只有一位，讓我提供錯誤的訊息給媒體，還導致媒體記者事後對我不諒解，這讓我非常不悅。

謊報借提嫌犯人數也就算了。過了幾天，黨政組偵辦的全聯社弊案進入最高潮，當天，全聯社理事主席張啟仲被約談。張是台中張派大老，也是國策顧問，他被約談，當然是件大事。

但，發生這麼大的事，孟惠華卻故意對我隱瞞。記者聞訊，向我查證，我依著孟惠華的說法答覆記者「絕無此事」，想不到，華視記者還是從其他管道查出眞相，並在夜間新聞中以獨家頭條方式報導這則爆炸性的訊息。

其他媒體記者看到華視的大獨家，紛紛再打電話來查證，孟惠華才在諸多媒體抗議聲中，勉強向記者們承認確有此事。

第二天是星期天，但憤恨難平的媒體們可沒放過此事。

這天，聯合報以頭版頭條的位置報導張啟仲被約談的消息，還指名孟惠華保密到家，連檢察長都被瞞著。

我看完報紙後，馬上感受到一股濃濃的殺氣，知道這事不能輕忽，就馬上打電話給戴金康處長。很意外，處長的電話不通，還直接轉到語音信箱。我找不到處長，只好轉而請示副處長吳莉貞，她知道問題嚴重，指示我要妥爲處理。

隔天是星期一。一早開會前，我先向處長報告全聯社案件的新聞處理後果嚴重，會中，處長也承認此案新聞處理錯誤。午間，電視新聞已經開始播出檢察官不滿等訊息，看得出媒體記者的憤怒仍未平息，新聞報導中煽風點火的味道很濃。

下午，處長決定要親自出面疏導記者，要我邀請記者翌日來處裡喝咖啡溝通。我有點意外。十個月前，前任處長劉展華高升副局長後，由戴金康接任台北市處處長。戴與劉的個性和行事作風大不相同。劉展華從不拒絕與媒體接觸，記者甚至還能直接打電話到他辦公桌上，但戴金康個性內斂，平時甚少與媒體記者聯繫，記者也都懶得找他。如今，他竟主動說要把記者們都找到處裡來聊聊，這顯示他已深切體認到，這次黨政組闖下的禍可不小，非得由他親自出馬滅火不可。

於是，我一整個下午就不停的打電話，除了向記者轉達處長的邀請之意，也說明我之前並非故意提供錯誤的資訊，因爲我自己也被蒙在鼓裡。記者了解內情之後，也都同情我的立場難爲，而我，也趁機和記者們交換資訊和意見，偷偷了解他們今天要報導新聞的方向和態度，並且一再拜託，請他們筆下留情，不要再修理調查局了。

第二天，我一整天都在陪記者。早上陪著處長和記者晤面，中午邀約未離去的記者一同用餐。下午，截稿後的三家晚報記者到來，再繼續吃飯。晚上，再與中廣和華視記者聚餐。別人看我成天吃飯，以爲我過得很輕鬆快活，其實我苦不堪言，自掏腰包還不打緊，不斷要跟記者們陪笑臉，但又沒辦法對外人說。

連續幾天的安撫動作後，好不容易平息了媒體的不滿情緒。我看事情也告一段落，就面報處長戴金康，表示希望辭掉發言人的工作。但處長召集副處長、處秘書、各辦案科科長開會後，仍然決定由我面對媒體，並要求辦案科每日過濾重要狀況通知我，免得媒體問起時，我一問三不知。同時，他也指示，我若向各單位轉達媒體的查證問題時，辦案科也不能置之不理，有義務優先處理。

處長既然做了裁示，我也只有硬著頭處繼續做下去。

八十七年八月，我在法務部長廖正豪與調查局代理局長程泉的派系鬥爭中，被歸類爲廖系人馬，廖系失勢後，我也從台北市處社文組主任一職被遠調至澎湖縣站主任。離開這個工作之後，我當然也就不好再頻繁接觸媒體，何況，我的新職是遠在離島的澎湖縣站，更難以與媒體保持密切接觸。但有兩件事，我印象深刻。一事，是前面提到的 TVBS 電視台五周年台慶，我特地從澎湖回台北參加。另一事，是某次我看到聯合晚報獨家大幅報導，北機組同仁華戎戡參加在台北市處舉辦的記者聯誼會後，竟對某報女記者作出嚴重的非禮行爲。聯晚誤稱闖禍的同仁華戎戡之前曾因違紀犯過被調到澎湖，但這項訊息是錯誤的。我和報導此一新聞的聯晚記者范立達相熟，閱報後就特地打電話向他澄清此事。他順口問到我的近況，還說我從社文組被調到澎湖縣站主任是「政治迫害」，問我何時才能「平反」？我知道范立達在廖正豪與程泉鬥爭事件中，立場明顯是反廖的，深怕他此時突然對我溫言詢問，是「灰色接近」，想要再探探我是不是對長官的人事安排有所不滿，以便當成新聞素材好再大作文章。我只能謹愼以對，未露怨言，避免滋生後遺。多年後，我向范立達提及此事，我倆皆大笑。

四、重作馮婦的前兆

離開台北市處社文組後，我在澎湖縣站、彰化縣站、偵防工作組、第三處、桃園縣站、台北縣站歷練一輪，工作都和調查局的本業緊緊相關，我也謹守分際，不輕易與媒體接觸。想不到，在台北縣站的最後一個月，卻因爲一件案子被媒體誤報，不得不再度與媒體聯繫。而我更沒想到，這次的聯繫，竟開啟了我再度與媒體打交道的歷程。

九十六年四月十二日，身爲台北縣站主任的我，帶領同仁們偵辦英華達內線交易案。我們兵分二十八路前往台北縣五股工業區英華達一、二廠搜索，並約談十七名重要關係人到案。不料，英華達董事長張景嵩竟在我們搜索同時，自桃園搭機前往香港。這也讓外界強烈懷疑，搜索前是不是有人走漏消息，讓張景嵩趁隙逃亡。

翌日上午，我聽到飛碟電台「飛碟早餐」節目主持人唐湘龍在廣播中就此事大力抨擊調查局，我心中非常難過，但我堅信同仁們不會賣案子，更不會洩密。我認爲，張景嵩在我們執行搜索的同時出國，應屬巧合。

於是，我運用之前擔任桃園縣站主任的關係，向航空公司查明張景嵩訂購機票的時間。果然，張景嵩早就預訂好四月十二日的機票，絕非臨時起意潛逃出境。一周之後，張景嵩也依原定計畫回國，並順利接受調查局的約談。他潛逃的謠言也就因此不攻自破。

但張景嵩還未回國的這一周，不利於調查局的謠言還是滿天飛，爲了即時導正視聽，我特別拜訪檢察長謝隆盛，說明媒體報導失誤，並協調襄閱主任檢察官招待記者說明實情。

但被知名的廣播節目主持人唐湘龍冤枉，我仍然憤憤難平。在向航空公司查證，確認張景嵩並非是在得知我們發動搜索，才臨時起意前往香港的事證後，我寫了一張說明稿，傳眞到飛碟電台，指名轉交主持人唐湘龍。

唐湘龍是在星期五早上的節目中批評調查局，我下午傳眞說明稿到電台，隔了兩天，周一上午的節目中，他也很夠意思的拿著我的說明稿朗誦了一遍，算是幫調查局澄清洗冤。事後，我再傳眞致謝函到電台，對他即時爲調查局澄清一事向他致謝。

唐湘龍周一上午在電台節目中幫調查局澄清，周三，我就接到局長葉盛茂的電話。他通知我，第二天局裡會發布新的人事命令，我下周二調任聯絡室主任。

就這樣，在離開媒體聯繫工作將近九年之後，我重作馮婦，但這一次的工作體驗，可和之前完全不同。

五、聯絡室時代

我在九十六年四月二十四日接任局本部聯絡室主任。接任這項工作，讓我很快聯想到之前在台北市處社文組工作時的日子。聯絡室是代表整體調查局對新聞媒體聯繫的窗口，自然要跟媒體多多接觸。從這個角度來看，聯絡室和台北市處社文組某部分的業務性質相當接近，但台北市處社文組的媒體聯繫工作不全面，只能顧及台北地區的媒體，聯絡室則不然，必須要放眼全國。而且，聯絡室的經費預算較台北市處社文組充裕太多，相關業務在執行或推動時也就更有效率。

再者，聯絡室必須要正確對外傳達局裡的立場，所以和局長的接觸更爲密切，如果不是局長非常信任的人，很難把這項工作做好。雖然，我和葉盛茂局長素無私交，從沒和他打過麻將，也沒陪他打過高爾夫，根本不能算是他的心腹，但我之前在偵防工作組時接連偵破幾件大案，或許讓他覺得我算是個可用之人。後來，他把我調到桃園縣站，要我整頓內部，我自信交出的成績單也沒讓他失望。所以，他之後把我調到台北縣站不到一年，就再度把我調到聯絡室來，看來是對我深具信心，正所謂士爲知己者死，我自然也必須戮力以赴。

在聯絡室上班的第一天傍晚，我還留在辦公室看資料時，同仁很禮貌的向我報告：「主任，駕駛已經在外面等了喔……」我一抬頭看鐘，才知道已經過了下班時間。但我工作這麼多年來，從沒準時下班過，我更不喜歡耍派頭，讓司機接送。我趕快跟司機說，請他直接下班，以後我上下班時也不用接送，我自己可以搭公車或騎自行車代步。其實，以前我在外站工作時也都是如此。我一向認爲，公務車只有公務外出時才需使用，而且所有同仁都能用，不是幹部專用。

我上任後不久，就遇到一樁非常嚴峻的挑戰。

這一年（九十六年），國內沒有選舉，但翌年元月有立法委員選舉，三月還有總統大選。現任總統陳水扁已經任滿，不能再選，留下的總統寶座勢必由國、民兩黨有志之士競逐。陳水扁因涉及國務機要費不當挪用的醜聞，勉強撐過紅衫軍凱道靜坐倒扁風波，但已重創民進黨整體形象與士氣。國民黨推出的總統候選人馬英九風華正盛，看來志在必得，氣勢更勝民進黨。可是民進黨仍具有執政優勢，未來會否政黨輪替、改朝換代？還在未定之天。我們身爲行政團隊的一員，又是執法單位，必須依法行政，但只要稍有閃失，都容易讓人聯想，或被有心人大作文章，不能不更戒愼恐懼。

但就在此時，卻爆發了一件洩密事件。

九十六年五月二日出刊的壹週刊獨家披露，行政院前院長謝長廷在高雄市長任內涉嫌收受政治獻金，報導還附上高雄高分檢署承辦檢察官羅建勛發函調查局的公文，指稱謝長廷涉有圖利罪嫌「應可認定、犯行明確」。由於謝長廷正在參加民進黨總統大選前的黨內初選，在這麼敏感的關鍵時刻被媒體爆出此事，很容易讓人懷疑，是不是有人刻意放話？

不巧，這兩天我都陪同大批司法記者南下高雄參訪，獲悉此事發生後，我一方面要和記者們周旋，一方面又要拼命打電話和台北的同仁協調處理後續事宜，眞有分身乏術之感。

壹週刊的報導中，還附上了公文的影本，顯然是有人涉及洩密。其實，從我這個辦案者的眼中來看，如果眞要循線查明是誰洩密，倒也不困難。因爲，壹週刊刊出的這份公文影本，在某些文句段落末尾，有被人用筆批點的痕跡，這使得這份公文有了獨一無二的記號。而且，從公文下方蓋上的「代理檢察長洪三」、「檢察官羅建勛決行」簽名章比對，每一份公文蓋章的位置都不可能相同。只要把公文全部都收回來逐一比對簽名章的位置，就能查出壹週刊登出的公文是從哪個單位流出的，之後，自然不難查出洩密者的身分。我把我的想法跟局長說了，他在電話裡嗯嗯啊啊了半天，不置可否。

不久，局長南下趕來跟我帶領的司法記者團餐敍時，面對記者詢問，脫口說出「絕對沒有直接把公文拿給壹週刊……」，我心想，他爲什麼說「沒有『直接』」呢？莫非是「間接」？若是「間接」，又是怎麼個間接法呢？會不會是局長把公文拿給某位更高層的長官，而更高層長官取得後，把這份公文作爲從事派系鬥爭的工具呢？

我也想起廉政處同仁跟我說的笑話。他說，廉政處副處長詹德源有次跟同仁講，「局長要去埔里，你把某某案子影印交給我。」同仁知道局長葉盛茂篤信佛教，以爲他要去中台禪寺祈福，順便請菩薩保佑，把這件案子辦成，心中充滿感激。後來才知道，詹德源講話有很濃的台語腔，明明說的是總統府的「府裡」，卻被同仁誤聽爲「埔里」。由此可見，局長眞的曾拿資料向總統陳水扁報告。

對照後來發生的事實，葉盛茂局長下台後，曾召開記者會，坦承自己在調查局長任內，收到國際艾格蒙聯盟（Egmont Group）通報陳水扁家族涉及洗錢的情資後，曾將相關文件交給當時的總統陳水扁。顯然，葉盛茂局長和總統陳水扁之間的關係一直是很密切的。而九十六年間謝長廷有意角逐下任民進黨總統候選人的席位，據稱並不獲陳水扁的支持，若是如此，坊間雜誌之所以能夠刊出只有幾人經手的公文，再回想起葉盛茂當時說的「絕對沒有『直接』把公文拿給壹週刊……」，其間的巧妙與曲折，似乎也不難理解了。

不過，當年我在聯絡室的工作就是守護局譽，當務之急就是不要讓局裡出現困擾，所以，我們對於壹週刊的報導只能回應：「關於『壹週刊』第三百一十期報導，高雄高分檢發函調查局之公文疑有洩密一案，調查局葉局長已於今（三）日上午要求本局政風室儘速查明，依法辦理。」

七月間，又一樁頭痛的事情發生。

這一回是素有「南霸天」之稱的前中興銀行董事長王玉雲潛逃出境了。

王玉雲是高雄地區非常有名的政治人物，他當過高雄市議會議長，還當過八年多的高雄市長，眞的是雄霸一方。多年後，他棄政從商，擔任中興銀行董事長，但因爲涉及違法放貸台鳳集團七十多億元，被台灣高等法院依背信等罪判刑七年定讞。

到了執行前，王玉雲先是以健康不佳爲由，聲請暫緩入監服刑，台北地檢署依然囑託高雄地檢署代爲執行，但高雄地檢署卻找不到人了。到了七月初，已有傳言說他疑似偷渡出境，壹週刊掌握相關訊息後，電話採訪高雄市調查處處長吳莉貞，吳莉貞回應：「還在監控中，王玉雲人在高雄，外界傳言不實。」

七月十一日，壹週刊獨家報導王玉雲潛逃出境的消息，並且將吳莉貞的回應也刊出來。不知道爲什麼，吳莉貞竟然公開否認她曾經接受過壹週刊的電話查證。對此，壹週刊馬上打電話向我提出嚴重抗議，並且明白表示，他們電話採訪吳莉貞時，全程都有錄音，如果調查局或吳莉貞繼續否認，散布不實訊息，壹週刊將公布電話採訪錄音帶。

我只好趕快通報局長，也同步通知吳莉貞，請她儘速聯絡壹週刊，並妥爲處理。

發生這件事，我心中有些納悶。因爲，吳莉貞是我前一任的聯絡室主任，她不可能不知道壹週刊電話查證時都會全程錄音，既然有錄音，誰說過什麼話，根本無從抵賴，她怎麼會公開否認自己曾經說過的話？這不是搬石頭砸腳嗎？

幸好，經過不斷的協調與溝通後，壹週刊終於讓步，只要我們不繼續否認壹週刊的報導，他們就不進一步採取自衛自清的行動。這件風波總算揭過。

另一方面，原本已經偃旗息鼓的紅衫軍倒扁行動，卻又再起。

八月三十一日，「反貪腐總部總指揮施明德」等人召開記者會，號召紅衫軍九月九日倒扁紀念周年以及雙十國慶再上街頭。副總指揮姚立明也在記者會中表示，去年倒扁行動時，曾向百萬人民募得一億餘元的捐款，今年三月委請會計師查帳，經過五個月才完成。他說，拖了五個月才把帳查完，皆因調查局北機組自今年三月起，對反貪腐總部施以監聽、關切，甚至違法約詢總部人員等不當手段干擾有關。

姚立明的指控當然很嚴重。我獲悉後，馬上通知防制中心主任李錨，並建議他提供新聞澄清資料，沒想到，他斷然拒絕。我迫不得已，只好直接向局長報告。幸而，局長知道這件事對局譽的傷害甚大，馬上指示李錨提供書面資料澄清。

我當然知道，我向局長報告一事，會開罪李錨，但爲了調查局的淸譽，我不可能坐視不管，我不惜得罪他。

不久之後，又發生一件奇特的事情，勾起了我的注意力。

九十六年九月間，大導演李安的作品《色戒》即將上映。我從宣傳資料中得知，這部電影的女主角湯唯，飾演一位在對日抗戰時期色誘並刺殺漢奸未遂的女特工王佳芝。其實，王佳芝的原型在歷史上是眞有其人，此人是中統局（中央執行委員會調查統計局）的情報員鄭蘋如，當時，她以上海社交名媛作爲身分掩護。鄭蘋如在民國二十八年間企圖暗殺大漢奸丁默邨失敗，被捕之後槍決，殉職時年僅二十三歲。由於中統局是本局的前身，鄭蘋如當然就是本局先烈。

我找出「調查局歷年殉職烈士紀念冊」，果然看到這本史料記載鄭蘋如先烈當年的英勇事蹟。

我向局長報告後，局長也很興奮，同意我可以作爲新聞運用。下午，我馬上就向媒體發布此一消息。而此時電影《色戒》的宣傳正熱，我刻意去蹭李安和這部電影的熱度，果然也爲局裡正面的形象增色不少。

打鐵趁熱，我打算趁李安返國宣傳電影時，邀請他來調查局，藉以宣傳本局先烈鄭蘋如。

透過李安在台經紀人 Kiki 的安排，我在李安返國時到桃園國際機場接機。爲了避免跟其他接機的人群擠在一塊，我出示公務通行證後進入機場管制區，在空橋旁等候。李安和湯唯一下飛機，我就趨前表明身分，並非常禮貌的邀請他蒞局指導。

李安在美國時已從經紀人的通報中知道我要跟他晤面的消息，所以在機場看到我，也沒過於驚訝。他聽完我的口頭邀請後，也婉言跟我說，他拍《色戒》後，因爲女主角王佳芝的故事和鄭蘋如的眞實經歷相差很大，鄭的家屬認爲電影有所扭曲，曾對他表達抗議。他強調：「我的故事原始來源是張愛玲的小說，我拍的是王佳芝的故事，不是鄭蘋如的生平。」所以，如果他應邀來局，眞的會讓王佳芝和鄭蘋如兩者角色扯不清。

李安雖然婉拒邀請，但他也很禮貌的回請局長出席《色戒》首映典禮。不過，局長擔心自己成爲新聞媒體焦點，所以也未出席首映會。

九十七年二月間，局長緊急召見。原來，壹週刊突然向局長電話查證，行政院前院長謝長廷早年是不是曾爲本局工作過？調查局早年成立的「光華專案」有所謂的五人小組，成員包括楊家福、李式聯、王瑍琪、王廣生、謝育男，其中，謝育男是否就是直接與謝長廷聯繫的調查員？

我們都知道，壹週刊有一個習慣。每當他們要報導重大的獨家消息時，在出刊前一定會向重要關係人或當事人作最後查證，以作爲平衡報導的依據。壹週刊既然向本局查證有關光華專案和謝長廷等訊息，顯然已經掌握了重要訊息，並且應該已經大致完成這方面新聞報導的稿件，這對本局來說，當然是一件很頭痛的事。

更何況，壹週刊報導此事的時機非常敏感。九十七年三月二十二日是總統大選的投票日。代表民進黨出馬角逐正副總統大位的組合是謝長廷與蘇貞昌，若在選前這麼關鍵的時刻，「謝長廷曾經是調查局的線民」一事獲得證實，很可能會影響整體大選的選情。

兩天之後出刊的壹週刊果眞報導了相關新聞。據壹週刊所載，美麗島事件後也就是民國六十九年到七十七年，調查局曾經透過外勤人員，以低調方式單點突破，接近議會路線的黨外人士，交換對當時國政的意見，最後由調查局高層彙整上報給當時的總統蔣經國。報導也提到，當時在台北市調處擔任調查員的謝育男說，他接觸的對象是謝長廷。他與謝長廷都是單獨密會，密會地點在謝長廷執業的法律事務所附近餐廳跟咖啡廳，見面時都是密談國政時事。謝育男也說，他負責情蒐的單位是台北市議會，所以有時會混跡記者席，監控對象當然也就包括黨外議員跟媒體。他和其他調查員平均每個月一到二次，將各自蒐集的情資，以書面方式上報局本部，最後再由局長彙整給蔣經國總統，藉以了解黨外人士的想法和態度。

新聞曝光後，局長再度找我和其他主管們開會，研商該如何因應。

我從以前在當台北市處社文組主任時就認爲，我們提供訊息給記者時，一貫的態度就是：「寧可不說，也絕對不能說謊！」重要或敏感的訊息可以拒絕回答，但只要一回答，就不能是謊言，否則，若謊言一旦被拆穿，調查局爾後就再無公信力。

我在會議中重申這個原則，也獲得與會所有長官的認同，最後我擬了新聞稿表示，從現有文件中，並沒有發現光華專案的名稱，或是所謂的五人小組。新聞稿也指出，依據調查局廉政工作諮詢委員會設置要點，得邀請官員，學者專家，民代或民間人士，擔任諮詢委員；根據這個要點，在民國八十一年到八十二年間，本局曾邀請當時的立委謝長廷擔任諮詢委員，但他沒有支領酬勞。

這份新聞稿發出後，細心的媒體記者發現新聞稿根本就是避重就輕，並不滿意。因爲，壹週刊說，謝長廷被本局列爲諮詢對象的時間。是美麗島事件發生後的六十九年到七十七年間，但我們回應時提到謝長廷是在民國八十一年到八十二年間擔任本局諮詢委員，這兩者根本是風馬牛不相及。但不管記者們滿不滿意，這已經是我們能提供訊息的最大範圍了。

應付完記者後，另一方面，我們也必須馬上作好損害控制。

坦白說，本局是情治機關，一定會運用諮詢對象，但如果不能好好保護好諮詢對象，反而讓他們的身分曝光，就會發生很多無謂的困擾。謝長廷是不是本局的諮詢對象？說實話，我眞的不清楚。因爲，調查員和諮詢對象之間，都是單線聯絡。我沒有吸收謝長廷當我的諮詢對象，但其他同仁有沒有這麼做？我既不知道，也不會過問，所以，我是眞的無從證實或否認謝長廷與本局的關係。但無論如何，運用諮詢對象，一向是非常敏感，而且是可做而不可說的事。如今，媒體把諮詢對象當成新聞話題炒作，對本局以及相關工作的推動，都會造成不利的影響。我想了想，當務之急是要先安撫好本局退休的高級長官，讓他們不再對外談論與諮詢對象有關的話題，才能避免事態擴大。

我聽說，有些媒體正四處打聽退休副局長高明輝的行蹤，我向局長報告後，馬上跟高明輝聯絡，因爲，我當年在台北市處雷霆組工作時，高明輝就是我的處長，有這一層關係，他不致於對我過於排斥。

與高明輝聯繫上後，他果然說，已有媒體找上門，而且他也提供了一篇文字稿給某位媒體人士，但對方承諾，未獲得他的同意之前，不會公布內容。

我全力疏導，請高明輝務必跟該位媒體人士聯絡，不要發表文章。在多次安撫後，高爺最後同意，不再就此事對外發聲。

但另一方面，局長還要面對立法院這個戰場。局長找我討論，若他在立法院接受立委質詢時，要如何回答此一棘手的問題？

行政官員如果在國會說謊，是一件非常嚴重的事情。但謝長廷是不是曾爲本局運用的諮詢對象？這問題確實也難回答。我想了想，建議局長不妨參考美國政府官員面對此類問題時的發言基調，亦即：「有關諮詢業務爲機密事項，本局正式立場是不予回應。」後來，局長在立法院果然依此回答，也順利過關。爾後，媒體再就此事對本局查證時，我們一貫回覆的說法也都是如此。

三月二十二日總統大選投票結果，代表國民黨參選的馬英九當選總統，副總統爲蕭萬長。民進黨籍的候選人謝長廷、蘇貞昌落選。執政八年的民進黨交出政權，政黨再度輪替。但所幸，謝長廷的落選應與壹週刊的報導無關，本局也不致捲入政治鬥爭的風暴之中。

政黨輪替後，本局局長葉盛茂不久後也屆齡退休。副局長吳瑛接任局長，他仍留我在聯絡室工作，但和他共事，非常辛苦，這些點點滴滴，我留在後面再說。

第6章

工作履歷

一、業務創新

*資訊整合

我在八十一年四月二十五日調任局本部防制中心，前後擔任過第一科及第四科科長，在這兩個科工作時，我在業務上都作了不少創新，值得一提。

防制中心全銜叫作「經濟犯罪防制中心」，是一個任務編組單位，於民國六十八年間設立。當時，國內相繼發生一連串重大經濟犯罪事件，引起工商界恐慌，對社會、經濟秩序都造成重大危害。行政院爲維護國家經濟發展，保障社會大衆權益，穩定金融秩序，於是責令調查局於同年七月一日成立「經濟犯罪防制中心」，專責掌理經濟犯罪防制工作。防制中心下設四個科，其中，第一科主管預防犯罪；第二、三科負責犯罪偵辦；第四科是處理與國際事務相關的事務以及綜合業務。民國七十三年五月，「追緝外逃經濟罪犯協調小組」成立，結合國內各相關機關力量，分工合作，共同追緝外逃重大罪犯，相關業務交由第四科負責。民國九十六年十二月十九日，調查局組織法修正公布，「經濟犯罪防制中心」更名爲「經濟犯罪防制處」，也從原本的任務編組單位搖身一變，成爲體制內的正式編制單位。

我擔任防制中心第一科科長時，爲了儘快熟悉業務，並和政府相關部門建立好聯繫，上任後不久，就馬上拜訪了經濟部商業司。我發現商業司已架設了全國最完整的公司登記資料庫系統，包括公司名稱、地址、負責人姓名、資本額、設立時間、營業項目、董監事名單等，無一缺漏。但這些資訊都僅供經濟部內部查詢使用，不對外開放。所以，以我們調查局爲例，若我們發現某家公司可疑時，就必須發函請商業司提供這家公司的設立登記資料，才能繼續追查。函文一來一往，非常耗時且無效率。我詢問商業司，有沒有可能把公司登記的電腦資料庫跟本局連線，以利查詢？商業司同意，我也向局長報准後，雙方就決定要搭建起資訊共享的系統。但沒想到，更麻煩的事情來了。那個時代，網際網路還沒有普遍運用，商業司的資訊系統是「王安電腦」，跟調查局的電腦系統並不相容，雙方根本沒有辦法連線。眼看就快要功敗垂成時，商業司的主管一咬牙，決定把幾部王安電腦的終端機安放到調查局，再把網路專線拉過來，如此一來，我們終於可以透過終端系統查詢商業司的公司登記資料了。這條直接由調查局局本部連到經濟部商業司資料庫的網路系統從此建立，爾後，的確也爲同仁辦案時節省了不少時間。

多年後政府基於資訊公開的觀念，把商業司的公司登記資料庫開放給社會大眾，如今，任何人都能透過網際網路查詢相關資料，可能不覺得我當年做的事有多重要。但在當年那個資訊封閉的年代裡，能讓不同機關共享資料庫，的確是項創舉。

＊編纂年報

我在防制中心第一科時的另一項創新業務，就是編印年報。

那時，我到防制中心還不滿四個月，主任劉展華交代我，「第一科要編印年報」。在此之前，調查局從來沒有出版過年報，如今，主任一聲令下，就要我把符合長官期待的年報編出來，可是年報該怎麼編？他完全沒提到任何細節和方向，這眞是一道難題。我只好趕快查詢，才知道局裡的電腦資料庫存放了歷年來的辦案數據資料，我心想，劉展華應該是覺得這些資料如果能透過系統性的整理和編輯後，應該能具體展現出我們的工作績效，所以才會要我編纂年報。但我對於年報的規格和體例完全沒有具體概念，只好再蒐集國內外學術單位及執法機關的年報研究，並思考該如何爲調查局「生」出一本臚列了經濟及毒品犯罪防制工作的年報。

八十二年二月十日，劉展華奉調爲台北市處處長，副主任林介山升任主任。趕在劉展華離開之前，我把他前一年交代我編印的年報作成簡單的樣張，配以彩色圖表，讓他得以較其他同仁提早看到整本年報的雛型，並讓他能在晨報時向局長報告工作成果。我觀察劉展華翻閱年報樣張時頻頻點頭，心知他對年報的雛型還算滿意，我也偷偷鬆了一口氣。編印年報這事，他只交代一句，其餘的構思及推動，全是我一人負責，想來也確實費神。

年報初稿完成後，我花了三個月的時間和防制中心各科同仁共同審閱年報的資料。有一回，我發現年報有數據統計上的錯誤，驚出一身冷汗，只好將整本年報的數據全部重新檢查一遍。年報資料有關國際合作部分，我請外事室提供意見修正。爲了要出版英譯本，我還到理律法律事務所，請程寧生、蔡瑞生兩位先生協助，把目錄譯成英文，併在年報最末幾頁。理律提供這項服務，並沒向我們收費，我一直非常感謝。

等到整本年報定稿，即將送印刷廠付印前，局長召開防制中心晨報時，副局長程泉突然說，他是學法律的，就他的認知，年報所載的每一件案子，都不能提及人名及公司名稱，也不能引述尚未判決定讞的案例。他這麼一說，我當場愣住。其實，那個年代還沒有個人資料保護法，通常公務機關在發布訊息時，對於人名或公司名稱也沒那麼注意是否要予以遮蔽保護。但程泉的顧慮也不是沒有道理，只是，他什麼時候不說，偏偏等到年報都快定稿時才說，若我們眞要照著他的意見執行，整本年報要修改的幅度會非常大。

局長吳東明看我愣在當場，就指示說：「你跟陳長文熟，你去問問他的意見。」我不知道局長怎麼知道我認識陳長文的，但他既然這樣指示，我隔天就去理律法律事務所，拜訪主持律師陳長文，請他提供意見。陳長文也非常愼重，馬上找來一位曾任法官的女律師一起開會研究，最後得出結論：只要用語謹愼，因爲是既成事實，又非涉及私德，且屬公共利益，刊載人名及案情並不會涉及刑責。

有了陳長文的背書，我心情較爲篤定。我把研究結論向局長回報，局長指示：保留公司名稱，涉嫌人以「張某、陳某」代替即可。我們依指示作最後修正，幾經波折後，這本年報終於出爐。從此以後，調查局經濟犯罪防制中心每年都會出版一本《經濟及毒品犯罪防制工作年報》，幾年後，廉政處也比照推出廉政工作年報，讓社會各界都能更清楚知道調查局的年度工作成果。

＊籌辦國際會議

忙完年報後，局長批定，把我調到第四科服務。

調查局經濟犯罪防制中心雖然下轄四個科，但其實，眞正有在指導外勤單位辦案的，只有第二、三科，相較起來，第一、四科就成了冷衙門。我到第一科後，好不容易把一座冷灶燒熱，想不到馬上就被長官改調到另一座冷灶。但我喜歡接受挑戰，也深信只要自己想做事，到哪個單位都一樣會有事情可做。

我心中盤算，第四科既然負責國際業務，那麼，到了第四科之後，我要推動的重點工作就是：舉辦國際研討會、追緝外逃罪犯。

我到任當天中午，先請全科同仁吃飯，以拉攏感情。之後，針對同仁反應，認爲局長不重視第四科，對追緝外逃罪犯工作心灰意冷，我都給予鼓勵，並勉勵同仁應該以績效爭取長官認同。

我也跟同仁說，局長計劃在十月召開大型經濟及毒品犯罪國際研討會，這項業務就是由我們第四科負責，會議開幕時間距今不到四個月，我們一定要努力把這場會議辦好，讓全局刮目相看。

結果，考驗比我想像中更快來到。

我接任第四科科長才一個月，就接到局長指示。他說，他和外交部國際組織司司長通電話後，決定協助外交部辦理「美亞反毒國際會議」，會議地點已選定在調查局大簡報室舉行，會議時間是五個禮拜後的八月二十三日，屆時，會有包括美國聯邦眾議員在內的大批國外重量級貴賓來訪。

我扳指一算，在此之前，局長原本已指示我九月赴英國劍橋開會並提報論文，十月要舉辦大型經濟及毒品犯罪國際研討會，如今八月又提前插隊了一項新的任務，真覺得有些分身乏術，但局長既已交辦，我也只能全力以赴。

手頭上同時有三個任務要執行，我必須把先後順序、事務分配和輕重緩急搞清楚。我先到外交部，和北美司討論「美亞反毒國際會議」的分工細節（是的，這場會議已突然由外交部國際組織司改為北美司執行了）。在討論後決定，包括四位美國眾議員、印尼國會議員和其他幾國代表的接待工作，在局內，由本局負責；在局外，由外交部負責。

之後，我再跟圓山飯店接洽，安排經濟及毒品犯罪國際會議部長晚宴，又去凱悅飯店（今君悅酒店），協調國際會議酒會、來賓住宿、用餐等事宜。另一頭，我又到新聞局，請外籍編撰協助翻譯赴英國劍橋發表論文的英譯本。回到局裡後，再拜託電腦作業同仁，協助製作圖表並作成幻燈片，在論文發表時使用，忙得不可開交。

最後，我終於構思好「美亞反毒國議會議」的會場布置。我把設計提案呈報給局長，表明我將一改傳統懸掛紅布條形式，而是比照國際大型活動形貌，以大型醒目背板作為主視覺設計，這種設計方案在當年還算非常罕見，但他非常支持，並當場指示按照我的想法擬個簽呈往上呈報。我聞言頓了一下，很大膽的跟局長說：「報告局長，這個簽，我可能簽不上來……」我欲說還休，但英明的吳東明局長想了一下，馬上就明白我的意思。

他隨即請機要秘書召集副局長、主任秘書、會計室主任、防制中心主任到他辦公室開會，然後要我把方才的布置構想再向大家報告一次。我報告完，果然就有長官表態反對，吳東明不動聲色，隨後說：「我覺得劉科長的構想不錯。各位還有沒有什麼意見？」

局長都表態了，底下的主管們還能有什麼意見？大家面面相覷，都不言語。

局長見大家都不再表示反對，他就指示：「那就照劉科長的意思去做！」

我心中懸著的一顆大石頭終於放下，知道這份簽呈簽出去之後應該一路綠燈，不會再有人反對。

八月二十三日，「美亞反毒國際會議」（US/ASIA Narcotics Control Conference）終於登場，包括美國聯邦衆議院前議員 Lester Wolff 及現任衆議員 Kika Garza、Bill Richardson 多人、印尼國會議員及泰國等國外貴賓外，也邀請國內反毒緝毒的各單位派員參加，計有立法委員、檢察官、政府官員、警察、憲兵和本局人員等一百二十餘位出席。法務部長馬英九蒞臨致詞，再由相關人員提出報告，全程以英語進行，由供給面、需求面研商加強合作，打擊毒品犯罪。

美國聯邦議員也頻頻在現場照相，連休息時也上台擺出姿勢與大型背板合照，顯示極滿意之狀，局長的神情也爲欣慰。

這群美國聯邦眾議員此次巡訪東南亞多國訪問，結束行程後，他們還向國會提出正式書面報告，對我國的緝毒工作倍加讚譽。

忙完了「美亞反毒國際會議」，我趕快飛到英國劍橋開會，返國之後，接著準備經濟及毒品犯罪國際會議工作人員講習，又親自趕到桃園中正機場實地了解接機動線。國際會議可不比美亞反毒會議，這場會議從頭至尾完全由調查局主辦，所有成敗責任都在我頭上，輕忽不得。

十月二、三日是周六、日，陸續有國際會議外賓及眷屬抵達。根據我的規劃，貴賓自飛機抵達後的接待、禮遇通關、行李處理、前導車輛、入住飯店進入房間內才辦理住房登記手續等，皆有同仁協助。飯店房間內也先放置水果點心，女性與會或攜妻同行者，一下飛機就會收到一大束捧花，她們都非常驚喜。

每位外賓及眷屬抵達日起，就都配置一位能操相對國家語言的調查員爲隨員；此外，我們都幫他們辦理每人三百萬台幣的高額意外險，會議期間亦協調醫護人員進駐會場，這些貼心的安排，都詳細記載在書面的迎賓介紹中，貴賓們抵達房間後，馬上就能知悉。

三日晚上，我們在凱悅飯店舉辦國際會議開幕酒會，也邀請各國駐華使節代表出席。一場晚會，辦得盛盛大大，賓主盡歡。

十月四日，國際會議正式開幕。在台北市國際會議中心一〇二室裡，有美、墨、英、法、德、加、葡、西、日、韓、菲、泰、馬、印尼、巴西、巴拿馬、越南等計二十二國司法、調查、警政首長，與我國檢察、調查、警察、衛生等官員參加，行政院副院長徐立德也蒞臨致詞。

晚間，法務部長馬英九在圓山飯店設宴邀請與會外賓及國內相關人員。我提早趕到現場布置座位，並備妥部長致送的禮品。不久，部長抵達，我趨前報告，此次致贈外賓的禮物是故宮博物院印行的「清康雍乾名瓷畫冊」。後來，他向與會貴賓講話時也幽默的說，故宮的瓷器是國寶，無法送給賓客，只好以畫冊代替。衆皆大笑。

甫上任的國家安全局長殷宗文接力於第二天晚上在世貿聯誼社邀宴各國貴賓。這場餐會前，還有段小插曲。原來，殷宗文參加了三日晚間的開幕酒會，現場冠蓋雲集，他覺得本局事前的準備作業非常完備，所以就特別指示安全局副局長胡爲眞，要他率承辦禮賓的科長於殷局長設宴前一天跟我碰面，請我支援相關的晚宴規劃。

爲期兩天半的國際會議到六日中午告一段落。下午，總統李登輝在總統府接見與會貴賓，每國派一位代表出席。有意思的是，有位外賓接受總統的禮物後，在返程車上拆開一看，發現是一只精緻的木盒，盒子裡頭空空如也。外賓以爲有誤，向我反映，我也不明所以，只好請其他貴賓也拆開禮盒一探究竟，結果發現皆是如此。我打圓場說，總統可能想讓大家買些珍貴的首飾送家人，這盒子剛好可以充作珠寶盒之用啦！貴賓們半信半疑，我只能裝作沒看見他們狐疑的眼神。

隨後，一行人也赴行政院拜會院長連戰，院長贈送來賓的禮品是我事先到台北市徐州路的手工藝品中心（即國家文創禮品館）代購的精美瓷瓶，不會像總統送的禮物，是個空盒子。

國際會議結束後，我們又安排外賓攜眷搭飛機赴高雄，參觀中鋼、遊澄清湖、屏東山地文化園區、墾丁國家公園。三天兩夜的參訪行程結束後，我們再陪同與會外賓參加雙十國慶典禮以及設於台北賓館的國慶酒會。直至十一日後，才將所有外賓和眷屬們都分送離境。

＊強化偵防工作

我在第三處偵防工作組時，也曾動腦筋想出了一些創新的點子。

九十一年五月二十三日，我奉調到偵防工作組當主任。偵防工作組位於青溪園區，地址是台北縣新店市（現新北市新店區）中生路四十號，非常隱密。如果由新店往坪林方向前進，在北宜路二段右側有一座不起眼的小橋，過橋之後就是中生路，也就到了青溪園區。

青溪園區的前身是警備總部青溪山莊，之前是警總後備幹部訓練班，民國七十九年由調查局長吳東明向政府協調爭取後，才把園區移交給本局使用。最早期，這兒只有研究「匪情」的局本部第四處（現更名爲兩岸情勢研析處）使用，民國八十一年，局長吳東明爲防制「六年國建」公共工程弊端，下令成立「重大工程弊端查察小組」，由東機組主責進駐。

「重大工程弊端查察小組」任務結束後，青溪園區內的常設單位就只剩第三處的偵防工作組、第四處和研究委員會。巧合的是，除了偵防工作組之外，第四處和研究委員會這兩個單位我後來也都歷練過，算是完成在青溪園區的「大滿貫」。

其實，偵防工作組成立之初，曾經有人研議要把它設於安康招待所，但有些長官認爲，安康招待所距離局本部太遠，公文往返不易，所以決定設在青溪園區。多年之後回想，安康招待所的辦公廳舍較青溪園區更多，也有獨立的宿舍和詢問室，環境更爲隱蔽，如果偵防工作組設於該處，應可發揮更大的功效。但因爲當年長官不採，結果任令安康招待所荒廢失修，最後還被促轉會協調國家人權博物館指定成爲「不義遺址」，實在可惜。

我到任之初，第三處處長周無奢就告訴我，他希望偵防工作組能夠辦案，而不是只作內勤指導工作。爲了貫徹辦案爲工作導向的構想，我上任之後的兩個半月，每晚都留在辦公室閱卷，例假日也都加班研閱重要案件案卷，我也歸納整理出幾件重大案件，鎖定偵辦。

爲了辦案，我向局長葉盛茂建議，偵防工作組應該擴編，由原本的四組擴增爲六組。我認爲，工作組若要辦案，底下的每個小組都得成爲獨立的辦案單位，而且，日後執行勤務時，跟監必定成爲常態工作，五人一組的跟監編制始可符合需求。局長也接受了我的建議。

我持續推動多項改革措施，包括設置四間詢問室以利問案，爭取兩輛偵防車改裝爲黃色計程車外觀，且懸掛計程車牌（兩輛車的車牌不連號），安裝收費表，以利偽裝跟監。我也設計出印有局銜的約談通知書及證人通知書，建立調閱電話通聯紀錄、電話中登人資料制度、調閱連線戶政資料等等。這些改革後來也發揮了很大的作用，局裡外勤單位同仁也一改過往印象，不再戲稱偵防工作組只是個常在辦公室發偵防案件指導文件的「小三處」。

經過這樣的調整之後，偵防工作組果然有了非常強的戰力，也辦了好幾件重大的偵防案件，但因爲偵防工作性質非常敏感，案件偵破後，也不一定會見諸媒體。破案的滿足感和成就感，都只能藏在心底。

＊強化學術研究

九十八年元月十六日，我被調至兩岸情勢研析處，但我對這項工作毫無興趣，因爲我不具從事研究工作的「學者型」性格，但我剛到任時，全處一共三十一名調查員，其中有七個博士，十個碩士，學歷之高，大概冠於全局。說起來，兩岸情勢研析處簡直就是一個學術單位，這怎麼會是一個喜歡辦案的我能待得住的地方？

我上任頭一個月內，三度向局長提出書面辭呈，請他免掉我的處長職務，但他都沒同意，我又不是會以罷工或其他消極方式抵抗的人，眼見請辭不成，我也只好打起精神做事。

兩岸情勢研析處有一項重要的業務，就是要編纂及出版《展望與探索》月刊。

這本期刊從民國九十一年起創刊，原名為《共黨問題研究》，每月出刊一期，對外發行，迄今已行之有年。早年，研究共產黨是個獨門生意，除了情治單位外，一般人不能接觸，所以，這本期刊還算有點權威性，但近幾年來，因為資訊開放，期刊的重要性就每況愈下。我上任後，決定要扭轉外界的印象，重振期刊的聲威。我找副處長郭瑞華一起研究，誓言要把這份刊物辦得有聲有色，更具分量。我們先檢討這本期刊寄送對象的通訊資料，果然，一檢查之下發現，許多機關的首長早已換人，但通訊資料全未更新。我馬上要求同仁全部檢查一遍，而且，為了避免困擾，爾後寄送各機關的通訊名條上，只要列首長職稱，省略姓名，如此一來，縱使機關更換首長，我們也不必時時更新名條。

另外，我也親自主持《展望與探索》月刊編輯會議，要求同仁必須加強審查來稿的品質，讓這一份期刊具有學術水準。經過不斷的努力，《展望與探索》月刊的權威性後來果然被許多大專院校認可，學者在這份期刊上發表的文章也能計入學術投稿積分。

我也決定，要以《展望與探索》雜誌社的名義，每年舉辦學術研討會，場地不選在局裡，而且要與國內一流大學合辦。

在我的堅持與溝通協調下，九十八年九月，《展望與探索》雜誌與政大東亞所在台北市金華街政治大學公企中心共同舉辦「中共建政暨兩岸分治六十年」學術研討會。九十九年十月，再與台北大學於台北市民生東路台北大學校區合辦「續與變二〇〇八～二〇一〇兩岸關係」學術研討會。一〇〇年九月，與台灣師範大學於台北市和平東路師大校區舉辦「建國百年：台海周邊安全」學術研討會。一〇一年九月，又與台灣大學於台北市羅斯福路台大校區舉辦「黃金十年兩岸關係的展望」學術研討會。

這四個年度的學術研討會，分別由四所大學校長或副校長擔任開幕式主持人，也分別邀請副總統吳敦義、立法院長王金平、陸委會主委賴幸媛、副主委趙建民、國防部副部長楊念祖在歷次會議中發表專題演講。每年的學術研討會中，除了讓學者們發表學術論文、並由與談人評論外，也有大陸學者參與並發表論文，連美國在台協會（AIT）都很重視，還派員到場聆聽，可以說是一年一度的盛事。

＊重整薈廬

兩岸情勢研析處另有一項重責，即是擔任「薈廬」的管理單位。

「薈廬」是一座隸屬本局的資料室，早期設於新店展抱山莊，後來才移到青溪園區，其中藏放了大量與中共相關的資料，早自民國十六年國民黨清黨之後，就開始建檔。這批資料中，有許多是源自本局歷年來與中國共產黨對抗時所獲取的文件，點點滴滴逐步彙整、累積而成，有些文件更是在破獲共產黨地下組織後獲取的，非常珍貴。之後，資料來源擴及其他，包括由調查員撰寫的共黨地下組織分析專報，以及一些左派的刊物等。

這批資料有多珍貴？據說，第二次國共合作時期，周恩來曾跟陳立夫索討這些資料。但陳立夫認爲，很多史料到了共產黨手裡都沒好好保存，就不同意交付。由此亦可得知，這批史料連共產黨都非常重視。

這些珍貴的史料文件原本存放於南京，三十八年後運至台灣，四十二年後輾轉改置於現址。由於典藏的資料大多具有敏感性，所以不對外開放，僅接受經學術研究機關推薦的學者申請閱覽。多年來，有多位鑽研共產政權的中外學者曾到「薈廬」查閱資料，其中包括鄭學稼、王健民、郭華倫、曹伯一、陳永發、施樂伯、馬若孟、卜睿哲、松田康博等人。《展望與探索》月刊也會不定期刊登一些珍貴的史料文獻，這些資料都是源自「薈廬」的收藏內容。

由於「薈廬」收藏的資料實在太多了，所以我也請同仁全面清查「薈廬」所有文件，並且重新整理編列目錄。這項工程極爲浩大，在我接任處長之前，本來就有這項業務，但一直沒能落實。我到任之後，就指派一位同仁專責處理此事，他抱怨連連，還說：「這麼巨大的工作，到我退休都做不完。」我鼓勵他：「你只要每個月都有進度，就可以了。」果然，到我離任時，這項工作還沒完成，我覺得非常遺憾，但至少我爲後任建立起了較爲正規的工作模式，繼任的處長只要有心而且人手充足，就能循序把這項業務完成。

另外，我也強力主張應把「薈廬」典藏的珍貴史料開放給大陸學者閱覽，因爲，在此之前，「薈廬」從來都嚴禁大陸人士進入。此項建議獲得局長採納後，果然有大陸學者進到「薈廬」查閱文獻。

更值得一提的是，在我任內，國家圖書館特藏組主任俞小民等人曾來拜訪，想要了解「薈廬」收藏的民初左派文學資料。國圖本來很希望調查局能把這批史料都移交給他們，我不排斥，並表示可以把「薈廬」所有的資料都捐給國家圖書館，但國圖必須闢出一個專區，標明這批史料是調查局捐贈。俞主任明白表示有困難，之後退而求其次，只把「薈廬」收藏的左派文學書刊編目，提供有需要的民眾查閱。

*清理安康招待所

我剛到兩岸情勢研析處工作時，曾經大力清理安康招待所，這件事也頗爲特別。

對我來說，安康招待所是一個充滿回憶的地方。三十年前，我在雷霆組服務時，就曾經多次利用安康招待所偵訊叛亂犯。那段時間，我白天在這裡工作，晚上在這裡入眠。許多重大的叛亂案件，都是在此偵破的。但想不到，隨著懲治叛亂條例、檢肅匪諜條例的廢止、刑法一百條的修正，國內政治情勢的改變以及兩岸關係的和緩，安康招待所就愈來愈少派上用場。到後來，安康招待所幾乎就淪爲一座倉庫，局裡各單位若有閒置不用的器材或存放已久的資料，都運來安康招待所存放。這其中，又以我們兩岸情勢研析處前身的第四處擺放的資料最多。

之後，局裡因爲人力調配吃緊，就把安康招待所的警衛工作撤除，這裡頓時成爲一個三不管的地點。而一旦乏人問津之後，這片區域就雜草叢生，更加殘破不堪。

有一天，媒體報導稱，本局安康招待所荒廢已久，但仍然保存部分人體器官，且還有棺材停放等等。由於新聞報導方式極爲聳動，且提到「人體器官」等事，負責刑事鑑識工作的鑑識科學處（原第六處）處長王先庚決定到現場查看。他到現場後，把一堆鐵櫃搬開，發現其後有一扇門，推開後看到滿屋子裡都是早年第四處存放的剪報。王先庚馬上打電話給我，要我也一道兒過去處理。

時隔多年，再度踏進安康招待所，心中眞有無限感慨。看到年久失修，貌似廢墟的破敗建築物，我想，局裡從事偵防工作的前輩們，若知道他們當年努力奮鬥一輩子的工作場所，最後淪落至無人聞問，近似鬼屋，或許也會與我一樣的連聲嘆息吧。

安康招待所內當然沒有保存什麼人體器官，也沒有停放棺材。因爲，以前這裡雖然是用以偵訊叛亂份子，但安康招待所從來沒拿來當作刑場，沒有處決過人犯，所以絕對不會有屍體，更不會有棺材。

至於媒體繪聲繪影說的那些種種，眞的都是以訛傳訛。

我帶著科長曾理家和承辦人到現場查看，室內某一角落的確擺放著幾具長形的木箱，但那是存放槍械的長櫃，根本不是什麼棺材。屋內也有幾個玻璃空罐，看起來很像是法醫單位保存檢體之用的器皿。外傳以前情治單位會在安康招待所直接槍決要犯，並當場解剖，但這絕對是以訛傳訛之事，絕無可能發生。

不過，安康招待所內眞的存放了大量的剪報。這其中，又以我們第四處的大陸剪報資料最多。

我看著這一落一落早已泛黃的資料，心知早已無保存價值，但這些資料又不能任意棄置不理。我想到不久之後，立、監兩院委員打算前來視察，我擔心節外生枝，決定在他們來訪前先把這些資料處理掉，於是就打了通電話給環保局，請他們派出垃圾車協助清運這些資料，全數都載至焚化場焚毀。

環保局人員到場後，覺得現場陰森森的，感覺很恐怖。爲了要讓大家安心，我掏錢遞給環保人員，說：「不如我們買些紙錢來燒吧？」沒想到，紙錢一焚起來，火勢頗大，濃煙四起，我擔心山下的民眾看到安康招待所有濃煙竄起，以爲我們在焚燒什麼不可告人的事證，趕快叫清潔隊員滅火。後來，清潔隊員把一堆一堆的剪報丟到垃圾車上，打開開關要把這些紙張絞進車內，但機器一開動，突然又卡住了。眾人面面相覷，都不寒而慄，以爲鬧鬼了。

我趕快安撫大家，並且請他們再派一輛垃圾車來，才解決了問題。

經過澈底的打掃整頓，安康招待所內的陳年舊物總算全部清理完畢。又過了多年之後，這幾座建築物已被國家人權博物館列爲「不義遺址」，未來，或許會開放供民眾參觀。

以上提到的這些往事，都是我在調查局工作的歷程，雖不是每一項工作皆與我志趣相合，但只要是長官交派的任務，我還是都能勉力完成，而且，好幾處冷灶也都被我燒熱，業務上更時有創新之舉，回想起來，心中不免有幾分得意呢。

二、整飭風紀，處理偏差

我在八十五年五月二日接獲局裡的人事命令，將調任台北市調查處社會文教組主任，兩周後生效。社文組主任是我調查局生涯中歷練的第一個站主任工作，某種程度上來說，站主任是一個單位的最高主管，必須獨當一面、領導同仁，肩負起全站組的績效與榮辱，這和過去的工作當然很不相同，我對於這項新挑戰也戒愼恐懼，但誓言一定要開創佳績，不負長官對我的期許。

台北市調查處當年設有士林站、中山站、松山站、南港站、大安站、中正站、黨政組、僑防組、社會文教組九個外勤站組，前面六個外勤站是按照行政轄區劃分，後面三個組都是專業組，按照工作目標屬性分類。這其中，黨政組和社文組是台北市處的兩張紅牌，特別是黨政組，因爲他們成天跟黨政機關聯繫，立法委員也都是他們的接觸對象，所以情報蒐集非常容易。社文組聯繫的對象是媒體、學術文教界、人民團體等，重要性自然不如黨政組。我曾戲稱，隨便哪一個立委的一句發言，都是黨政組的情報，都算績效。但是，任何一個記者寫些什麼，只要造成局裡的麻煩或困擾，都是社文組要收爛攤子。

早期，台北市處比較著重情報績效時，社文組在全處的排名還不差，但後來，績效計算方式修正，各站組雖然都負責佈建、情報、保防、偵防、經濟犯罪、肅貪、緝毒七項工作，但處裡針對某些特定的站組作了加權計分規定後，社文組的績效就不如往日。等我接手社文組時，社文組的績效在全台北市處裡大概是排在中、後段班的。

但我也不氣餒。我上任第一天上午就召開組務會議，中午宴請全組同仁吃飯，隨後就與組裡負責情報、辦案的兩位副主任楊以銘、李磐一起研究要如何推動工作，提升全組的績效。

我發現社文組部分同仁時常以「跑據點」爲由外出，甚至一整天都不進辦公室，但他們的工作成果如何，卻無人知曉。於是，我在組務會議中提出要求，據點每天上午九點都得先進辦公室，如果有事無法進來也必須電話報備，以加強工作紀律。每周召開組務會議時，每位據點同仁都應提報轄區一周重要動態，如果有人臨時有事無法出席，第二天也要向我補提報告，以免他們取巧規避責任。

另外，我也設計一份「據點工作日誌」，要求據點同仁按日塡寫，據點當天的工作若僅在轄區經營，就塡寫會晤或電話聯繫了哪些人；若在辦案，就說明接受檢舉訪談查證了哪些人或哪些事，或進行了哪些通訊監察、執行哪些跟監、搜索行動，或是偵訊（含戒護）了哪些對象。爲了避免佈建人名曝光，我也在表格中註明，各欄可塡化名、姓名或專案名稱，新開拓的人際對象須以外框標註。整份表格塡下來，不用一百字，五分鐘不到就能寫完。但，混水摸魚的同仁叫苦連天，因爲他們連一欄字都塡不出來，相對的，苦幹實幹的調查員當然不怕這項新增又負擔不重的工作。

到了年底，我製作了好幾疊印有社文組名銜的賀年卡，跟組裡同仁說，請他們自行取用後寄給平時工作聯繫的一般對象，聊表心意。這時，平日有沒有認眞工作、有沒有落實對象聯繫，馬上就見眞章。有些同仁竟無法寄出幾張，顯見轄區經營落空。同仁們發現，我會用各種巧妙的方式驗證他們的工作成果後，自然也就會上緊發條，不敢再混水摸魚了。

但工作績效不是天天有，被我逼緊了，有些同仁看到別的外勤站在辦案時，也會自告奮勇表示要支援。但支援人員大多只能做一些戒護、解送嫌犯等枯燥又無味的工作，不可能眞正深入參與辦案。這樣的支援，看似食之無味，但因能得到工作績分，也棄之可惜，所以，同仁提出要去「沾醬油」支援時，我也不反對，反而正面肯定他們想要爭取績效的企圖心。

我到社文組不久後，兩位剛從訓練所結訓的新人也派到組裡報到。新血加入當然是一件很令人興奮的事，而且，兩名新人的學歷都不差，我本以爲他們的加入，能讓全組氣象一新。但事實不然。這兩人雖然同爲新人，但程度、勤惰可眞有天壤之別。其中一人陳育君表現甚佳，她的績效在全處一百多名據點中，經常都排在前十名內。另一名H姓新人，工作態度卻讓我不敢恭維。

例如說，他寫的情報，數量很少，內容又乏善可陳，還錯誤百出。有一回，副主任楊以銘很耐心的幫他修改，交還給他，請他清稿後再送。結果，他把文件往抽屜一塞，電腦一關，起身就要離去。副主任問他，他竟回答：「下班了，明天再弄。」

我看他的成績，在全台北市處一百一十六名據點中，常排在最後一名，而且，從他的工作日誌中發現，他每天最多就是打幾通電話、會晤一人，沒有計畫。我找他談話，想跟他討論工作狀況該如何改善，想不到，他竟然發狂頂撞我，還說，「準時下班比順手改寫一件經副主任修改過的情報更爲重要！」又怒稱我不夠資格領導他。

社文組所有同仁都在一間大辦公室工作，他一咆哮，全組同仁都聽得到，大家都抬頭看著我們。

我也不生氣，耐著性子問他，如果他覺得我不夠格帶領他，他想要調到哪個單位？他負氣的說：「任憑宰割！」

我見他態度極差，也不想再跟他談下去，就示意他可以下班離開，然後轉身向處長劉展華報告，並建議將他調整職務。

第二天上午，這名天兵跟我說，他希望能夠調到外縣市工作，不想留在台北市處裡換單位，他說，他若繼續留在台北市處裡，萬一將來在別的單位工作表現太好，會給我造成更大傷害。

這是什麼邏輯？

下午，處長劉展華跟我說，H同仁在法院擔任庭長的父親打電話給他，似乎H同仁回家後跟他父親投訴，指摘我的不是。處長說，他很正式的跟H同仁的父親說，我是一位很優秀的主管，而且也有碩士學歷，沒有不夠格領導同仁的問題。H同仁的父親聽聞後即不再說話。

兩天後，H同仁又跑來找我，他說，他還是決定不要調職了。我也沒爲難他，只是叮囑：「我還是會照樣要求你工作喔！」

由於H同仁的工作表現一直沒有起色，年底打考績時，全組只有他被打乙等。後來，處長戴金康跟我說，社文組這一年的表現非常優異，上下半年績效都是全處第一，年度績效也仍是全處第一，這是自民國七十九年之後就再也沒出現過的佳績，爲此，社文組可以獲得特別的優惠，全組同仁都可以拿到甲等考績。他看看我，問我要不要更動H同仁的考績？我沉吟了半晌，點頭同意了。

多年之後想想，當年實在不該如此鄉愿。H同仁的表現既然不夠資格評爲甲等，我就不該爲了貪圖讓全組成員考績都列甲等，而讓他得到名實不符的考評。果然，H同仁後來調離社文組到其他單位工作時，他一直是長官的頭痛人物，某位主管跟我抱怨，某次H同仁執行跟監任務時，跟到下午五點半，突然不跟了，轉身就要離開。同仁問他：「怎麼回事？」他竟說：「五點半，該下班啦！」這位主管責問我：「這種人，你當年爲什麼考績打他甲等？」我被問得無話可說。後來，幾位主管帶他時都覺得頭痛，也都好奇打聽：「這傢伙剛出道時是誰帶他的？」一聽說他最初結訓時分發到我這一組，那幾位主管都打電話罵我，問我是怎麼帶他的。

但，H同仁就是這麼一位不受教的年輕人，我又能說什麼呢？

幸好，社文組裡就只出現這名特殊的同仁，其餘人員在我的帶領下，可說是將士用命，績效表現都屢創佳績。

我在八十七年八月二十四日離開社文組，調升爲澎湖縣調查站主任。到任第二天，一早便主持第一次的站務會議。當我站在會議室裡四下一望，才發現全站只有十位同仁而已，眞是少得可憐，人力比我在台北市調查處擔任社文組主任時還少。

人員少也就算了，素質更是令我頭痛萬分。

談到人員素質，公務機關有個不成文的慣例，如果有某位同仁狀況多、行徑不佳，常會被主管以「人地不宜」爲由調到偏鄉或外島工作，調查局更是如此。而且，被調到外島的同仁，局本部還有個不成文的規定，即會「限制調動」兩年到三年。如果沒到期限，他們都不可能調回本島。而這些被調到外島的同仁，既然知道自己短期內無望奉調回台，當然也就更沒了鬥志，有些人就抱著「過一天、混一天」的心態工作，績效表現自然不可能良好。當我像蘇武牧羊般的被派到澎湖縣站當主任以後，對於這種惡性循環，就有了更深切的體會。

我印象非常深刻，到任那年十一月，局裡調查全站人員的異動意願，結果，基層同仁除了一人之外，其餘全部都想要調離，但這自然不可能人人如願。結果，除了已在澎湖待滿兩年的同仁之外，我都一一婉言相勸，請他們打消請調的念頭。想當然，想調離又無法成行，對於他們的士氣一定有不良的影響，由此也可知道，在澎湖工作，大家的心都不在崗位上。

我到澎湖縣站還不滿兩個月，就接到法院公文，要扣押一位T姓同仁的薪水，以償還積欠的銀行貸款。T姓同仁之前由台南縣站調來，爲了了解他的背景，我特別打電話給台南縣站主任，才知道他在外頭欠了一堆債。

T姓同仁還不只是有債務問題。

有一次，他忘記回辦公室值日，打呼叫器和行動電話也都聯絡不上。後來，他姍姍來遲，只推說是睡過頭，一點也不在意，工作態度散漫的程度，由此可見。

T姓同仁還發生婚外情。被我查覺後，我找他懇談，他說他前一個月已跟對方談妥，準備要分手了，我只好叮囑他要多抽空回家與家人相處。說實在的，局本部把有問題的年輕同仁調到離島，這種人事安排我並不認同。離島工作輕鬆，空閒時間多，離家又遠，年輕人血氣方剛，一個把持不住，感情生活就容易出問題。

八十八年十一月間，國稅局來函查詢T姓同仁是否在本站任職。原來，他已經欠稅超過三年，國稅局見催討無著，打算通知法院扣他薪水。我心想，T同仁的薪水已經另案被銀行扣掉三分之一了，如今又有新案，再扣下去，他眞要無以爲繼了。

後來，我有時會無預警到西嶼去督導租用的據點辦公室現況，發現他甚少在辦公室出現。而且，他只要一休假，就連呼叫器和行動電話都找不到人，眞是令人傷神。

這名T姓同仁的問題還不止如此。之後，我聽聞他因外遇並育有一子之事可能被揭露，我只好硬著頭皮跟T同仁的女友電話聯繫，並不斷的安撫勸說，最後還從她的父親下手，動之以情、說之以理，她父親覺得我還蠻講理的，也就同意勸勸女兒，不要再把事態擴大。

澎湖縣站還有一位C姓離島據點，他每個月到轄區的時間不到三、五天，還經常白天就窩在站裡的宿舍睡覺，我查覺後，就嚴厲警告他，並且挑明跟他說，他如果不喜歡待在離島，那我就把他調回馬公。他當然明白，如果調回馬公，外島加給就會減少，在不想讓荷包受損的前提下，他以後就不敢太常離開據點了。

有一天，一名水上警察隊的員警跑來找我，他說，他半個月前某晚跟站裡的C姓同仁在有女陪侍的 KTV 喝酒，被警方督察查獲。他怕被處分，就謊稱是我們的C同仁邀他去談公事。言下之意，是希望我們能代爲遮掩，我當然拒絕。

第二天，我主動找C同仁談話，並要求他自動將經過情形寫成書面報告，送交駐區督察調查，因爲，警方已在他們的公文書上載明C同仁在場，如果等到警方正式通知局本部後再處理，那時就很被動了。

駐區督察收到報告後，由高雄前來澎湖調查，我也陪同到事發現場觀察。之後，站秘書陪同督察訪談了 KTV 的老闆，以還原當初的情況。KTV 老闆證稱，那晚的消費是由C姓同仁用信用卡買單，他還機靈的強調，「這樣的額度是不可能找小姐的啦！」這件事鬧到後來，三名水上警察都受到處分。

另有一位L姓同仁，很喜歡喝酒，常常喝到滿臉通紅，有時我見狀，還會調侃他說，「你氣色眞好！」他也只好尷尬一笑。某天下班後，他跟同事一起相約吃飯喝酒，結果徹夜未歸，L同仁的妻子還打電話到調查站尋人。最惱人的是，L同仁還會騙老婆，聲稱都是長官帶他出去喝酒。我獲悉後，就直接跟他太太說，如果他再喝酒晚歸，她可以直接打電話跟我查證。爾後，他就收斂很多了。

又有一天凌晨，我被電話吵醒。原來，水上警察隊依「靖海專案」通報的可疑線索查扣一艘漁船，卻聯絡不上我們的承辦人。我到寢室查房，承辦人不在床上，再去找值日同仁，發現床上的棉被裹成一團，我以爲他在熟睡，又擔心電話響了這麼久還沒起身，是不是他在睡夢中發生了什麼意外，趕忙推他被子，沒想到，一推之下，那團棉被應聲散開，原來裡頭根本沒睡人。最後查出，承辦人和值日同仁兩人當晚都分別溜去唱歌喝酒，這簡直到了紀律蕩然無存的地步了。我怒得打呼叫器把他們兩人找回來，嚴重告誡。

幾天後，我主持站務會議，轉達局本部新規定，禁止同仁午間喝酒，也希望同仁晚間喝酒不續攤，我親向警方索取一份列有女子坐檯陪侍場所的名單，禁止同仁前往。我不免嘆息，在澎湖，紀律要求比工作要求更重要，眞令人傷神。

又有一次，我主持站務會議時，發現副主任竟然沒出現。後來一問，他當天也沒在辦公室吃早餐，開會時也不見他在寢室，莫非他就此人間蒸發？我心想，如果連副主任對於紀律要求都如此的鬆散，同仁又怎麼可能會繃緊神經做事呢？

還有一次，有一位同仁被我查到私下代替警察聽電話監聽錄音帶，另一位同仁上班時間還窩在寢室睡覺，又把公務機車的無線電裝備卸除後私用……凡此種種行爲，都是我之前聞所未聞之事。這時，我才眞正體會到資深學長告訴我，「在澎湖，把人帶好比把工作做好更重要」的道理。

八十八年年底，局本部人事室科長打電話通知我，要將兩位在澎湖待滿兩年的同仁回台灣本島，並調來一位在本島多次滋事受處分的不適任同仁。我不由得感嘆，澎湖，果然是專門接收有問題同仁的「資源回收站」啊！

總之，在澎湖縣站近兩年的時間，人的問題讓我最頭痛。帶人比做事更難，特別是要帶領一群根本「心不在此」的同仁，更是難上加難。所幸，在那兩年中，部分同仁雖然小錯不斷，但大過不犯，我也總算平安無事的渡過那段離島生涯。

結束澎湖站主任的工作後，我輪調到彰化縣站、第三處偵防工作組，後來升任第三處副處長，在這幾個單位所帶領的同仁素質都不錯，心理壓力也沒那麼大。但平靜的日子只過了幾年，九十四年元月三日，剛過完元旦假期，第三處處長周無奢就跟我說，局長葉盛茂決定把我調到桃園縣站當主任。第二天，局長正式召見。他說，桃園縣站已升格爲甲種調查站，主任爲十一職等，是一個很重要的職務。他更挑明了說，桃園縣站風氣甚差，外界風評也差，我調去桃園後，要大力整頓。說著說著，他舉起右手，向下一揮，比了一個「砍人」的手勢。我心中一沉，知道又要面對挑戰了。

葉盛茂早年當過桃園縣調查站主任，桃園地區的風土民情他都非常熟稔，他雖然離開桃園多年，但消息管道仍然十分暢通。過去幾年，桃園縣站風評不佳，幾乎已成衆所皆知之事。風氣敗壞，雖非源自於葉盛茂時代，但他既然曾爲站主任，一定也覺得臉上無光。他要我前往整頓，當然是對我信賴有加，我明知這項任務吃力不討好，但俗話說，「士爲知己者死！」既然長官信任，我只有全力以赴。

元月二十一日上午，我到桃園縣站赴任，下午隨即展開拜會地方行程。等到地方重要人士都走訪一圈之後，我就開始整頓內部。

坦白說，桃園縣站大多數同仁還是都很奉公守法的，但總有少數頑劣份子經常違紀犯過，確實有嚴重的問題。

一般來說，風紀問題不外乎「酒、色、財、氣」這四種狀態。只要能把這四樣事控制好，同仁就不容易出狀況。但我沒想到，我在桃園縣站處理同仁的問題時，「酒、色、財、氣」這四種狀況竟然全部都碰上了，而且還不只於此，眞令我大開眼界。

一開始，我從地方媒體得知，部分同仁曾經出入過色情場所，之後，又聽說部分同仁財務狀況不佳，曾跟銀行借貸。

爲此，我先向地檢署檢察長查證，有無同仁涉足風月場所的情資，再將查證結果回報局本部相關長官，我還曾多次到這些風月場所附近觀察，但一無所獲。

之後，我又分別拜訪辦公室附近幾家銀行的主管，請他們協助注意同仁的財務狀況，避免發生糾紛。我明示暗示，如果獲悉我們站裡的同仁向銀行申辦不正常的借貸，請他們事先通知我，以便因應。

但我再怎麼預防，還是無法防止同仁出狀況。後來，有一位同仁被我發現有嚴重的債務問題，幾乎已經到了無力清償的地步。

爲了解決他的困難，我勸他申請改調到外島服務。因爲，在外島工作同仁能領到較多的外島服勤加給，另一方面也因爲外島的生活單純，開銷不會那麼多。

在我的勸說之下，他終於同意接受調職方案，而我爲了要化解他家人的疑慮，還特別跟他太太當面說明，取得諒解。

喝酒的問題更是誇張。我後來發現，桃園縣站竟有同仁在值日時喝酒，也有警衛在執勤時飲酒。同仁白天上班時小酌，已屬不該，但被我盯上的同仁已經到了酗酒的地步，行爲更是誇張。甚至有某位同仁中午喝酒過量，下午還在辦公室滋事。

除了債務和飲酒問題外，我還曾處理過一件非常頭痛的感情糾紛。本站M姓同仁與一名江姓女子發生感情問題後，女子打電話到站裡檢舉，指名要找主任，我獲悉後約她來站面談。這名女子情緒不穩定，曾割腕送醫，她知道我已介入處理他們的問題，就常常打電話向我哭訴，又曾寫了一大份的陳情資料，指控同仁對她始亂終棄，又稱被同仁威脅，心生恐懼。

最後，我只好以「人地不宜」爲由，將闖禍的同仁調至宜蘭縣站。江小姐得知後，還把M姓同仁之前寫給她的信函及物件（似有玉手鍊、照片等）送到站裡來，要求轉交同仁，似是終於死心，決定結束這段戀情。

另有一次，我發現S姓據點同仁的行跡不正常。他當時被分配任務要帶領一名新進學員實習，結果，他竟找其他同仁幫他帶新人，棄自己的工作不顧。我覺得此舉很不正常，當天中午，我與站秘書鄭國明突襲S同仁的據點處所，他在措手不及的情況下看到我們登門造訪，非常慌亂，但他始終未請我們進到位於二樓的據點辦公室，反而一直堵在一樓門口，跟我們談話。

我心中有數，也沒強要上樓，就站在門口告誡他，應該要確實指導實習學員在轄區學習。這名同仁也滿口應承，似想趕快打發我們離開。

我和秘書離去後，秘書對於據點同仁竟然未請我們上樓一事表示不滿。我笑了笑說，我們還眞不宜貿然進入。秘書很訝異。我接著說，我研判室內應該另有異性，若我們眞的進到屋內，當場撞見，處理起來會很棘手。

秘書恍然大悟，連連點頭。

若同仁只有「酒、色、財、氣」這四種狀況，倒也算了。更嚴重的是，我在桃園縣站時，還不時聽說有同仁會洩漏案情。這種事雖然不一定查有實據，但對機關形象影響嚴重，所以每次只要一傳出風聲，我都會非常嚴肅處理。

有一回，我接到局本部防制中心主任李錨的電話。他問本站是不是正在偵辦金鼎證券案？他直言，本站被涉案一造放話有弊端。

爲此，我特地趕赴台北地檢署，會晤金鼎案承辦檢察官許永欽，說明案件實情。許檢察官與我是舊識，但他不知道我已接任桃園縣站主任。他坦言，桃園站以往風評很差，外頭有很多風風雨雨的傳言，他相信我不會賣案子，但是，案件的承辦人呢？我告訴他，本案承辦人的操守沒問題，請他放心。但爲了避免瓜田李下，我願意將全案直接交給地檢署處理，本站從此不再介入，以避免爭議。許永欽同意後，我將詳情呈報局本部，上級一批准，我馬上就把與金鼎案相關的三件案子全部移送到地檢署。

桃園站有一位L同仁負責承辦中科院採購廠商違反採購法案件，案子已經都查完了，但遲未移送，違法廠商因此未被列爲禁止參與政府機關標案的黑名單，而能繼續參與中科院的採購標案。其他競標的廠商不服，懷疑是調查局刻意護航，就向立委廖婉汝投訴。廖婉汝得悉後也很重視，打算在立法院提案質詢本局。我聽說後，馬上去拜訪立委並婉言解釋，並請她不要公開質詢，且保證一定立即處理。

回辦公室後，我問承辦同仁，如果案子已經查完了，爲什麼不趕快移送出去？結果，這名同仁大怒，還指稱我干預辦案。我告訴她，「人家廠商都投訴到立委辦公室去了，立委本來都還打算要在立法院質詢局長，妳怎麼還不趕快處理？」但這名同仁仍然不服，她還說：「如果局長有意見，叫局長直接打電話跟我說。」

這簡直是目無法紀了。

坦白說，桃園縣站部分同仁工作紀律之差，眞是超過我的想像。我曾發現，有些同仁會把未經我核定或我不同意的公文跳過我直接報局，或是把我已批定的公文扣住，不往上呈報，又或是不經核閱，直接發出公文向賓館查詢住宿旅客名單。還有一次，地檢署向我們站裡函查一件積壓多月未進行的案子時，我發現同仁竟然使用本站的便條紙，寫個理由，然後蓋上自己的職章後，就送回地檢署。我嚇了一大跳，調查局什麼時候允許調查員有權用個人名義直接發文，而不用經過主任或副主任的核可？這種自作主張的行爲，實在到了膽大妄爲的地步了。

有一天，我接到局本部人事室的電話，稱有一家印刷廠投訴本站L同仁行爲不當。我一查才知道，原來她找印刷廠印名片，不知爲何竟然跟廠商發生糾紛。我心想，一盒名片才多少錢？竟然會搞到廠商打電話到局本部來投訴？顯然已經把人家逼到忍無可忍的地步了。

但我只要一盯同仁的業務及紀律，他們就搞花樣暗地中傷我。調查局有一個僅供同仁瀏覽的內部網站，每當我對同仁提出較多的工作要求時，就會有人上內網批評我。但我從不畏懼，每當我看到有同仁匿名在內網對我作出不實的批判時，我一定具名回應。

例如，有一次局長來桃園地區並邀宴機場各單位首長及相關人員，身為地區站主任的我，當然要率領副主任、秘書先行前往餐廳安排座次接待賓客。結果，數日後竟也被同仁匿名上網指稱我利用上班時間帶副主任出去吃吃喝喝。

同仁一波波在內網對我發動攻擊的行為，也驚動局長。局長看到這些匿名攻擊後，特別來電詢問。我知道發言者之一，就是中科院採購廠商違法案的承辦人L，當晚，我特別趕回台北，當面向局長面報這位同仁的工作情形，也說明了我的處置方式，獲得局長支持。

葉盛茂局長當初把我調到桃園縣站，主要的目的就是要我整頓內部，但我也知道，如果雷厲風行，對所有違紀犯過的同仁都一律開鍘記過處分，大掃蕩之後，士氣可能更形渙散。所以，我對犯過的同仁都以告誡為先，除非真是拒不服從，否則很少動用紀律處分。

但真有部分同仁就喜歡挑戰我的底線，對於這類「不長眼」的同仁，我自然也不可能手下留情。

例如，S同仁在查察賄選期間先後兩次擅離轄區，我把他找來個別談話，但他仍不認錯。其實，全站同仁都知道他日常行爲脫軌脫序，也都冷眼看我如何處理他的工作態度。我見他毫無悔意，心一橫，就把本案書面移送督察處理，最後記了他兩支警告。

九十五年五月十二日，局長召見，決定把我調至台北縣站歷練。同月二十五日，是我在桃園縣站的最後一天，這天下午，我分別找L、S這兩位最近發生嚴重工作紀律問題的同仁及他們的組長談話，並說明我處理的立場。

這兩位同仁工作態度惡劣的程度，外人可能很難想像。前一天，我就請兩位組長通知他們，但他們都拒絕出席，這天上午，我再請組長二度通知他們，但他們還是不願到場。我要組長轉達：「雖然今天是我在桃園縣站的最後一天，但如果你們不來，我還是有權力處分，以維持紀律。」最後，這兩人才心不甘情不願的到場聽訓。

總之，我在桃園縣站短短一年多的時間，花在整頓內部的心思，比辦案還多。爲了防弊，每位同仁經辦的案件資料，我都得一一過目，常常閱卷到三更半夜，還得費神去處理人的問題，這種心力交瘁的程度，外人實難想像。幸好，在我任內，部分同仁雖有狀況，但還不致出大亂子，最終能平安卸任，總是萬幸。

九十五年五月二十六日，我第二度奉調到台北縣調查站工作，但不同的是，上回到台北縣站服務，是民國七十九年的事，距今已長達十六年了。當時，我是副主任，主任是張閩笙，我跟他共事兩年後，最後不歡而散。如今，我以站主任的身分再度回鍋，心情自然大不相同。

這一回，我在台北縣站只待了短短的十一個月，實在沒有什麼重大的建樹，若真的要提，還是只能想起我曾處理過的那一堆令人頭疼的男女糾紛。

記得那時才剛到任兩個月，我聽說桃園地區的立委楊麗環接獲投訴，指稱本站有一名已婚的C姓調查員與某位呂姓女子有不正常的感情糾紛。由於我之前在桃園縣站工作時就與楊麗環委員相熟，所以，我很快就與她聯繫，並且連夜趕赴楊委員位於桃園的服務處，與楊委員、呂小姐三方面談。

相談之下，我查覺呂小姐的氣質與常人有些不同，幾經婉轉查問下，呂小姐坦承她在色情行業上班。楊麗環委員大吃一驚，婉言說：「夜色已深，服務處的鐵門要拉下了，兩位如果要再談，建議可換別處討論。」

我知道楊委員認爲內情複雜，不欲介入，如此一來，她自然也不會在國會殿堂上質詢，我的壓力頓時減輕，也可以較從容的處理這件糾紛。

當晚，我將初步掌握到的訊息電話陳報局長和政風室主任吳春麗，並漏夜撰寫報告，傳真到局本部機要室，以便局長第二天一早上班時就能得知完整的狀況。

第二天，我約這位調查員談話，他也當我的面坦承跟人發生外遇，但他事後非常後悔，想要跟呂小姐斷絕關係，但呂小姐不肯罷手，這才鬧出風波來。

坦白說，他是位非常老實且工作態度一絲不苟的同仁，看他出事，我也惋惜，但因事涉風紀問題，不能不處理。後來，他鬧緋聞的消息傳開後，許多同仁都不敢置信，都說：「他怎麼可能？」

呂小姐的個性較爲激烈且反覆無常，前一刻鐘，她還求我爲她主持公道，要我嚴懲負心的調查員，後一刻鐘，她又替這名調查員求情，要我從輕發落。她先是提出她寫給法務部長的陳情書，以及同仁寫給她六封稱她爲「吾妻、愛妻」的情書，後來又跑到這名同仁的家中，逼同仁的太太離婚。

眼看她愈鬧愈兇，我不得不立即止血。

我先向局長報告，建議把這名同仁以「人地不宜」爲由調職。局長同意後，人事室火速作業，把他調到中部地區的調查站。之後，我再到桃園龜山這名同仁的家中，跟他妻子碰面。我向他妻子說明本局的立場，並嚴正的說：「妳是本局同仁的眷屬，我們一定支持妳。如果呂小姐再來鬧場，請馬上通知我，我們一定會給予協助。」

迅速處理後，這件桃色糾紛才不再擴大。

另有一位主跑據點的Z姓同仁，與一位簡小姐之間也發生感情糾紛。我介入了解後，得知簡小姐已離婚，Z姓同仁也是單身，兩人交往原無不可，但因爲簡小姐過往的人際關係複雜，外界流言蜚語甚多，爲免造成困擾，我就把Z姓同仁改調內勤，減少他在外拋頭露面的機會。督察室詢問時，我也幫忙緩頰。

但等到我離開台北縣站後，Z姓同仁調到海員處台中站，卻又再度跟簡小姐來往。他們兩人後來結婚，但婚後卻屢屢發生家暴事件，簡小姐的手還被Z姓同仁扭斷多達四次。簡小姐出面控告Z姓同仁家暴，Z卻開記者會謊稱根本沒有和簡小姐結婚，是他人冒用他的身分去法院跟簡小姐公證結婚的。

而海員處台中站主任黃露甘個性耿直，她誤信Z姓調查員的說詞，以爲自家的調查員受委屈，所以聞訊後，竟出具公函，要同仁到法院調閱特定日期所有公證結婚的民衆資料，且都要蓋上「與原本相符」的戳章，法院認爲黃露甘調閱資料的要求於法無據予以拒絕後，她大怒之下還揚言要找法院院長理論。此一消息披露時，我已是聯絡室主任，負責代表局本部回應媒體。但面對媒體詢問，調查局此舉是否爲假公濟私時，我又能說什麼呢？我只好尷尬的回答：「不清楚，無法答覆！」

但在台北縣站任內，最讓我頭疼的男女糾紛還不是上述兩件，而是本站的H姓駐區督察常被女同仁反映言語輕浮。我得知此事後，請副主任陳秀芬跟女同仁們說，如果再有發生性騷擾情事，請隨時向我反映。然而，由於駐區督察資歷甚深，女同仁都怕開罪於他，吃了悶虧後也不敢聲張，只好私下口耳相傳，相互提醒到他辦公室報告事情時，「一定要大門洞開，讓外面過往的同仁也能一眼看到室內。」如此一來，督察的舉止就不敢太放肆。

H姓督察言行無狀的風聲後來都傳到局本部去了。局本部的女性同仁遇到本站女同仁時，也都會提醒這位督察「很色」，最後，連政風室都打電話問我怎麼回事，我也據實說明督察言行不妥，遭致女性同仁反感。

總之，以我擔任主管多年的經驗，我眞的覺得帶人比辦案難。調查局年輕一代的老弟們，不乏外貌俊秀、英姿勃發之輩，他們或許自我期許甚高，待人處事時不覺會流露出一些傲氣。對於這些年輕氣盛的同仁，我當然不能再像老一輩的主管們，對後輩動輒怒斥，但指揮調度時如果神色過於溫婉，卻又難以駕御這群紅鬃烈馬，收放之間，該如何取得平衡點，是我一直在摸索學習的課題。幸好，幾個不同單位的頭痛人物，都被我有效的處置，而不致發生重大違紀事件，總歸而言，我這個主管當得還眞辛苦呢！

三、勇於建言

八十九年三月十八日，民進黨籍的陳水扁、呂秀蓮當選正、副總統，結束了國民黨長年執政的政治局面。在政權正式輪替前一個月，執政的民進黨宣布新任法務部長人選，卽曾任宜蘭縣長和立法委員的陳定南。媒體把握機會，約他作了專訪。果不其然，從飛碟電台的訪問中，我聽出陳定南對於調查局有很多誤解，於是，我決定要整理一些資料寄給他，跟他說明一些他所不知道的現況。

我構思了幾天，把這封信分成三部分，分別是：調查局的國家安全及犯罪調查雙屬性角色（以美國FBI爲例）、資料檔案（以先進國家爲例）、與警察工作重疊（以美國爲例）之必要性。寫完後，我影印一份副本以報告形式呈送局本部機要室，請科長直接交給局長，正本則直接寄到立法院，請他們轉給陳定南。

第二天，局長王光宇親自來電，連說幾次「寫得很好」。我猜，只有我這種不怕死的人，才敢做這種事。局裡明明一堆人也都想對陳定南澄清說明，但沒人敢開口。

再隔一日，中國時報刊出了陳定南專訪，文章中，陳定南更赤裸裸的說，要裁撤調查局。我頗爲憂心，也不知道我寄的信是否送達到了陳定南手中。

陳定南一番「要裁撤調查局」的說法，果然驚動了局本部。不久之後，我就接到局本部第五處甘運來科長的電話，要我了解轄區立委們對陳定南的主張有什麼看法。我迅速電話聯絡澎湖地區的立委許素葉、林炳坤，他們都覺得調查局有其存在的價值，不宜輕言裁撤，我也將他們的回應通報第五處。

我的建言信寄出去十天後，終於收到了陳定南的親筆回信，信中還附上了一些他的文宣資料。在回信中，陳定南很明白的說，調查局對他有誤解，字裡行間仍然流露出對調查局的不悅之情。而這樣的不悅情緒，源自於長期的經驗積累，似乎一時之間也難化解。

我在彰化縣站工作時，也曾經向陳定南提出建言。

九十年八月間，陳定南上任一年後，向大家徵求「挑毛病、開處方」的點子，我思考後，也提了建議案呈報局本部後轉呈法務部。我提到檢察官指揮辦案衍生的弊端，包括指揮書之亂象、調查站主任及局本部依法並非檢察官得指揮之對象等。後來，法務部果然正式以九十年十二月十九日法九十檢決字第〇〇五三五五號函各級檢察署，要求要統一檢察官指揮書的格式，應比照起訴書，由檢察官署名；對縣市調查處處長或調查站主任以上層級之司法警察官，僅得「請求協助」，對於其餘司法警察或司法警察官始得指揮命令。我研判法務部之所以會發布此函，係肇因我的建議而生，但陳定南並沒有公開承認過。

九十七年五月二十日，政權再度輪替，國民黨重新取得政權。新任總統馬英九任命劉兆玄組閣，劉兆玄宣布新任法務部長將由王清峰律師接任。外界對此一安排，多持正面評價。

但王清峰走馬上任，首次面對媒體專訪時，卻提出想要另外成立廉政署的構想。由於本局新修正的組織法已明文規定本局下設廉政處，如今新任法務部長卻揚言要另外再成立一個位階與調查局平行的廉政署，這無異是要弱化本局的職權，似乎來意不善。局長葉盛茂得悉後也頗爲重視，馬上召集主管們研商因應之道。

我們的會議還沒討論出共識，王清峰上任第三天，就以新任法務部長身分，率同政務次長黃世銘、常務次長吳陳鐶、主任秘書陳明堂到本局視察，並主持主管會談。

此時，我已在局本部聯絡室擔任主任一職。我心想，如果在這場會議中，我們還對她要成立廉政署一事保持沉默，或許她會以爲我們也贊同，以後我們若要再表態反對，可能就不容易了。於是，我在會中大膽舉手請求發言。我知道我發言的內容可能會觸怒長官，但我已有大不了辭職的心理準備。

我以感性、柔性、婉轉道來方式，提出我的反對意見，由於發言前未告知長官，也未徵求長官同意，在座者沒有人知道我會臨時發難，都感到意外。

從行政體系來看，調查局隸屬於法務部，法務部長更是調查局長的直屬上級長官。我如此公然「頂撞」部長，局裡在座的諸位主管們，就算心中贊同，但也不敢點頭稱是，反而是王清峰非常大度，她聞言後並未流露出不豫之色。陪同部長前來的法務部某位長官，還在會後偷偷跟我說：「想不到你口才這麼好！」真讓我哭笑不得。

但我面對上級長官，敢如此直言不諱，勇於建言，主要原因就是絕非爲了一己之私。孟子曾說：「自反而縮，雖千萬人吾往矣。」我的道德勇氣或許不如孟子，但爲了公義公理，爭個是非對錯，這樣的胸膛，我還是挺得起來的。

第7章

廖程鬥爭

我在調查局工作期間，遇到過很多風風雨雨，但若要論起對我衝擊既大且深的事件，應該就是發生在八十七年間的廖正豪與程泉互鬥案了。在這次事件中，我被貼上廖系人馬的標籤，事件結束後，部長廖正豪辭職下台，副局長劉展華被調到法務部，台北市處處長戴金康被改調到第四處這個冷衙門，連我也被波及，慘遭流放到澎湖，際遇之慘，難以形容。

一、擺錯位子的王榮周

這場鬥爭事件要從程泉說起。

程泉，是調查局的老人。翁文維當局長時，他和吳東明同爲副局長。後來，吳東明升任調查局長，他還是副局長。五年多後，吳東明升任國安會副秘書長，聽說他曾向層峰推薦程泉接任局長，但總統李登輝沒接受，反而指派廖正豪接局長。八十五年六月，廖正豪升任法務部長，程泉或許覺得總應該輪他當局長了，想不到，在廖正豪強烈的意志下，與情治系統素無淵源的台北市國稅局局長王榮周竟空降到調查局當局長。

王榮周幹調查局長，幹得相當不順心，新聞媒體還曾經很不客氣的直指他「經歷分量不足」，說他像個小媳婦似的，只能跟在部長廖正豪的身後，沒有半點個人的意志。

據說，他代表調查局到安全局開會時，安全局長殷宗文還曾經提出好幾件專案，問他進度如何？但殷宗文講的都是專案代號，王榮周根本不知道殷宗文在說什麼，只能愣在當場，完全答不出話來，非常困窘。

而王榮周自己應該也不想待在調查局這個體系裡，他當局長一年多，在八十七年農曆年後，行政院長蕭萬長與王榮周晤談，決定把他調回財政部體系，很多人也都覺得這樣的安排是在情理之中。

但蕭萬長徵詢王榮周意見時，廖正豪正在歐洲訪問，並不知有此事。他一回國後，馬上表態反對這項人事安排，並且不惜直接跟行政院長蕭萬長槓上。這下子，夾在中間的王榮周可眞是左右為難。但行政院長終究還是大過法務部長，在蕭萬長的堅持下，十天之後，王榮周還是被調任財政部次長職務。

對於王榮周這一位局長的評價，我在日記中寫得非常直白：「在局一年七個月，保守有餘，人事停頓！」我承認他是一位好好先生，但無權無勢，很多事情都無法做主。

王榮周離去，已經在副局長位子上待了十年、輔佐過四任局長的程泉一定認為，再怎麼算，局長大位總該輪到他了吧？想不到，新發布的人事命令中，只讓程泉擔任代理局長。消息傳出，我們當然知道，程泉未能眞除，絕對是因為廖正豪反對的關係。

二、八二〇專案引爆路線之爭

八十七年三月十一日，我到國家安全局參加春節餐會，安全局長殷宗文致詞時一反常態，竟嚴詞批判調查局近年忽略國家安全調查、保防工作，只專注於犯罪防制。他也特別提及，去年八月二十日總統主持國家安全會議後，責成安全局執行「八二〇專案」，要調查局多辦保防、偵防案件。

我坐在台下低頭不語，但心中雪亮，殷宗文這番話的針對性太強了。調查局向來都有兩重身分，既要負責肅貪、緝毒、防制經濟犯罪等一般案件，也要維護國家安全，辦理保防和偵防案件。但廖正豪從調查局長升任法務部長後，只重犯防而輕偵防，他實施「治平專案」，把情節重大流氓用直昇機解送到綠島羈押，被外界冠上「掃黑英雄」的美名，但他對於偵防工作就沒那麼重視了。國家安全局統籌全國情治機關的情報工作，看在眼裡，一定會覺得調查局的情報屬性似乎漸漸淡化，好像愈來愈不受控。殷宗文的這段講話，表面上雖是責備調查局，但誰不知道，他罵的人是廖正豪呢？

爲了路線之爭，情治系統的首長公然槓上法務部長，這事態絕不尋常。我心中隱隱然有了不安的感覺。

不過，代理局長程泉可把殷宗文交代的話放在心裡。兩個禮拜之後，局裡舉行保防工作會議，程泉在會中指示，政府機關最近頻頻發生洩密事件，各外勤單位要「偷偷地」清查，如有所獲，必將重獎！但我心知，有好幾起洩密事件都是由高級長官洩漏的，要怎麼辦下去呢？

清明節前夕，局裡傳言，代理局長程泉即將眞除，隨後會有人事大調整。局裡同仁的情緒又隱然浮動起來了。

放完清明連假後，我突然看到聯合報獨家刊出法務部長廖正豪要辭職的消息，局裡上上下下都在議論紛紛。

過了兩天，程泉帶領局本部一級主管到法務部向廖正豪致意，也請廖正豪打消辭意，繼續爲國家服務。

看到程泉率隊向廖正豪效忠表態，我眞覺得太好笑了。誰都知道程泉沒辦法升任局長，就是因爲廖正豪不同意，但他現在還要作態籲請廖正豪留任，這不是太可笑了嗎？同樣的，廖正豪哪裡是因爲倦勤而想辭職呢？他擺明是與行政院長蕭萬長產生嫌隙所致啊！

我馬上想到，之前爲了王榮周的去留，廖正豪一度與蕭萬長鬧得不愉快。前幾天才傳出程泉近期有可能眞除，廖正豪馬上又遞辭呈，莫非廖正豪的大動作與程泉的人事安排也有關聯？

廖正豪馬上被總統慰留，蕭萬長也在廖正豪的辭呈上批示慰留。廖正豪獲得上級的肯定後，隨即召開記者會，表明他已打消辭意，會留下來繼續奮鬥。果然，不久之後廖正豪就率領檢察總長、高檢署檢察長、台北地檢署檢察長到調查局視察，感覺起來，這樣的作態很有示威的意味。

另一方面，總統也突然召見程泉。此一動作是安撫？還是意味著要將程泉扶正？外界不得而知。而總統的秘密召見竟然在一周後曝光，而且是中時、聯合兩大報同步刊載，這就更難不讓人聯想，是不是有人刻意向媒體釋放訊息。

消息見報後當天下午，局裡召開擴大工作會報，程泉首次主持會議。在會中，他不斷提及總統指示要如何如何做事，大家都覺得，程泉的言行舉止有很濃的接班味道。

可是，程泉的人事案一直是處於只聞樓梯響，不見人下來的尷尬場面。到了六月初，我扳指一算，他代理局長也長達三個多月了，這實在是太不尋常了。調查局局長的職務如此重要，不該懸缺這麼久，我心想，如果上頭眞的想讓程泉眞除，人事命令應該早就要發布了；如果要外派空降，也應該早已徵詢並安排完畢，怎麼會一直不上不下呢？看看調查局過往的歷史，從沒有局長職務空著這麼長的時間，這只能說，上頭一定有不同的勢力在角力，而鹿死誰手？可能迄未分出勝負。

三、程泉突遭攻擊

六月四日，聯合報獨家刊載雲林縣調查站發現雲林地檢署檢察官蕭敦仁喝花酒、接受性招待的新聞，第二天，媒體繼續跟進，而且跟監錄影的翻拍照片都登在報刊上。不但如此，連調查局偵訊酒店小姐的筆錄影本，都出現在媒體版面上。

由於媒體披露出來的內容實在太過具體，不但雲林地檢署表示強烈不滿，連法務部長廖正豪也有微詞。我們明眼人一看，也都清楚記者的消息來源一定是雲林縣調查站。

檢警調單位辦案，有些人有時也會運用媒體，適時釋放一點消息，以化解辦案阻力，但這一次，消息實在是放得太過頭了，我擔心一定會有副作用產生。

果然，程泉在獲悉廖正豪不滿之後，就趕忙跑到部裡跟廖正豪解釋，也打算把出事的雲林縣調查站主任吳新生調職，以平息檢方的不滿。

程泉才剛滅完火，沒想到，他自己的後院卻燒起來了。

這天下午，晚報新聞焦點不再是雲林的弊案和洩密案，而是國大代表賴勁麟爆料，聲稱程泉於八十五年九月在法國意圖強暴友人女兒之事。

賴勁麟說，民國八十五年九月十三日，程泉到法國拜訪友人楊萬慶，楊萬慶的女兒在程泉拜訪之後出現精神異常狀況，過去兩年間經常出入精神病院，連即將完成的碩士學業都不得不中斷。賴勁麟說，當時楊萬慶曾向法國警方報案，並於第二年二月寫信向總統李登輝陳情，但由於向政府部門多次陳情無效，楊萬慶只好向他求救，請他出面聲援。

賴勁麟前一天開完記者會，法務部第二天就發出新聞稿呼應。

新聞稿一開頭便說：「法務部廖部長甚表重視。」接著又說：「廖部長於去年三月間，接獲總統府轉來之資料及監察院之來函，即已陸續親自密交前任調查局長王榮周，並指示澈底查明。」、「王局長於去年九月曾口頭向廖部長報告，尚未查獲具體事證，並以事實仍未查明，將繼續查明眞相。」

新聞稿指出，法務部將組成專案小組，由政務次長姜豪主持，常務次長謝文定、主任秘書黃世銘、政風司長崔昇祥、人事處長羅義正爲成員，「即刻進行調查。」新聞稿最末一段也提到，「這件指控目前眞相未明，應予澈底查明。」、「若查明有此事實，法務部定嚴正處理。」、「若查明無此事實，亦將公布事情眞相，還給當事人清白。」

從整篇新聞稿觀察，除了最後一段的最後三句外，通篇沒有一句是正面肯定或力挺程泉清白的說法。內行的人也看得出來，這案子不是沒查過，是查了之後，並無實據，但部長不滿意，不肯結案，堅持要續查。

法務部的新聞稿無異爲賴勁麟打了強心針，之後接連幾天，賴勁麟持續召開記者會，還公布檢舉人楊萬慶的談話錄音，還原當年九月十三日的情況。

而法務部不挺程泉的大動作，也引起局裡支持程泉的這一派同仁集體反彈。廖正豪長年不喜歡程泉，一直卡住程泉不讓他升任局長，這是衆所皆知的事。如今，就在程泉極有可能扶正的前夕，突然由一名國代出面召開記者會，指控程泉強暴友人女兒，這種政治鬥爭的手法未免也太拙劣了吧？更何況，從法務部自己發布的新聞稿中都可以看出，程泉這樁事，之前局裡就內部清查過，也以「查無實據」報結，如今，法務部舊案重啟，冷飯新炒，這樣的斧鑿痕跡實在太過明顯。

調查局裡支持程泉的這派勢力也透過媒體放話，聲稱要籌組「調查局改革協會」，並揚言要連署支持程泉。之後，我更聽說局裡有「大老」在聚會，倡言改革，實則反廖。

過了幾天，我到幹部訓練所參加偵防講習，程泉以代理局長身分上台致詞。他針對近日來發生的風風雨雨作出解釋，但語多閃爍，我聽得半信半疑。而且，對於賴勁麟在六月六日召開記者會爆料一事，程泉堅稱，他是事發之後才知道，所以臨時受訪時才會反應失常。但我們早就聽聞，在賴勁麟召開記者會的前一天，航業海員調查處就有預警情資通報，程泉不但知悉，而且他還與「親信」研商過處置方案。但他再怎麼預做準備，事到臨頭，還是慌了手腳，才會狼狽不堪。

之後，程泉接獲法務部專案小組的通知，要他到部裡接受調查。調查結束後，他在法務部門口被大批媒體包圍。程泉拼命解釋，在法國那天，他是幫友人的女兒以氣功推拿治療，絕對沒有非禮人家。但是，程泉說得滿頭大汗，口齒不清，我看了電視新聞的轉播畫面後，覺得他此舉不但沒辦法幫自己澄清，反而更加啟人疑竇。果不其然，媒體接續的報導都在質疑程泉的說法，以及本局處置此一事件的能力，更質疑程泉的判斷力是否足堪大任？可以說，新聞媒體對於局裡和程泉的評價都是負面，看了也很氣餒。

四、劉展華左右為難

在這場風暴中，難以置身事外的，還有另一位副局長劉展華。誰都知道，展公是廖系人馬。程泉不能眞除，外界都猜，廖正豪眞正想拔擢爲局長的人選，是劉展華。如今，廖正豪和程泉鬥得不可開交，劉展華在旁也實在尷尬。他表不表態，或如何表態，都會成爲話題，都會引人注目。

剛好此時，我從新聞上看到民間團體教改會揭發，有不肖份子登廣告在推銷大專聯考槍手等事，我覺得此事值得重視，就指示同仁一起清查。我當時哪裡想得到，此時調查局正處於「犯防、偵防」兩大路線鬥爭，在「八二〇專案」的大帽子底下，我還一頭熱的想辦犯防案件，果然就踢到了大鐵板。

由於當年政府沒有嚴格規定申辦電信設備時都得驗證個人資料，所以，涉嫌人就用假姓名和假住址辦理呼叫器和行動電話，連委刊廣告時留下的資料也是假的，我們多方調查，都沒有進展。

後來，我查出廣告商會收到嫌犯的匯款，我循線查出，款項是從桃園茄冬郵局匯出。我趕快再到郵局，向主管取得了匯款當日的監視錄影帶，經過反覆查看後，突然發現，匯款人伸手遞資料到郵局櫃檯的動作有兩次。我研判，匯款人有可能同時匯出兩筆款項，於是再趕忙向郵局索取當時相關時刻的匯款紀錄，並循紀錄找到另一筆筆跡相同的匯款資料。這筆匯款是向台中東海大學購買插班考試簡章之用，留下的是桃園地區的眞實住址。

我查出重大進展，大喜過望。但此時，我突然接到局本部防制中心轉達副局長劉展華的指示，稱本案非屬本局職掌，應將調查結果送檢察官轉警察處理。

我還不死心。這晚，我與高采烈的跑去跟劉展華報告偵查進度，心中也存一線希望，猜想展公在知道案情有重大突破後，或許會同意我們繼續辦下去。

結果，我被大罵一頓，好霉。

我當然知道展公心理壓力很大，也明白調查局過去這段時間只辦犯防不辦偵防，「不務正業」很久，但是，就像是偵辦職棒簽賭案一樣，賭博案也不是調查局的業務職掌啊，可是，以往這些類似案子還不是辦得轟轟烈烈的？哪有分工分得那麼清楚？爲什麼現在這樣的案子就不能辦了？我猜想，這應該是受到工作路線之爭影響所致。但有案不辦，這豈是執法人員應有的作爲呢？

次日，我只好依照展公的指示，把案件資料及證據帶往台北地檢署，交給許永欽檢察官。檢察官不解，問道：「只剩臨門一腳，爲什麼不踢了？」我按照展公事先交代的說法如實轉告：「謝文定次長知道緣由。」檢察官聽了，也就不再多言。

過兩天，午間電視新聞大幅報導刑事警察局偵破大學聯考槍手案，查獲大量僞造證件、文書，還有改造手槍。案子破得很漂亮，但警方發布的新聞稿一字都未提及本局，我心中的失落感，筆墨難以形容。

雪上加霜的是，過了一天，聯合報以大篇幅報導大學聯考槍手案是調查局查出結果的，但後來依局本部指示移交出去，不再續辦。新聞還說，檢察官要追究調查局不繼續調查的責任。局本部看到這則新聞，用膝蓋想都知道一定會懷疑是我對媒體釋放訊息，長官們當然非常不悅。

我只好灰頭土臉再去向檢察官問明究竟，他也一臉無辜，並一再保證，他絕對沒有表示要追究調查局辦案中途而廢的意思，這些訊息應該都是媒體自行杜撰的。取得檢察官的保證後，我又向督察解釋、闢謠。但從長官的反應，我知道他們都半信半疑。我有口難言，只能一再道歉。

我後來想到，前幾天我帶著案卷去找許永欽檢察官時，在地檢署被記者撞見，記者後來從會客紀錄簿查出我拜訪的對象是許永欽，他們一定會逼問檢察官，由此得知我把全案交出去不能再辦，自也不足爲奇。

五、廖程相爭，王光宇得利

我辦犯防案件受阻，而另一方面，法務部對程泉的「攻擊」行動也沒停下來。六月中旬，程泉第一次到法務部接受調查，之後，部裡馬上派出一組人馬遠赴法國實地查訪。聽說這組人回台後也再訪談了跟程泉一起出國的廉政處同仁王慶國，以及當時在法國陪同程泉參訪的駐法同仁黃達明，經過交叉比對後，專案人員認爲仍有疑點待釐清，所以又在七月二日二度約談程泉。

而這一天出刊的新新聞周刊也獨家報導了「八二〇專案」，但報導內容著重於安全局及法務部在爭奪調查局的主導權，並稱安全局欲將調查局納爲安全局的政治偵防局。這篇報導的針對性很強，也刊出很多內幕，甚具爆炸性。新聞爲何能夠挖到這麼多內幕的消息？我不得而知。但在此時此刻，媒體爆出這樣的訊息，明顯是有人透過媒體放話，希望達到某種目的。

在這陣兵慌馬亂之際，也不乏落井下石之人。

一位被處分後離職的調查局同仁楊清海跑到台北地方法院民事庭提告，他指控廖正豪在局長任內把調查局退休人員的互助金吞掉，他在受訪時還提到我名字，只是沒被記者注意到。

七月八日，法務部公布程泉案的調查結果，專案小組認爲，程泉在與友人楊萬慶的女兒獨處時爲其按摩推拿，曾使楊女掀起衣服，並觸及胸部，「行爲失檢」；另一方面，當媒體披露消息後，程泉未立即說明詳情，致媒體報導長達月餘，使調查局聲譽及同仁士氣受創，「處置失當」。至於楊家指控程泉的故意非禮和恐嚇部分，則查無積極證據可資佐證。

聽說對於這份調查結果，程泉和楊家雙方都認爲偏頗，不能接受。程泉隔天立即召開記者會，直指這明明是兩年前的舊案，卻在他即將眞除之際重提，是因爲他非廖正豪的人馬，拒絕依廖的意思調動人事布局，工作方向重點也與廖不盡相合，廖正豪早對他產生戒心，欲將他除之而後快。

程泉也明白指出，去年八月二十日總統李登輝主持高層治安會議時，國安局長殷宗文提出專案報告，希望調查局加重情治工作。而「八二〇專案」成立將屆一年，卻因廖正豪的敷衍而毫無具體進展。

他也指控廖正豪公器私用，直接指揮外勤處偵蒐情報，並掌控運用調查局「特約諮詢」（坊間俗稱爲「線民」或「內線」），對行政院長蕭萬長指示調查局調整工作方向及優先完成「通訊監察法」立法置若罔聞，是不尊重行政倫理的表現。

針對程泉的諸項指控，廖正豪在當天晚上也發出新聞稿反駁。廖正豪強調，針對程泉的案子，法務部雖在前一年指示調查局前局長王榮周澈底查明，但王榮周事後只口頭向廖正豪報告，尚未查獲具體事證，並以事實仍未查明，仍將繼續查明眞相，「惟法務部迄今仍未獲調查局函報調查結果」，所以絕對不是舊案新炒。

新聞稿也指責程泉，媒體披露程泉事件之後，程泉不僅未積極出面說明原委，且故意模糊焦點將整個案件導引爲陰謀論、人事杯葛，廖部長爲超然公平處理，才指示成立專案小組積極調查。

廖正豪也否認提名王榮周接任局長，是別有用心。他在新聞稿強調，他是：「基於適才適所，爲國舉才之原則，報請行政院核派。」、「所謂『培養嫡系幹部以利直接指揮』一節，純屬惡意批評。」

新聞稿也否認廖正豪曾利用檢調系統辦案來爲自己謀取任何職務或地位。至於程泉指控廖正豪曾向調查局外勤處站蒐集情資，新聞稿並不否認，但卻也義正辭嚴的說：「廖部長基於法律所賦予監督之職責及答覆立法委員之質詢所需。」、「乃職責所當為，自無不可。」

廖正豪從調查局長升任法務部長後，把兩名出身自調查局第五處主管佈建工作的調查員龔進福、許為翔調到部長室擔任機要秘書，也被程泉批評。對此，廖正豪在新聞稿中澄清，「龔、許兩員調法務部服務後，從未擔任蒐集情報工作，何來『蒐獲之重要情報均由廖部長個人掌握運用』？」廖正豪更嚴厲批評程泉為了一己之私，竟將「特約諮詢」以及「八二〇專案」等民眾聞所未聞的極機密內容公諸於世，不僅用心可議，也違反公務員之保密及服務準則。

廖正豪更挑明說，「調查局局長人選關係到國家的安全及全民的利益，基於職責所在，必須向長官做正確、適當之局長人選之建言。」而他之所以不推薦程泉眞除局長的原因是：「多次向其查詢楊萬慶夫婦檢舉其涉嫌非禮案，並要求其提出書面報告，惟未據提出，故其是否適任尚有疑問。」這無異是說，只要廖正豪在任一天，他絕不可能推薦程泉擔任調查局長的工作。

法務部長和調查局代理局長隔空交火，且砲火如此猛烈，打得許多調查員都目瞪口呆，不知如何是好。

這天傍晚，我接獲訊息，得知 TVBS 晚間的二一〇〇全民開講節目有意以程泉事件為主題，擬邀請調查局第一位民進黨籍調查員李義雄參加。我素知李義雄在調查局多年不得志，如果他上節目，對調查局的形象絕對有損無益，對事態的降溫更沒有幫助。所以，我趕忙去到台北市八德路 TVBS 電視台，親自拜訪總經理兼節目主持人李濤，全力協調他打消念頭。我也承諾李濤，我一定會安排更有分量的調查局前輩出席李濤的節目，以補償他退掉李義雄通告的損失。

李濤答應後，我回頭想想，我該請誰上節目才夠分量，也才更具資格代表調查局？請現任的調查局主管上節目當然不可能，如果要請退休或離職的前輩出馬，也非得是重量級的人物不可。

晚間，我分別聯絡前局長吳東明、前副局長高明輝，我跟他們坦白表示，近期調查局和法務部的紛紛擾擾，對調查局的形象傷害太大，必須要有人站出來爲調查局說說話，才能平衡這些亂象。高明輝前副局長聽完我的說法後，也慨然同意第二天晚上出席二一〇〇節目。

節目錄影前，我又跟前副局長高明輝聯絡，獲悉有人慫恿他在上節目時說出對調查局不利的內容。高明輝當年因爲偵辦「獨台會案」引發政治發潮，最後黯然離職。我知道他離開時心中是有怨氣的，所以，如果有人挑撥，難保他不會說出傷害局裡的論點。我擔心他發言出狀況，不斷跟他研商，力促他發言時要抓住主題方向，他也滿口保證不會失控。但我的心還是懸在半空中，直到看完二一〇〇全民開講節目，發現一切都還算平穩，才鬆了一口氣。

七月十二日是星期天，但這天我沒得休息。包括第五處處長王煥琪、設計委員會主委鄭明順都出面接受記者訪問，我也是成天電話不斷，記者拼命追問並向我們查證程泉對外透露的業務機密，我也只能一再安撫記者，請他們不要過度渲染報導。

而在跟媒體記者交談中，我也意外獲悉，有些記者拿到了一紙黑函。黑函內容提到廖正豪有婚外情，其中還涉及到局裡的一位女性站主任。我研判，這些作爲都是局裡反廖勢力所爲。

其實，這段日子以來，局裡有所謂的「七君子」，這批反廖核心成員也包括部分已經退休的前輩，其中亦不乏出身自第五處的前期學長，運用媒體和黑函本來就是他們的專長。所以，在此時此刻會出現攻擊廖正豪的黑函，自然也不意外。只是，我萬萬沒想到，連我也被掃到，我被歸類爲廖系人馬，還無中生有的說我在大學院校幫廖部長爭取國民黨黨代表的票源。我一頭霧水，更不知該向誰喊冤或解釋。

七月十三日，行政院長蕭萬長結束國外訪問行程返國後，隨即約見廖正豪。蕭院長對於法務部調查報告出爐後沒有呈報行政院就直接對外發布，非常不滿，認爲法務部在程序上很不尊重行政院，有違行政倫理，而蕭院長對於廖正豪以部長之尊公然和下屬機關調查局代理局長分頭召開記者會隔空交火，更感到不悅。蕭院長明白告知，他覺得廖正豪「不適任」。廖正豪二話不說，馬上提出辭呈。而法務部政務次長姜豪、常務次長謝文定等七位主管，在得知部長廖正豪提出辭呈後，也一併請辭或申請退休。

廖正豪的辭呈被迅速批准，沒像上回一樣被慰留。新任部長由司法院大法官城仲模接任。

新任法務部長就任後，也發布調查局長一職則由主任秘書王光宇升任。另一位副局長劉展華，則被調離調查局，改任法務部政風司司長。

王光宇上任後，馬上進行人事大調動，反廖大將全都復出被安排主管職務。包括主任秘書張振東、訓練委員會主委金國標、機要室主任郭秋雄等，論功行賞的意味很濃。

至於程泉，因為涉及非禮友人之女，被記一大過，又因為與廖正豪互鬥，違反行政倫理，再記一大過。但由於兩次大過不是一次記滿，不構成一次記兩大過免職的條件，他由代理局長一職改調至設計委員會主任委員，雖然也是受傷頗重，但總比廖正豪、劉展華和戴金康的際遇好太多了。

看到廖正豪與程泉在這場惡鬥後，反而讓王光宇撿到了局長寶座，我不免嘆息，俗話說，「鷸蚌相爭，漁翁得利」果然有道理。

六、後記

廖、程鬥爭事件結束後不久，程泉到醫院作健康檢查時，意外發現肝臟有一顆三至四公分大的腫瘤。他住院治療後，決定要返家尋求中醫治療。第二年，他再回台大醫院檢查，發現腫瘤已經惡化，長到十五、六公分大，之後病情急轉直下，在八十八年五月二十二日去世，享年六十二歲。

程泉過世後，我也趕赴新店大香山參加他的公祭。在現場，我見到許多之前曾攻擊廖正豪而後受益升官的長官，但這起事件的主角程泉，卻在風波後未及一年就已撒手人寰，我心中感慨，爭權奪利又有何用？如果沒有健康的身體，名利實如浮雲。

而廖正豪呢？他在辭去法務部長職務後，就再也沒從事公職。民國八十九年總統大選時，他出任無黨籍正副總統候選人宋楚瑜、張昭雄競選總部主委，明眼人都看得出來，他此舉擺明是要對抗當時代表國民黨參選副總統的蕭萬長。顯然，他始終沒有放下與蕭萬長之間的心結。

民國一一一年一月三十一日除夕夜，廖正豪因爲急性腎衰竭辭世，享年七十七歲。

回顧程泉與廖正豪之間的鬥爭，我必須坦白的說，這場鬥爭的結果眞的是兩敗俱傷。但平心而論，程泉無法接任調查局長，跟他個人的能力不足，有很大的關係，倒也不見得能完全歸咎於廖正豪的師心自用。

當過調查局長的廖正豪，當然知道調查局是個多麼好用的利器，他升任法務部長後，還是不想放手，仍然一竿子插到底的繼續掌控調查局。廖正豪是副總統連戰的人馬，以當時的政治情勢，總統李登輝在八十九年任職結束後，大家都猜想連戰應該可以順利接班，廖正豪或許也有這樣的想法，所以對行政院長蕭萬長就沒那麼畢恭畢敬。但廖正豪對調查局的掌控，卻讓情治單位龍頭的國安局寢食難安，國安局長殷宗文與總統李登輝交好，這派的勢力若要聯手搶回調查局，以廖正豪一人之力，是絕對不可能抵抗得了。

也因此，在這場廖、程鬥爭事件中，廖正豪從一開始就註定贏不了，但他逆勢操作的結果，只是讓調查局受傷更重。如今回顧這段往事，還是令人不勝唏噓。

第8章

修組織法

一、政權輪替

八十九年三月十八日是正、副總統選舉投開票日，開票結果，民進黨籍的陳水扁、呂秀蓮當選。這些昔日曾被我們偵辦的階下囚，如今不但成爲座上賓，更都成爲權傾一時的政治領袖。未來，我們該怎麼對他們宣誓效忠服從呢？政權交替時期的茫然與困惑，全面衝擊了各個情治系統人員，要作好心理調適，其實並不容易。

果然，選舉結束才一個月，副總統當選人呂秀蓮就到調查局視察。她到局本部時，也提到當年因美麗島事件被調查局偵辦的情形。由於呂秀蓮當年被逮及羈押在景美軍法處看守所期間的訊問工作都是由我負責的，頓時，我成爲長官們調侃的對象，包括局長王光宇也是如此。但我猜想，局裡的長官們雖然看似輕鬆的在開我玩笑，但他們心裡對於政局的改朝換代，一定也有很多惶惶不安。

但，有這種不安全感的又何止是我們？連剛得到政權的民進黨新貴，可能也都帶著喜憂參半的心情，準備摸索上路吧。

八十九年五月二十日，政權正式交接。長久執政的國民黨嘗到敗績，把政權拱手交給民主進步黨。在澎湖縣站工作的我，依據機關懸掛元首肖像的規定，把會議室裡的李登輝總統照片取下，換上陳水扁的官式照片。至於我個人辦公室裡，牆上原有一幅李登輝署名給我的照片，我也取下，換上早年在大學時各校幾位學生一起與救國團主任蔣經國合照的相片。

看著這張經國先生的照片，我心中其實有很多感觸。我看到照片中，經國先生的親信和重要官員，如李煥、鄧傳楷、詹純鑑三人，都自動地站在最外圍或後方，我們這些學生反而能與經國先生站在中間。這些官員都知道，經國先生和我們學生才是相片裡的主角，他們只是配角，不能搶了丰采。這就是蔣經國的風格，當前政治人物中已再難到見此景。現在的官式照片中，都是一堆陪同的官員站在中間，反而把主角擠在邊上或後面，完全是喧賓奪主了。

政權交替後，新任法務部長陳定南也走馬上任，他很快就能感受到，調查局與他之間的緊張氣氛，的確不是空穴來風。因爲，沒多久，立法院裡就上演了令我難以忘懷的一幕。

原來，在立法院議場上，某位立法委員要新任法務部長陳定南與調查局長王光宇握手，王光宇依言伸手，但陳定南卻好似沒聽見也沒看見，完全不爲所動。王光宇右手伸出，卻落了空，一隻手懸在那兒，進退兩難，這樣的場面當然尷尬，事後也引起議論。

部分檢察官公開表態支持部長陳定南，甚至說出「調查員要聽檢察官指揮」等等的論點。檢察官改革協會的網站上更充斥著一片批判調查局的聲音。

我上網瀏覽好幾篇文章後，覺得有些檢察官眞的是太過度自我膨脹了，忍不住就在檢改會網站上提出反對檢察官無限上綱的「指揮」論點。但爲了不想讓外界以爲我是代表調查局在跟檢察官對抗，所以只好以匿名的方式發表意見。

我的反對聲音一出，馬上遭到圍剿，但我也不畏懼，接連幾天晚上，我都持續在檢改會網站上以匿名方式提出各種法律論點，一一駁斥這些檢察官的荒謬說法。

其實，我能體會陳定南對調查局的敵意。這些反對運動出身的政治人物，當年和調查局是處於對立的立場，如今執政，自然不可能對調查局有什麼好臉色。但調查局其實就像是一把刀，誰拿在手上，都能發揮很大的作用。他們執政初期，對調查局充滿敵意，是因爲不知道調查局好用，等到這些政治人物慢慢適應執政的感覺後，的確也發現調查局是個非常重要的機關，多年下來，再也沒有人說要裁撤調查局。

我在彰化縣站時，也曾跟法務部長陳定南有過一次面對面的交集，算是相當特別的經驗。

九十年八月間，我突然接獲陳定南秘書歐建志臨時通知，他說，陳部長率外籍友人蒞中部地區，但外籍友人突然生病，晚間抵達鹿港過夜時，希望能安排就診。爲此，我晚間特別趕赴鹿港勞工教育學苑協助處理。

特別的是，當我抵達勞工教育學苑時，部長也剛到，正坐在大廳大沙發看報紙，我趨前用台語打招呼，大聲說：「部長好」，他很反射的應聲「你好」。在附近的歐建志看到我，馬上跑過來低聲跟陳定南說，我是調查站主任。只見部長身體一抖，像是吃了一驚，隨卽匆忙闔上報紙說「我今天休假」，匆匆起身，搭電梯上樓，留下一臉愕然的我。感覺上，部長見到我時，好像看到鬼一樣。

我找到部長機要秘書張紫薇，向她建議可以帶部長的外籍友人到張醫師診所看診，張紫薇同意，我便陪同一起前往。看診完畢，張秘書準備付帳，但醫生微笑婉拒。我打趣對她說，彰化的福利很好，看診免費。

當我帶張紫薇去醫院時，歐建志秘書又通知我，部長第二天想要再帶著外籍朋友參觀彰化的一些民俗活動，他特別指名要看製香過程。

幸好我勤跑轄區，對於這些在地的風土民情都還有一定程度的掌握，我趕快聯絡當地的一家製香廠，請他們安排第二天的活動。但製香廠師傅一口回絕。他們說，製香有一定的程序和時辰，部長來製香廠時，不一定能看到相關的流程。我拜託廠裡：「你們就專門爲部長製一把香，把『展香』和『抖香』的絕活表演給部長和他的外國朋友看看，讓他們開個眼界就成了。」製香廠受不了我一再請託，終於答應了。

另外，我也請我在彰化的一位民間友人李秉圭大師接待部長。李大師是國寶級的雕刻大師，他的木雕作品連連得獎。部長和外籍友人到李大師的雕刻中心參觀後，果然也是收穫滿滿。部長對於李大師的作品極爲激賞，參訪完畢後，還邀李秉圭一起進餐，以示感謝。

二、恆久的專門委員

我在調查局四十年，因爲工作的關係，當然會結識某些達官顯貴，但這些人際關係，我只會運用在公務上，從來沒有為自己打算過。以往，每逢人事調動之際，總會風聞有些學長四處找關係說項請託，希望在人事晉升上能夠占得有利位置。有幾次，某些長官還會很焦急的暗示我，別人都已經用到如何如何的關係了，我若再不請人幫忙，在升遷之路上很可能就會被犧牲掉了，我也從不為所動。但，很顯然的，這樣的堅持只是讓自己吃虧。

我記得，我調到彰化縣站工作後幾個月，局本部人事室主任劉榮景突然來電，他知道我跟考試院考試委員吳泰成很熟，就拜託我私下跟吳委員溝通，請他支持本局職務職等的新方案。我當天就打電話拜託吳泰成委員。

過了幾個月之後，人事室劉主任再度來電，還是希望動用我的關係，繼續為本局的職務職等方案說項。我只好從彰化趕回台北木柵，親自到考試院拜訪吳泰成委員，並向他清楚說明本局的人事困境，請他大力協助。事後，吳泰成委員也來電說明他在考試院裡跟其他委員們溝通的結果，我也把最新進展立即轉告人事室主任。

坦白說，「有關係就沒關係，沒關係只好找關係」，這句俗話還眞的能說明一些事。

本局的職務職等新方案在經我私下與考試委員溝通後，局長王光宇後來也到考試院院會中正式說明，果然，本局新定的職務職等方案一舉通過。在這次新修訂的方案中，考試院已核定站主任人員底缺均為簡任，員額足夠，不必再像以前一樣，因為部分站主任無簡任底缺，所以必須改占簡任專門委員底缺。

本局新的職務職等方案既然已獲考試院支持，接下來，我不免想到我自己。我接任彰化縣站主任時，占的仍是「處專門委員」底缺，現在既然在新制之下，站主任的簡任員額充足，似乎也應該把我的人事底缺調整爲站主任底缺才是名正言順之理。剛好，原任局長王光宇退休，由副局長葉盛茂接任，我心想，新任局長接任，對於各項人事作一點調整，也是理所當然之事。於是，我就打電話詢問人事室承辦人，爲什麼不見人事室把我的人事底缺調整爲正式站主任？新的派令何在呢？

承辦人支吾其詞。

過了半個月，我再電詢人事室羅曉平科長，表達：爲何新派任的站主任可以占簡任主任主管缺，反而先派的我仍借用專門委員非主管缺？過去可以推稱是簡任站主任缺不足，屬不得已的權宜措施，但現在經考試院核定調整人事編制後，已有較多簡任站主任底缺，包括台北縣站、桃園縣站、台中市站、彰化縣站主任都調整爲十一職等。況且，此次職務職等新制之所以能獲考試院同意，我在其中亦有出力，如今仍不還我一個公道，這眞的是極不公平合理。

但科長也作不了主。

職務職等新制實施約莫半年之後，我的底缺仍未改過來，我實在忍不住了，只好找機會當面向新任局長葉盛茂報告，人事室迄今仍未更換我的簡任站主任主管底缺，仍讓我一直沿用專門委員底缺，這實在是太不公平了。三個禮拜後，我又利用業務報告的機會，再次請教局長，爲何迄今仍未把我調整爲簡任站主任主管底缺？我更強調，依考試院核定的新方案，彰化縣站主任已調整爲簡任第十一職等，爲什麼一直沒給我應得的底缺和職等？局長推稱是人事室的作業考量，所以未改爲主管底缺。

我不知道是不是受到我一直向長官抗議自己受到不公平對待的影響，三個月後的某天黃昏，局長葉盛茂突然來電，他說第三處處長周無奢推薦我，問我是否同意調第三處偵防工作組？但他強調，新職仍然只是專門委員底缺（以往該職務由副處長兼任）。我想了想，調動後可以回到台北工作，比現在這樣離鄉背井要好太多，雖然仍然無法占到主任底缺，但考量利弊得失後，我答以願意接受長官安排。

於是，我就這麼以專門委員底缺的身分來到彰化縣站，最後仍以專門委員底缺的身分離任。

九十一年五月二十三日，我從彰化縣站調至局本部第三處偵防工作組。以往，偵防工作組主任一職都是由副處長兼任，但輪到我時，卻只是個陽春主任，底缺仍然是專門委員。我在偵防工作組工作一年後，有一天，第三處處長周無奢跟我討論我未來的動向。我知道，調查局有一項人事規定，在外勤處站當主管滿五年者，必須調回內勤。我之前在澎湖縣站、彰化縣站當了接近四年的站主任，如果偵防工作組也算成外勤單位，那麼就該滿五年了。

處長跟我說，以往，偵防工作組主任都是由第三處副處長兼任，所以偵防工作組也不一定會被算成外勤單位。但我擔任主任時，並不具副處長資格，而且我在組裡時，也成天辦案，若硬要說不算外勤單位，可能也有點勉強，所以我很坦然的告訴處長，我願意調去其他單位歷練。處長也很直白的說，依調查局的現況，連酒囊飯袋者都可以升官，認眞工作的人更不該被埋沒，我聽了很感動。

九十二年七月初，人事命令發布，我調任第三處副處長，但仍爲專門委員底缺，所以，從人事制度來看，我這個副處長職務只能算是代理，不是實任。但這有點奇怪。按理說，第三處是正式編制，並非任務編組，每個職務都有底缺，前任副處長調走，遺缺應該由我補實，怎麼還會讓我繼續占專門委員底缺呢？想來想去，副處長底缺應該被挪用了。

我在七月七日走馬上任，處長周無奢知道我的底缺仍是專門委員後，非常不滿，他多次向人事室交涉、爭取，而人事室的說詞也總是反反覆覆，一下子說有一個副處長的底缺出現，可以調整，過兩天又改口說沒有底缺，搞到處長非常不滿，他除了當面向人事室主任蔡中鈺表示，第三處副處長的底缺如果被挪用，應該歸還。之後，他更直接向局長葉盛茂報告，爲我爭取權益。

不過，人事作業本來就很難干預，就算周無奢處長如此爲我抱不平，我在第三處副處長任內，始終都只占「處專門委員」底缺，所以名義上一直都只是代副處長，直到調離時，都沒眞除。

算一算，我這個航業海員調查處專門委員的職缺，從澎湖縣站主任開始，到第三處副處長時都還沒能擺脫，一直如影隨行的跟了我五年，直到調爲桃園縣站時，才終能擔任簡任第十一職等的主任職。

三、蘿蔔一直不占坑

我在九十六年四月二十四日接任局本部聯絡室主任。之前，我在台北縣站時，底缺是十一職等的站主任，調到聯絡室時，底缺卻又變成十一職等非主管職的「局專門委員」，若說我是調升，實在有點奇怪。但我前一任的聯絡室主任吳莉貞，她的職缺是十二職等，按理說，一個蘿蔔一個坑，她卸下聯絡室主任之後，人事室在作業上，應該要把她的職缺給我，怎麼會從其他地方再挪了一個十一職等的底缺給我呢？顯然，吳莉貞遺留下來的職缺，是要挪給別人用的。對於這樣人事安排上的違常動作，我心裡有數，而且我在人事程序上受到不公平的待遇又不是頭一遭，如果眞要計較，哪裡計較得完？我還是依著命令走馬上任。

我悶著頭不吭氣的接任聯絡室，但心虛的人可就沉不住氣了。

我上任四個月後，人事室主任孫臺生突然主動找我，並跟我說目前沒有十二職等的底缺，請我忍耐忍耐，下個月卽會處理。不久，副局長蔡中鈺也主動打電話安慰我。他們兩人的舉動都極爲反常。

其實我心知肚明。因爲，就在他們兩人來電前幾日，局本部單獨發布了一項人事命令，把廉政處副處長詹德源的底缺調整爲十二職等。這個十二職等的底缺從何處來？爲什麼孫臺生和蔡中鈺馬上就打電話來安慰我？顯然是局長特別交代人事室主任和副局長安撫我。而局長明知此一人事安排對我不公，爲何又執意如此？我猜想，日前壹週刊登載廉政處公文外洩，詹德源隱瞞了不利於局長的實情，局長爲此乃予以酬庸。

我有些喪氣。回想我在局裡的仕途，當初外放至澎湖擔任站主任，升至簡任職後，就只以十職等的航業海員調查處專門委員底缺任用，這個底缺一路跟著我到彰化縣站、偵防工作組、甚至連我接任第三處副處長時，還擺脫不了，一直熬到調至桃園縣站之後，才是名符其實的十一職等站主任。但想不到，我被調來聯絡室後，又改爲十一職等的局專門委員缺，硬是不把十二職等底缺給我。每次底缺都被挪用，人事作業眞是會搞名堂。

我也知道，我若要扯開來吵，人事室絕對吵不過我。但我的職缺既然已被挪走，再吵下去，人事室也變不出一個空的職缺給我，徒然增加長官們的困擾與尷尬。面對這麼不公平的人事安排，我不可能不在意，但還是強忍不發。

過了幾天，我又在局本部碰到人事室科長李宏錦，李科長主動提及調整我底缺的問題。他表示，尚有一些牽連作業，所以還要緩些時日。我不免失笑。回想上回副局長蔡中鈺、人事室主任孫臺生還信誓旦旦的保證，下個月就能調整我底缺，如今又說還要再暫緩，這些安慰的話果眞是聽聽就好，如果當眞了，是跟自己過不去呢。

沒想到，我不計較，人事室卻似乎把這事列爲「重要工作」，從八月開始，人事室主任孫臺生每個月看見我，都要安慰我一次，一下子說「你吃虧啦……」、「可能會把你調到某辦案業務單位當主管啦……」，一下子又說「下周將會開會處理調整底缺的業務，再忍耐一下啦……」，我實在不想聽，也不想答腔，心中只想著，我就默默看你人事室什麼時候才要搞定這檔子事。

結果，一直到十一月二日，人事室才完成作業，法務部發布命令，把我的底缺從十一職等的局專門委員調整爲十二職等訓練委員底缺。而我占的底缺是源自幹部訓練所副主任劉榮景，他把他的底缺讓給我後，改占研究委員底缺。至於前一任聯絡室主任吳莉貞留下來的底缺呢？始終不見蹤影，也從來沒有還我，顯然我之前研判被廉政處副處長詹德源占用，應屬正確。

其實，有時我也有點同情我們調查局的人事單位，因爲，很多事情都不是他們一個小小的人事室就能做主的，而且，調查局長年以來，一直存在著任務編組、功能編組過多，職缺不夠用的窘境，所以，調查局裡永遠會有挖東牆補西牆，職缺東挪西湊的怪異現象。這種長期存在的積弊，如果不一次改革到位，未來還會發生更多的狀況和風險。而要澈底改革，就非得從調查局組織條例下手不可。

四、組織法大翻修

調查局前身是「中國國民黨中央執行委員會調查統計局」，簡稱「中統」。抗戰勝利後，中統局更名爲中國國民黨黨員通訊局。民國三十八年四月，改隸至行政院內政部，更名爲內政部調查局。四十五年六月一日，再改隸司法行政部，名銜也變更爲司法行政部調查局。六十九年八月一日，司法行政部更名爲法務部，局銜也就一併更名爲法務部調查局，並沿用迄今。

在中統局時代，調查局是屬於國民黨底下的情報組織。從現在的眼光來看，這當然是很不可思議的事。但中華民國早期，的確是處於黨政不分、以黨領政的時代，所以，創建中華民國並且執政多年的國民黨，底下有個情報機關，也不是那麼難以理解的事。

但情報組織隸屬政黨，而非政府，從體制上來說，終究不正常，所以後來才會把調查局移撥給政府的行政體系裡。到了四十五年四月十日，政府通過了司法行政部調查局組織條例，全文二十七條，讓調查局的組織正式法制化。

依照當年的組織條例，調查局下設第一至七處，並設研究、設計、訓練三個委員會，另有人事、主計、機要三個室。除了這些單位外，另編制有秘書、專門委員、督察、總工程師、工程師、總臺長、副總臺長、報務長、機務長、報務員等數人。

調查局最主要的業務，除了組織條例明定第一至七處所掌理的事務外，條例第二條還特別規定：「司法行政部調查局，掌理有關危害國家安全與違反國家利益之調查保防事項。」、「前項調查保防之事項，由行政院定之。」

由此，行政院就特頒了調查局業務職掌，分別是：內亂事項、外患事項、洩漏國家機密事項、妨害國家總動員事項、貪污瀆職事項、肅淸煙毒事項、妨害國幣事項、妨害戰時交通電業維護事項、違反電信管理事項、漏稅查緝事項、上級機關特交之事項。之後，又把洗錢防制業務也加到調查局的工作事項中。

爲了因應這些業務職掌，調查局後來陸續成立了非常多的任務編組，如經濟犯罪防制中心、肅貪處（後更名爲廉政處）、緝毒中心、洗錢防制中心等等。除此之外，調查局還創設了一些「功能編組」，如海外室、外事室、聯絡室等。

這些新設立的任務編組或功能編組，在組織條例上都是不存在的。所以，在這些單位任職的同仁，也不可能占有正式的職缺。爲了解決占缺問題，調查局人事室必須把一些空閒的職缺挪給這些同仁。以我爲例，當年我在任務編組的防制中心擔任科長時，我的底缺是高雄市調查處科長。我在澎湖縣站、彰化縣站、偵防工作組擔任主任時，以及在第三處代副處長任內，底缺都是航業海員調查處的專門委員。我在聯絡室當主任時，底缺是訓練委員。

調查局長年來之所以能夠從事這麼多調查、保防事項，都是依據組織條例第二條的規定，由行政院以一紙行政命令訂頒調查局各項業務職掌。若說，行政院有權「給」調查局某些業務，哪天行政院不高興了，也可以「不給」或「收回」調查局這些業務。這對調查局來說，非常沒有保障。

試想，如果哪天政府高層忌憚調查局的權力過大，指示行政院把原本賦予調查局的肅貪、緝毒、查緝經濟犯罪、查緝逃稅漏等業務全部收回，移給其他新設的機關掌理，調查局不等於被廢掉一半武功，爾後還有什麼功能可言？

這絕非杞人憂天之言。其實，從這幾年來看，每逢有重大政治情勢變化或上級長官好惡改變，常會聽到要取消本局某些職掌的聲音。例如：成立廉政署取代本局廉政處、成立緝毒署取代本局緝毒中心。連洗錢防制法修法時，法務部都不同意將行政院指定的銀行申報機關正式修正爲本局等等。所以，本局各項重大業務一直以來都以任務編組的方式便宜行事，絕對不是長久之計。

而且，我從多年以前，就一直對行政院頒定調查局業務職掌的用詞有很大的意見。從法制作業的角度來看，這些職掌正式的表述方式應該是：內亂（防制）事項、外患（防制）事項、洩漏國家機密（防制）事項、妨害國家總動員（防制）事項、貪污瀆職（防制）事項、肅清煙毒事項、妨害國幣（防制）事項、妨害戰時交通電業維護（防制）事項、違反電信管理（防制）事項、漏稅查緝事項、上級機關特交之事項。這些職掌很多表述方式都有問題，一大堆都漏了「防制」這兩個字。之前，局裡有時在討論相關業務職掌的表述方式時，我提出這些意見，都被長官無情的怒斥，說我多事。

但我明白，調查局的組織條例若不大修，讓本局處於任務編組、功能編組過多的情況，始終是個隱患。我一直期待，調查局能出現一位深謀遠慮且高瞻遠矚的長官，一次解決這個長年問題。

我左盼右盼，「明主」終於出現，他就是葉盛茂局長。

九十六年十一月十四日，局長召集會議，指示推動修正本局組織條例。他在會議中明白表示，本局任務編組及功能編組單位過多，隨時會被上級以行政命令取消工作職掌，且人事編制不符需求，所以本局組織條例一定要修正。他還指示，本局的組織條例修正案，不經由行政體系，直接由立法院切入，以求迅速成效。

在此之前，我完全不知道局長有心要修訂組織條例，顯然他鴨子划水已久。我認爲，他應該事先想好一整套的策略，包括指示人事室草擬修正條文，並私下找了一群可信賴的學者專家，共同研商規劃組織條例修正草案，再透過國會組向立法院各黨團遊說，並且動員所有外勤處站主任緊盯轄區立委，動之以情、說之以理，等到建立共識後，才在立法院發動奇襲。他的決心與意志，讓我感動又激動。

其實，按照正常的法制作業程序，行政機關若要修正組織法，應該先由該機關提出修法草案，送請上級審查。以調查局的層級來說，組織條例修正案草稿出爐後，應該送請法務部審查，經法務部部務會議通過後，再送行政院審查。

除了行政體系之外，調查局另有一個上級單位，卽國家安全局。國安局就本局所主管有關國家安全情報事項負統合指導、協調、支援之責，所以，本局組織若有任何變動，國安局勢必要表示意見。

因此，調查局組織條例若要修正，在正常程序下，必須經國安局、法務部、行政院點頭。行政院最後綜合整體意見並於審查結束後，才能召開行政院院會討論修法草案，全案通過後再送進立法院，經由立法院進行一、二、三讀的立法程序，才能完成修法。

可以想見，如果本局組織條例修正案要循這樣的程序進行，絕對曠日費時。而且，不同層級的機關總有本位主義或其他考量。本局提出的建議或構想，逐級往上呈報時，難免被七折八扣，未來在立法院再經折磨，修出來的組織法和原本預期的構想，可能差上十萬八千里，那就不僅僅是爲德不卒了。更何況，在行政體系中，如果有某一層級的長官懷疑或擔心調查局有心擴權，故意運用他們的位階，在組織修例修正案中大大減損了本局的職能，那豈非更加得不償失？

我明白局長一定也有此一顧慮，所以才會指示，本次的修正案不循行政體系，直接切入立法院。

因爲，除了行政院，立法委員本身也有提案權。但由於受限於人力、物力、財力和研究能力等等的因素，立委很難提出一部完整的法案。絕大多數的前例裡，立委多半只針對行政機關送請審議的某部法案的某幾條條文提出對案，並就這些有爭議的條文與行政機關協商。不過，如果立委眞有能力一次就端出一整部完整的法案，也非不可，但這種例子終屬罕見。

局長的指示我明白。他希望我們能夠在立法院裡找到非常支持本局的立委，在溝通並達成共識後，我們把本局的組織條例整部送給他，由他具名提出。這樣，本局的組織條例就能一舉跳過行政院審查的體系，直接攻入立法院了。

當然，局長這麼做，也有很大的風險。因爲，紙包不住火，一旦立委提案，本局要修訂組織條例的事，一定馬上就會成爲衆人矚目的焦點。先不說媒體、輿論會有什麼反應，光想到法務部、行政院這些上級長官的臉色，就絕對不可能好看。這些長官會不會覺得調查局膽大妄爲，完全沒有把上級放在眼裡？會否對調查局再施以某些壓力？這都是難以預料的事。但顯然，局長已經下定決心，打算放手一搏，我也熱血沸騰，決定要協助局長完成這件調查局的百年大計。

局裡要做這麼大的事，媒體的支持與否非常重要。我是聯絡室主任，要如何掌握媒體的立場，適時導正，絕對責無旁貸。

回到辦公室，我馬上召集副主任、新聞科同仁，說明本局推動組織條例修法的計畫，並要求在全案曝光前，不得讓媒體聽到風聲，以免節外生枝。

第二天下午，我參加擴大局務會報時，臨時被局長點名上台，要我說明修組織條例時的新聞處理原則，並要求各內外勤單位全力配合。由於是臨時上台，我也沒作太多準備，只好就大原則及大方向跟同仁分享。主要的重點仍是事前保密，事後要多做正面宣導。

十一月二十日，修法行動正式浮上檯面。

這天中午，國民黨、民進黨、親民黨、台灣團結聯盟和無黨籍聯盟五個朝野政黨立委共同提案的「法務部調查局組織條例修正草案」在立法院正式曝光。立法院程序委員會決定把這項修正案排入下次院會報告事項。

按照立法院職權行使法的規定，法律案經程序委員會提報院會朗讀標題後，即應交付有關委員會審查。但有出席委員提議，二十人以上連署或附議，經表決通過，可不必付委，逕付二讀。

這項條文藏有很大的玄機。所謂的「付委」，就是把法案交付有關委員會審查。

按照正常程序，行政機關提出的議案或立委提出的法律案，經程序委員會提報院會後，絕大多數的後續處理程序是「付委」。但案子若付委，變數太大，會卡在委員會到何年何月，都沒有人曉得。所以，局長當初設定的目標是「不付委，逕付二讀」。

五黨立委共同提案修正調查局組織條例，這是爆炸性的新聞。這天下午出刊的聯合晚報，就用斗大的標題獨家報導了這項消息。新聞見報後，局長馬上召集我和相關同仁，協商如何因應接踵而來的新聞處理。

這一晚，我電話不斷，分別聯繫了三大報的記者和編輯，向他們說明本局組織條例的修正，是確有必要，絕非擴權，也希望能透過我的背景說明，讓他們下筆時有個依循的方向，也藉此機會導正視聽。

第二天，我再分別向電子媒體說明研修組織條例的必要性，絕非自肥，更無擴權可能。

我一再強調，法務部調查局組織條例於四十五年四月十日制定，施行迄今已逾五十一年，相關組織編制、員額職等均未曾調整，因國家社會環境急遽變遷，本局歷年來奉行政院核定，增設經濟犯罪防制中心、資訊室、廉政處、緝毒中心及洗錢防制中心五個任務編組單位，但所需人員均在本局原有員額中調配，所需經費亦均在年度預算內調撥支應，並未增列編制員額及年度預算，這對本局的運作造成很大的困擾，實有必要透過修法，把這些任務編組單位納入正式編制，以符法制。

我也向媒體強調，此次修法，除了將各任務編組單位法制化、納入建制單位外，其餘僅就現有內部單位名稱改依既有業務內容命名（如第四處原爲大陸問題研究，改爲兩岸情勢研析處；海外室及外事室整併爲國際事務處），其業務內容均未有所增減。至於員額變動部分，僅係將任務編組單位原占用所屬外勤調查處的部分員額，移列納入局本部法定編制員額所作的相應調整，絕對沒有所謂的增加員額或黑官就地漂白等情事，因此，也不涉及增加現有員額或預算員額，亦不會增加人事費用。所以，相關人員都不會因本次組織條例之修正，而立即升級、升等或加薪。

我的聲明稿中強調的是，相關人員不會在本次的修法中「立即」升級、升等或加薪。但長遠來看呢？不諱言的說，當然一定會有部分同仁在修法後獲益，而他們的職等或敘薪該怎麼變動，還是必須透過銓敘部後續的相關作業，當然不會是「立即」。

我承認我在新聞稿中沒有完全說出實情，但至少沒有欺騙。這是我面對媒體時一貫的態度與立場。

不過，立法院裡也不是完全沒有異音。立法委員雷倩就是一位強烈的反對派。她說，她在比對新舊版本的組織條例後，認爲本局日前派員對她說明時，聲稱修法後沒有增加人力員額，是欺騙的行爲，所以她強烈反對此次修法。

雷倩是位非常精明能幹且戰鬥力超強的立委。她出言反對，讓局長非常頭痛。我們在局裡召開專案會議時，大家面面相覷，不知如何是好。我自告奮勇表示，我在台北縣站當主任時，跟雷倩夫婦相熟，或許，我可以透過昔日的交情試試看能否化解阻力。

局長一聽大喜，馬上叫我下午隨同國會組、人事室赴立法院向雷倩委員說明。

我們一群人到了雷倩委員的研究室時，人事室主任孫臺生還一直把我擠到前頭，並在我耳邊悄聲說：「主任，您待會兒就坐在雷委員身邊，由您跟她說……」

我才一坐下，還沒開口，雷倩就劈頭把調查局罵了一頓，我趕忙以自己的親身經歷解釋。我說，我當防制中心科長時，占高雄市科長底缺；現在是聯絡室主任，但底缺是訓練委員，這極不合理。我強調，這次的修法，是把原來局本部任務編組人員所占用的外勤的編制正式納編。所以，表面上來看，此次修法後，雖然處長的編制一口氣從原本的七人擴增爲十五人，副處長、專門委員、科長、督察、秘書等職務的編制人數也有增加，但實際上，我們圖的只是個正名，絕對不是擴編。套句比較通俗的話說，就是「把放在外面的板凳拿回來坐。」

雷倩聽完我的解說後，終於諒解，也承諾不再反對。

跟雷倩說明完畢後，我知道還有一群人需要溝通。第二天下午，我趕到法務部記者室，趁三家晚報記者截稿後、日報記者還沒開始動工前的這段空閒時間，和各報主跑調查局的記者一一面對面溝通，誠懇說明本局組織條例修正的必要性，並且將大家可能的誤解都一一澄清。

我把相關媒體都拜訪了一圈，並將成果回報局長，局長馬上召集修訂組織條例的應變會議，指示要繼續加強媒體溝通，並囑我每日都要預先掌握媒體報導方向，妥適因應。他特別交代，「與媒體的聯絡狀況，當夜電話向我報告。」

十一月二十三日，立法院召開院會，果然，會中超過二十位委員連署，要求本案不必付委，直接逕付二讀。

局長獲悉後，大爲興奮，但也擔心會有更強大的阻力排山倒海而來，要求我務必要全力化解。

剛巧，這晚我參加友人之子的婚禮，在會場巧遇立委高金素梅。我把握機會，當著朋友面前請高金委員一定要全力支持修法，高金委員也慨然允諾全力支持。

連續幾天，我天天晚間都分別跟各平面媒體編輯聯絡，了解次日有無修訂組織條例的新聞報導，並回報局長。

局長一方面要掌握輿情，一方面也要「安撫」上級。原來，本局組織條例修正案在立法院曝光後，行政體系和國安局果然跳腳。但木已成舟，局長既然已經強渡關山，行政院總不好扯破臉，逼我們叫立委們撤案。更何況，本次修法草案是由朝野五個政黨立委共同提案，聲勢驚人，行政院就算眞的有心想要阻撓，恐怕也投鼠忌器。所以，在組織條例經立法院會通過逕付二讀的決議後，行政院見勢不可挽，也只好找來國安局、考試院、法務部等相關單位，密集召開政策協調會，共同討論修訂組織條例等細節。行政院長張俊雄還特別指示，由副院長邱義仁主持政策協調會。每次開會，我也隨局長及人事室一同參加。

爲此，我在後續的新聞媒體聯繫時，也不忘跟媒體透露，此次的組織條例修正案，調查局適時就會把相關狀況陳報行政院張俊雄院長及法務部施茂林部長。我強調，行政院和法務部知情，而且樂觀其成，調查局絕對不是自行其事。

十一月二十九日，立法院各黨團以朝野協商方式完成三讀程序。協商結果爲：本局組織條例改稱爲組織法。這項修正頗爲正確，因爲，根據立法例，凡法律所應規定的事項，屬於全國性、一般性或長期性事項，均得定名爲法；而條例是指凡就法律已規定的事項，屬於地區性、專門性、特殊性或臨時性事項，得定名爲條例。因此，本法案名稱自然應正名爲組織法。

就法案的內容而言，原本舊組織條例共有二十七條條文，現濃縮成十六條，但本局的各個任務編組單位從此都獲得了法律地位。組織法明定，「本局設國家安全維護處、廉政處、經濟犯罪防制處、毒品防制處、洗錢防制處、資通安全處、國內安全調查處、保防處、國際事務處、兩岸情勢研析處、諮詢業務處、鑑識科學處、通訊監察處、督察處、總務處及公共事務室。」除了前述的業務單位外，還另設秘書室（主任秘書原本也是黑官，自此扶正）、人事室、會計室、政風室、研究委員會。此外，爲實施全國性調查、保防業務，原本舊組織條例中即規定本局「得於各省（市）、縣（市）及重要地區，設調查處、調查站或工作站」，亦獲得保留。

與舊組織條例相比，本局原本的組織編制除了裁撤設計委員會、訓練委員會之外，其餘都獲保留，相關的任務編組和功能編組也都正式納編，調查員也改稱調查官，一切規劃幾乎都照著局長原本的意志完成。可以這麼說，在經過此次組織法修正後，本局相關工作職掌的法定地位才至此奠定，爾後，這些工作職掌再也不是行政院一紙公文就能剝奪，未經立法院三讀修法，誰都拿不走。

朝野黨團也通過了一項附帶決議，要求本局組織法修正後，本局預算員額仍應於現有員額內支應，並請法務部及本局配合檢討各調查處、站編制。

二讀程序過關，翌日馬上進行三讀。

十一月三十日，我參加完局長召集的修訂組織條例應變會議和局務會議後，中午隨同局長赴立法院，剛好趕上目睹歷史性的時刻。

這天中午十二點二十六分，立法院毫無阻礙的三讀通過法務部調查局組織法修正案。我見到主持院會的立法副院長曾永權敲下議事鎚的那一瞬間，眞是激動到難以言喻。

但在三讀程序前，突然發生一件插曲。

原來，在毫無預警下，無黨聯盟立委高金素梅突然登記發言。未掌握此一狀況的國會組同仁獲悉後嚇得臉色鐵青，怕高金的發言會節外生枝。結果，高金委員的發言，是表示對本局的支持及勉勵，等於是回應日前對我的親口允諾。我見她果然言出必行，也大爲嘆服。

這天下午，我聽聞警政署對於本局組織法修正有不同意見，我趕快打電話給警政署公共關係室主任陳國恩溝通。原來，有部分媒體報導，本局組織法修正後，調查員（以後要改稱爲調查官了）從此可以指揮警察。警界對此有很大的意見。

我趕快解釋，本局人員在執行犯罪調查任務時，具有司法警察官或司法警察身分，得請司法警察機關指派人員協助，這是在舊組織條例中就已有的規定，也是賦予調查員執行公務的法源依據，絕對不是新增的條文，立法目的也不是要讓調查員來指揮警察。經我說明後，陳國恩才釋懷，我也請他一定要把正確的資訊向署長侯友宜報告，免得造成雙方之間的誤會。

這天夜晚到翌日凌晨，我仍不得休息，繼續分別與各平面媒體確認相關報導內容，並就媒體報導錯誤部分請他們迅予修正。在溝通聯繫過程中，我發現司法記者絕大多數都對本局十分友善，報導方向多屬正面，但某些司法記者也向我通風報信，指稱他們國會記者的撰稿方向有很大的落差，還問我們為什麼沒在國會記者下筆前就先溝通說明？我只好承認，這眞的是本局工作的盲點。台北市處及局本部負責國會工作的同仁都竟然沒有一併聯繫主跑立法院的媒體記者，形成國會記者與司法記者下筆立場大相逕庭的怪異狀況。我在獲悉此一情形後，只好直接找上政治組的記者們協調說明，或請編輯在版面處理時予以協助。

忙了一夜之後，第二天一早攤開報導，幸好都是正面之聲，我心裡的石頭也放了下來。這天，局長還在各主管面前讚許修組織法期間的新聞處理非常確實，他特別提到一位文筆犀利，甚爲難纏的記者，此次也幸未挑毛病。

事後想想，本局組織法從送進立法院到三讀通過，前後只花了十一天的時間，這在本國的立法史上，雖然不見得是最快的紀錄，但一定名列前茅。之所以能夠獲得這麼豐碩的戰果，局長的意志當然非常重要，而人事室周詳的幕僚作業、國會組的黨團協調、外站主管對轄區立委的緊迫盯人，三條路線齊頭併進，並選擇從立法院直接切入，事前完全保密，且以逕付二讀方式火速完成立法，這套全方位的大戰略可以說是全面成功，大獲全勝。

後來，我曾當著局長的面跟他說：「在您任內，完成了本局組織法的修訂，您對調查局的貢獻，可謂僅次於有『調查局之父』尊稱的沈之岳前局長，歷任局長對局裡的貢獻都沒有您來得大。」我說這話絕不是拍馬屁，而他聽完後，也只是笑笑不言，但他一定知道，我明白他的用心良苦。

本局組織法修正後，原本是功能編組的聯絡室，也成爲調查局正式編制下的公共事務室，主管職缺爲簡任十職等，比我現在的十二職等要低很多。因此，這項調整對我個人沒有任何增益，但對於整個公共事務室在調查局內的地位，以及下一位接我職務的同仁而言，卻有不小的變動。我只好安撫同仁，並請他們安心工作。

換句話說，我協助局裡完成組織法的修法，對我個人而言，並沒有得到任何好處，但組織法的修正，對整個調查局，卻是非常重要且影響深遠的重大事件，我能在這場修法行動中略盡棉薄之力，也深覺光榮與驕傲。

第9章

不堪回首

一、我與張閩笙

七十九年四月，我被發布調爲台北縣站副主任，站主任是張閩笙，我知道後心中竊喜了一下。因爲，張主任是我的老長官，我們之間還算有私交。

之前，我還在台北市處第三科工作時，張閩笙就曾經當過我的科長（在他之前的前兩任科長是劉展華、周無奢），我們一起衝鋒陷陣，辦過不少案子。公餘之暇，我們也常聊天打屁。我愛講笑話，他有時覺得有趣，記在心裡，日後跟別人聊天時就拿出來照樣搬弄。我記得，有一次我跟他聊到一個關於禿子的笑話，大意是說，觀察禿子的頭，就能知道他的性能力強不強。如果是前額禿，代表這人很勇猛，和女伴激戰時，伴侶會因爲承受不了而一直推擋著他的額頭，因此前額禿；反之，如果能力不強，伴侶不滿足，就會伸手到他的後腦，一直要把他拉近自己，如此就會變成後腦禿。我說完後，他仔細回味了一下，哈哈大笑，爾後，就常聽他跟別人聊天時把這笑話拿出來講。

所以，當我得知，我又要到老長官的麾下工作時，心中當然有些高興。

但等我到了台北縣站後，卻有同仁偷偷提醒我，張閩笙跟以前不同了，不再是當年當科長時，可以跟我們一起說說笑笑、毫無架子的那個學長了。

我半信半疑，總覺得一個人不可能那麼善變，不會換了位子就換腦袋，不會當了官就變了一個人。但後來，我才發覺我眞的太天眞了。

當了站主任之後的張闓笙，果然和科長時代的他完全不同。他變得講究派頭、排場，對於奉承、逢迎拍馬的行爲，也來者不拒。我記得，有一回站裡聚餐，大夥兒圍著圓桌吃合菜，有一位同仁看到服務生端來一盤熱騰騰的清燉牛腩時，他馬上請服務生把整盤牛腩的湯汁倒入一只空碗中，再端給張闓笙享用。內行的饕客都知道，清燉牛腩的湯汁，是整道菜裡精華中的精華，好東西給長官享用無可厚非，但同仁此舉，也未免太過諂媚，我在場看得眼睛都發直了，可是張闓笙卻一臉自在，坦然接受。

我很愛做事，總覺得要爲長官臉上增光，最好的辦法就是把工作做好，而不是刻意巴結。但我這種作風常常不爲長官所喜。通常的情形是，要做事時，長官都想到我，但要升官時，就沒我的份。但我無所謂，那些刻意討好長官的事，我就是做不來。

果不其然。我沒有努力去逢迎張闓笙的下場，就是連續兩年的總統春節茶會，我都沒份。

外界可能不清楚，在情治系統的慣例中，每年春節前，總統都會找一天邀請各情治單位的幹部們參加總統茶會，並發慰問金，算是對情治單位優秀幹部的一種慰勞和鼓勵。這項傳統行之有年，各情治單位的幹部也都以能夠出席茶會爲榮。但我在台北縣站兩年，兩次總統春節茶會我都沒接到指示參加。台北縣站有三位副主任，連續兩年，張闓笙總是帶著另外兩位副主任、站秘書和幾位同仁出席。我自認，論年資、論業務、論績效，我都不應該被排除，但兩次出席名單都沒有我，而且，張闓笙連虛僞安慰的力氣都省了，根本是直接無視我的存在。我知道，這都源於我不好逢迎，我也無話可說，只能咬牙告訴自己，既然決定要做一個不拍馬屁的人，就更不能在此時此刻低頭。

張閩笙對我態度的轉變，連我的老長官劉展華都看出來了。有一回農曆年後，局本部舉行新春團拜，張閩笙帶著我們一群幹部到局本部各辦公室一間一間的拜年，我也跟在張閩笙的後頭，對各路人馬一一拱手祝福。在向防制中心主任劉展華拜年時，我和張閩笙之間的距離有些拉開，劉展華突然一把拉住我，話中有話的低聲說：「主任要跟緊一點啊！」我心中一凜，馬上快步跟上。

但就算我亦步亦趨，不喜歡我的張閩笙，也沒有因此而改變對我的態度。

過了幾天，站裡接獲線報，發現大陸偷渡客的行蹤，必須馬上緝捕。我衝到主任辦公室門口，打算向他報告，但發現他房裡有客人，不便打擾，就馬上回頭指揮同仁外出辦案。

這次行動由於充分掌握時機，所以很順利就把一群大陸偷渡客緝捕到案，並帶回辦公室進一步偵訊。此時，張閩笙踱出他的辦公室，看到外頭大辦公室吵雜成一片，知道我們在辦案，但他覺得他沒被事先告知，懷疑我是背著他私自行動，於是大怒，把我嚴厲斥責了一頓。

兩天後，台北縣稅捐處洪主任作東，請台北縣調查站同仁吃飯，席開兩桌，張閩笙帶著我和其他幾位主要幹部跟洪主任都坐在同一桌。

席間，洪主任頻頻勸酒，張閩笙也喝了不少酒，滿面通紅。洪主任轉頭向我勸酒，還說：「你都沒喝。你看張主任都喝了這麼多，臉都紅了。」我說：「我有喝！我皮膚黑，紅的地方你看不到啊！」

洪主任馬上接口問：「你紅？你紅在哪裡？」

我調侃自己：「我紅在屁股啊！你沒看到啊！」

全桌都哄堂大笑。

但想不到，張閭笙勃然大怒，臉色一變，猛然把手中的紅酒杯用力砸在地上，碎成一地，怒斥：「你讀過書，你有學問，你拿你的屁股比我的臉！」全場都被張閭笙突然翻臉的舉動嚇傻了，場面也為之凝結，結果，這場飯局就在尷尬的氣氛中草草收場。

晚上，我特地打電話給站秘書林先偉，問他知不知道張閭笙究竟在氣什麼？他說，去年底選舉期間加班，有一次在辦公室用晚餐時，我看到餐桌上多了一大碗的湯麵，就半開玩笑的說：「咦！我們有小灶！」但想不到，這句話就出了問題。

原來，當天張閭笙的身體不太舒服，同仁為了讓他更有食慾，所以特地交代廚房煮了一碗湯麵，送到桌上來。但我這麼一說，好像暗指張閭笙有特權，搞小廚房，他當然不開心。事後，他對另外兩位副主任、秘書發怒許久，還要他們帶話給我：「叫劉禮信以後都不准講笑話了！」

但我完全不知道此事。

砸酒杯事件發生後的第二天一早，我到主任辦公室向張閭笙道歉，並再三向他解釋，我前一晚在餐會中說的玩笑話，完全是消遣自己，絕對沒有對主任不敬的意思。

張閩笙果然重提去年年底的吃麵事件。他也很意外，竟然沒有人跟我轉達他發怒之事。他還以爲，有人警告過我，我還明知故犯，故意在衆人面前對主任出言不遜，所以他才更怒。

但我心想，過去這幾個月，張閩笙始終對我冷言相向，應該不只是爲了一碗湯麵，也可能是有人在他面前講我的小話，而他聽進去了，所以愈發對我反感吧。我再回想起以前他在台北市處當科長時，也是喜歡說說笑笑的，想不到當了主任之後，眞的完全走樣，不覺心傷。

後來，有人跟我聊到張閩笙對我摔杯子之事，很訝異我第二天一早會主動向主任道歉。他們認爲，主任當衆摔杯子，讓我非常難堪，更是嚴重的羞辱，任何人面對這麼無理的舉動，就算不當場起身抗議，至少事後也會跟長官冷戰個幾天，消極抵抗吧？怎麼我不待主任跟我致意，反而主動向主任道歉？我又何錯之有呢？

但我總覺得，事出必有因，正常人都不會無緣無故發那麼大的火，他會在公開場合如此失態，一定是我在某些言語或舉措上得罪了他。若我有哪些舉止令他不愉快，身爲部屬的我，本來就該向他道歉，並試圖化解誤會。雖然事後雙方或許仍然心存芥蒂，至少表面上還是要和睦相處，才能繼續共事。

多年之後，我回想此事，也聯想到當時張閩笙因爲財務發生問題，已四處舉債，有些同仁也曾借錢給他，這事在當年已是公開的秘密。我猜，張閩笙可能覺得，我知道他的財務狀況不佳，處境有些狼狽，卻還故意說話損他，所以對於我的玩笑話更覺刺耳。但坦白說，這完全是說者無心，聽者有意，我絕對沒有暗諷他的想法。

但塞翁失馬，焉知非福？張閩笙因為與我交惡，反而從未開口向我借過錢。而他的某些親信為了幫他張羅借款，甚至還向銀行貸款，結果張閩笙財務惡化後，他的借貸都成了呆帳。他無力清償，最後還被法院強制執行，連退休金都被按月扣款償債。他的故舊被他連累的人還眞不少。我被他嫌惡，反而因禍得福，躲過一劫。人生際遇，眞難預料。

二、我與王光宇

八十七年七月，法務部長廖正豪與調查局代理局長程泉的鬥爭告一段落，落敗的廖正豪黯然辭職下台。這場鬥爭中，在台北市處擔任社文組主任的我，意外被歸類為廖系人馬，也因此，在法務部為廖正豪舉辦的歡送會中，有幾位記者還特別湊近關心我，說我也捲入風暴，囑我自己要多多留意。

果不其然，新任法務部長城仲模上任後，馬上任命調查局主任秘書王光宇接任局長，原任副局長劉展華被調至法務部政風司擔任司長。王光宇接任後，下令把台北市處處長戴金康調為第四處處長，原職由防制中心主任林介山接任。戴金康原本被規劃出任副局長，但因在廖程事件中被視爲是廖系人馬，如今直接打入冷衙門，這種人事調整若說不是整肅，才沒人會信。

這波人事調動雖然還未波及到我，但可想而知，我的際遇絕對艱困。

七月三十日下午，我到台北第二殯儀館參加社文組副主任楊以銘母喪公祭，並協助招呼到場的長官。新任局長王光宇到場後，我趕忙引導他入坐，又繼續去招呼其他賓客。他要離開前，把台北市處處長林介山和督察吳錫爵都叫到旁邊講話。等到我返回辦公室時，林介山和吳錫爵找我，轉達局長的指示，告誡我不要再隨意對媒體記者發言。原來，前兩天中時晚報刊出調查局人事大調動，提到局裡把戴金康由台北市處處長改調到素有冷凍庫之稱的第四處，並稱這其中有「濃濃的血腥味」，局長認爲這話是我對外說的。

我大呼冤枉。我向他們兩人說，我的確知道這話是誰說的，但我不方便出賣同仁。我記得很清楚，中時晚報刊出新聞那天，我在辦公室剛好看到某位女性長官在看報紙，她讀到這段新聞時，表情有點驚訝，但她很坦然的對我直言，那句「濃濃的血腥味」就是她對記者說的，因爲她對局裡竟然做出這樣的人事調動感到非常氣憤，只是，她沒想到隨口對記者說出的一句話，會被引述到新聞裡。但我當然不可能對處長和督察說出上情。

外界有所不知，調查局有一位很資深的女調查員王房惠，她當年加入調查局到展抱山莊受訓時，對於山莊內開滿的桂花印象深刻，因而寫下「淡淡的桂花香、濃濃的人情味」兩句話。這兩句後來也成爲調查局上下皆知的名言。因此，當調查局的長官看到有媒體把「濃濃的人情味」改成「濃濃的血腥味」時，當然會勃然大怒。

我被長官誤解和懷疑，心中非常氣餒。我忍不住向處長林介山打報告說，我想要淡出新聞聯繫工作，因爲這工作對我造成了太多無謂的困擾。可是，處長並未同意。

第二天，我到局本部參加擴大會報。開會前，我主動向局長報到，他一見到我，就大發雷霆。他指責我，前一天在殯儀館，我招呼他入座後，他以手勢點了點旁邊的位置，要我坐在他身旁，但我竟故意不理會，轉身離去。他說著說著竟然氣到大力拍起桌子，直斥我看不起他。我深覺冤枉，只好婉言解釋，我當時看他手勢，以爲他只是在跟我道謝，沒有想到他是要我坐在他身旁。而且，當時我還在招呼各路賓客，不可能一直坐著不動，所以，我絕對不是故意在跟他唱反調。

隨後，我也主動跟局長解釋，中時晚報刊出的「濃濃的血腥味」，絕對不是我對記者說的，我願意接受調查。但他不置可否。

離開局長室，參加擴大會報時，同仁都私下跟我說，局長對「濃濃的血腥味」新聞非常氣我，局裡也盛傳，此新聞是我操作的。我隱隱然覺得，有一股山雨欲來的感覺。

很快的，風聲也傳回台北市處，大家都傳言，「濃濃的血腥味」是我對記者說的。我不斷對外否認，但也私下跟始作俑者的這名女性長官說明這幾天來的風波始末，我告訴她，我雖然拼命澄清，但都沒有把她供出來，也請她不必跳出來自首。

過了兩天，我參加一場飯局，席間，某位局本部的同仁偷偷透露來自人事室的消息：台北市處林介山處長推薦我出任獨立站主任。我笑了笑，不接話。我心中很清楚，在這種敏感時刻，這樣的推薦根本沒有意義。其實，早在王榮周當局長時，我就被長官推薦過多次，但在他任內，歷次的人事作業都遭擱置而無下文，我的仕途等於也被延誤多年，就算現在把我派出去，最多算是還我公道，又有什麼好欣喜的？更何況，在「廖程事件」的鬥爭中，我莫名其妙的被歸類爲廖系人馬，最近又有媒體事件的誤會，人事決定權既然掌握在局長手上，我的案子一定不樂觀。

果然，過了幾天，處長找我。他坦言，他向局裡人事室推薦我出任獨立站主任，但人事室主任跟他說，受到「上次那件事」的影響，看來不行。他說，他只能推薦，無權決定。他又安慰我說，「先的不一定好」，要我「發揮忍性」。我只能低聲說，被不相干的事情牽連，覺得很冤枉。

之後幾天，人事消息一變再變。某一晚，林介山處長打電話給我，說情況發生變化，我還是會被派出去，要我耐心等人事命令。我研判，局長應該是顧慮外界議論，若不派我出去，只怕會再度被說成是「秋後算帳」。但我明白，若局長心存勉強，就算我能被派爲獨立站主任，也不會有好轄區，想到這裡，也高興不起來。

後來，遇到戴金康處長，他也私下跟我說，「你被掃到一下，人事室王主任去解釋，應已無礙。」我也只能答以感謝關心。

再過幾天，督察吳錫爵私下跟我說，我將被調往澎湖，人事案目前正報法務部核定中。我一聽，確實感到意外，沒想到會把我調去外島。

八月十七日，局本部發布人事調整新聞稿，我果然被派往澎湖縣站主任。妙的是，局長事前完全沒有徵詢過我的意見，我的這項人事調動竟然是新聞發布時才正式獲悉。我看了一下新聞稿，除了我之外，台北市處還有兩位主任外調，其中，中正站主任林雲鶴被調到苗栗縣站主任，黨政組主任孟惠華被調基隆市站主任。我們這三個人之中，論起績效，屬我最佳，但卻被調到最差之處，孟惠華的績效第二，而且在廖程事件中她也同樣被歸爲廖派，但據傳她已透過立法院某大老關照，所以調派的地點還不壞；林雲鶴是王光宇擔任人事室主任時代的親信科長，王光宇升任局長，照顧自己人也無可厚非。我不免感慨，這就是現實。

人事消息發布後，翌日就被局長召見。局長除了交代我未來工作要注意的事項外，還老話重提他上回生氣之事。另外，他也假意安慰我說，因爲我沒有經驗，所以先派我到獨立小站歷練。我心想，這種官話聽聽就是，千萬不能認眞。事實上，這次同時被派獨立站主任的，還有些人是直接從科長之職派出去的，他們才眞正沒有擔任主管的經驗呢。但，這又有什麼好辯的？就算辯贏了，我新派任的轄區就能更改嗎？

當天下午，我留在局本部拜會各單位。局裡的某些長官也對我表現出關心之意。有長官直言：「眞是捏把冷汗。」也有人不解，問我：「派你到澎湖，你也答應去？」我回答說，人事安排前並未告知也未徵詢過我的意願，我是看到新聞稿才知道自己被派出去的。長官聞言也覺得意外，沉吟許久，才說：「那就去吧！」

我也特別到人事室見王興旺主任，並細聲向他道謝。我說，聽聞他仗義向局長直言，若不把績效最佳的劉禮信主任外派，將難以說服同仁，局長才勉爲其難的同意我的人事案。王主任淡然點頭，算是收到了我的謝意。

一個禮拜後，我就遠離是非地，前往澎湖縣站就任。事後，有人說我這次調職等於是被「流放」，我也只能苦笑不言。

三、我與吳瑛

九十七年六月底，局長葉盛茂告知，打算把我調往國際事務處擔任處長，相關人事案已經呈報法務部了。國際事務處是本局組織法修訂後新成立的單位，是把海外室、外事室合併後組成的全新業務處。我在聯絡室工作已久，也想換個跑道，再者，我對涉外工作也很有興趣，於是連聲向局長道謝，對這項人事安排表示欣然接受。

但到了七月四日，局長告知，他即將退休，所以我調任國際事務處處長的新職務，會由新任局長發布。但當天稍晚，法務部政務次長黃世銘突然打電話到我手機，說是部長王清峰要他轉告我，局長已在六月二十五日提出退休申請，卻在二十六日提出調查局人事調整案，部長認爲這樣的程序不妥，所以會把全案退回。黃世銘特別強調，王清峰部長要他跟我說，她退回調查局的人事異動作業，是出於體制，絕對不是針對我。

我掛掉電話後，一方面覺得有些遺憾，另方面也對部長的體貼與用心深為感動。我猜葉盛茂局長可能還不知道此事，就隨即面告，局長一聽，果然覺得意外。

其實，在以前的行政作業上，有些首長卸任前會有所謂的「起身砲」，亦即在卸任前趕快發布一波人事調整命令，安置某些親信到合適的位置上。如果上級長官沒有特別的意見，對於卸任首長的「起身砲」安排，大多都會尊重。但葉局長卸任前的人事調整案，他的上級長官王清峰看來並不買帳。我猜，王清峰是希望把這項人事調整的權力交給新任局長來行使吧。

七月十六日，局長葉盛茂屆齡退休，新任局長由副局長吳瑛接任。吳瑛在副局長任內時，與我相處甚歡，他有時還會搭著我的肩跟我聊些貼心話，所以，我很樂觀的以為，調任到國際事務處應該是指日可待之事。我萬萬沒想到，吳瑛接任局長後，我的工作從此愈走愈艱難，種種遭遇，都是始料未及。

葉盛茂退休後過了幾天，還特別打電話給我，問我人事命令發布了沒有？當他得知音訊全無時，還安慰我，並堅定的說，我的人事案百分之百不會有變化。

我當然感謝他的盛情，但此時的他，卻自身難保，自顧不暇了。

原來，八月六日這天出刊的中國時報、壹週刊，都用頭條或封面故事的最醒目版位報導本局前局長葉盛茂涉嫌洩密。新聞指出，國際洗錢防制組織艾格蒙聯盟在發現陳水扁家族涉嫌海外洗錢匯款後，把訊息通報本局，但時任局長葉盛茂得到此一機密情資時，卻拿著艾格蒙的報告面報陳水扁。

兩家媒體的報導雖然大部分爲眞，但其中仍有部分細節與實情略有出入。葉盛茂看了報導後，寫了一份聲明，希望我能夠代爲發布給各媒體。他也說，他已先向新任局長吳瑛打個招呼，讓吳瑛知道他請我協助處理聲明稿發布事宜。

吳瑛果然找我面談，但他的神情非常不悅，還特別問我，要如何處理？我看吳瑛神色有異，就很謹慎的回答，我會等到下班後，再到超商，利用店家的傳眞機把葉前局長的聲明稿逐一傳給相關媒體記者，不會使用本局設備，也不會假手同仁。吳瑛的表情才轉爲釋然。

過了幾天，媒體獲悉有調查員在本局內網發文抨擊北檢某位許姓檢察官，某家電視台記者執意要來局本部採訪，但剛巧，局長要到局本部大門口附近的簡報大樓視察，我擔心他被媒體記者堵到，所以特別把記者支開，帶到局本部對面生活區的記者休息室，讓她跟海員調查處的李主任電話連線。

想不到，這天夜裡，局長從海員處處長回報中獲悉我安排記者訪問的過程後，非常不滿，他要副局長蔡中鈺責問我，究竟是怎麼回事？我接到副局長的電話，說明原委，並稱此舉實係調虎離山，避免局長被記者堵到。

掛掉電話後，我心中起伏難平。我心想，我爲了保護局長，特別想方設法支開媒體記者，這樣的用心良苦，他不知道也就罷了，他若對我的安排或處置不滿意，大可以直接打電話給我啊。我是一級主管，局長直接打電話給我並不爲過。但他捨此不由，卻要透過副局長來跟我興師問罪，顯然是對我已經極度不信任。

我愈想愈難過也愈失望，到了凌晨，我實在忍不住了，就再打電話給蔡中鈺副局長，先向他報告，我聽說葉前局長之前呈報到法務部的人事案被退回一事，已被媒體知悉，近日媒體可能會對此事大作文章。報告完公事後，我接著提到，我近日的工作全然未獲局長信任，這個聯絡室主任不幹也罷，只因最近局裡正是多事之秋，若主動求去，也怕局長不諒解。

九月初，我在展抱山莊舉辦工作講習，調訓各外勤單位負責新聞聯繫的秘書參加。在這場講習會中，我安排的講座包括：新聞局長史亞平、中國時報總編輯夏珍、TVBS主播詹慶齡、中廣主持人蘭萱、中視主播沈春華、民視主播胡婉玲。這幾位重量級的講座，都是我親自登門拜訪，一一請來，著實花了不少心血。

這其中，我個人覺得，能邀請到新聞局長史亞平，是非常不易之事。我還記得，當時求見時，她的秘書還特別叮囑我，局長公務繁忙，接見我的時間只有三十分鐘。但當我向史局長表明來意後，她與我聊起我在局裡的工作，知道我也負責媒體聯繫時，兩人就愈聊愈暢快，結果我們竟然聊了一個多小時才結束。

我邀到史亞平局長擔任講座後，心中覺得頗爲得意，就眉飛色舞的把這項成果向吳瑛局長報告，想不到，局長竟然大驚失色，且表情不耐，還質問我：「你怎麼把她請來？」反應大出我意料之外。

工作講習當天，我請局長到場接待史亞平，以示尊重，沒想到局長竟然露出非常勉強的表情，執拗了好久才接受。

但史亞平局長眞的是一位非常大氣又心思細膩的外交人員（她是外交官出身），她到場後，工作人員安排她和吳瑛局長合照。照相前，我提醒吳瑛站在史亞平的左側，以示尊重，但攝影師按下快門後，史亞平馬上提議跟吳瑛對換位置，再照一張。她對於這麼小的細節都非常留意，讓我印象深刻。她擔任我們工作講習的首場講座，全程娓娓道來，完全沒照稿唸，而且言之有物。講完後，還婉拒收受講座鐘點費。我實在不明白，能邀到這麼優秀的一位講座來局裡開講，吳瑛局長爲何不滿意。

過了幾天，偵辦前總統陳水扁家族貪腐案的檢察官傳喚葉盛茂前局長，訊後以他涉及洩密罪爲由，向法院聲請羈押獲准。調查局卸任局長被收押，對本局來說當然是件大事。但相較於前總統陳水扁過一個月也被羈押，區區調查局卸任局長被收押，似乎又不是那麼重要。

但扁案既然扯上調查局前局長，自然成爲電子媒體 Call in 節目的談論話題。某一晚，Call in 節目中，有一位來賓脫口說，本局吃案達八十件。這是非常強烈的指控，對局裡的形象也有重大傷害。我趕快擬了回應聲明稿，第二天一早就陳送局長。

這天下午，局長召集相關主管，針對前總統陳水扁前一天在法庭說，「調查局陳報的很多情資都有問題」一事，研商該如何回應。我當場草擬簡單的聲明稿，朗誦出來：「陳前總統在法庭之說法有其考量，本局不予評論。」

但如此四平八穩的聲明稿，吳瑛卻仍然猶豫，他很忌憚的問大家，本局若發出這樣的聲明稿，會不會得罪陳水扁？我提醒局長，陳前總統已經在押了。但局長竟說：

「他外面還有同夥啊！」

身爲局長，竟然如此膽小怕事，我們面面相覷，都不知道該如何接話。

後來，還是由蔡中鈺副局長、第一處副處長林先偉都表態支持我的擬稿，並說，如果連這樣的聲明稿都過不了關，乾脆就不必發聲明了。局長見衆怒難犯，才勉強同意。但他接著表示，早上我擬的吃案回應聲明，不必發布。

我看得出來，吳瑛對我極爲不悅，那種厭惡的神情完全表露無遺。他接任局長後所呈現出來的，和過去擔任副局長時對我極端親熱友善的態度，簡直判若兩人。想起來，有些人的個性就是如此，一朝得勢後，馬上就趾高氣昂，哪裡還顧念著昔日的袍澤之情呢？

又過了一個禮拜。這天上午，立法院民進黨團召開記者會，一群立委們拿著本局的預算書，指稱本局編列大額預算，要採購新的通訊監察設備，看來是想要違法擴大監聽。

立委問政，爲求拚搏上版面，有時嘩衆取寵，倒也無可厚非。但問政的內容若涉及本局，而且不實，那就有損局譽，站在聯絡室主任的立場，絕對不能坐視不理。

於是，這天上午、中午，我兩度將情況陳報局長，但局長都只聽聽而無進一步指示，我也就不好自作主張。

到了下午，總統府來電詢問，局長才驚覺非同小可，趕快叫第六處提供資料，並要我發布聲明澄清。我實在搞不懂局長的心態，爲何一定要等到上級長官垂詢，他才會有動作呢？一件事情的嚴重性，他當到局長還無法精準拿捏嗎？在這樣的人底下工作，實在辛苦。

又過了幾天，我看到本局退休同仁蘇玉麒在電視談話節目裡以來賓身分發言時，對本局多所污衊。我非常難過，只好在局裡內網發文表達駁斥意見。發文完畢之後，我再把內容傳給關心此事的退休老長官林介山，也私下寄到電視台，請他們轉給蘇玉麒。

我做這些事，都是以私自行動，也沒事先陳報局長。事實上，從吳瑛局長上任三個月以來的表現觀察，我認定他是個極端保守退縮之人，我才不敢奢望他會指示我以正式新聞稿方式來駁斥蘇玉麒的流言，但蘇的言論對本局局譽傷害太大，同仁都在看，站在聯絡室的立場，我必須要有所作爲。

隔了一天，我在外地接到局長的電話。本來以爲，他可能知道我私下對蘇玉麒的發言採取行動，而對我有所指責。但想不到，他在電話裡劈頭就問：「聽說前幾天媒體有報導陳前總統洗錢案，是怎麼回事？」

在電話裡解釋不清，我只好趕快回辦公室，當面向他報告。

我跟他說，他所詢問之事，是兩個月前壹週刊和中國時報、聯合報報導的內容。我也特別提醒他，當時，葉盛茂前局長還會打電話照會他，要請我幫他向媒體發布聲明稿，我爲了避免局裡捲入此事，特別利用下班時間跑到超商去傳眞……。經我提醒，他才恍然大悟。但我心中不免氣餒，這麼大的事件，連前局長都被波及，他怎麼會完全沒放在心上？

我眞的心灰意冷。

十一月初，台北市處查出行政院前副院長邱義仁在擔任國安會秘書長期間，執行機密外交工作「安亞專案」時，向外交部支領五十萬美金旅行支票，但事後有部分支票在海外賭場兌現，邱義仁因涉嫌貪污治罪條例「利用職務詐取財物罪」被台北市調查處約談到案，並被最高檢察署特偵組向法院聲請羈押禁見獲准。

台北市處一展開行動，我就知道記者一定會盯上，我趕忙跟同仁交代，要妥愼因應媒體報導，並愼重處理新聞發布事宜。隨後，我也向副局長蔡中鈺報告相關的新聞處置安排，請他轉告局長。我心想，發生這麼重大的事，局長也沒想到要找我問問。既然他不找我，我又何必自行求見？就讓副局長幫我轉達吧。

這個月底，台北縣站主任秦台生電話通報，稱有同仁在執行任務時，被警察上手銬帶至派出所。我馬上轉報局長，研商本局立場及處理原則。在會中，我也提醒局長，要考量同仁感受。堂堂調查員竟被警察銬上手銬，這等於是完全不給本局面子，我們回應時一定要展現出強硬態度才行。但局長聞言後臉色不悅。我知道忠言逆耳，本來也不該自討沒趣，但爲了局譽，我不能不言。最後，局長終於還是依了我的建議，對警方貿然的行動發布了嚴正抗議。

十二月中旬，調查班第四十五期即將結業。這是馬英九接任總統後，首批新出爐的調查新血。之前，我們就接獲通知，得知總統會出席結業典禮，爲此，全局上上下下作足準備，希望能將最好的一面展現在總統面前。

連續幾天，局長在主持結業典禮準備工作會議時，都一再叮囑我，不能讓記者接近他或採訪他。他也指示，總統蒞臨時，不能再像往年一樣，讓記者在現場四處走動，所以我也特別把記者席安排至樓上，但爲了讓電子媒體能夠清楚收音，我又臨時調整會場的音響設備，並緊急找廠商拉線處理。

十二月二十三日，總統依計畫前來主持調查班第四十五期結業典禮，經過妥適安排，記者果然都沒能在現場走動。散場後，記者也都圍著檢察總長陳聰明採訪，根本沒有人注意到局長吳瑛。但我看他仍然耗在現場不走，就趨前提醒他，「再不走，記者採訪完總長後，可能會來採訪您。」他才有如大夢初醒般的趕緊離去。

十二月二十九日，局長突然召見我，態度異常溫和，不但賜座，還叫秘書泡茶給我喝。他告訴我，要把我調到第四處擔任處長，問我意下如何？

我在毫無心理準備下被這項訊息突襲。

在此之前，我一直記得，前局長葉盛茂已經說好要把我調至國際事務處，他提出的人事作業雖被法務部長王清峰打了回票，但葉前局長向我保證，人事案不會變動，會由新任局長發布。

而吳瑛在七月十六日接任局長之後，新的人事命令遲遲未曾發布，拖了近半年後，果然生變。我竟從原本安排好的國際事務處改派至第四處。

我覺得非常意外。我也坦然告訴吳瑛，我不願意接任這個職務。如果局裡沒有其他適當的職缺，我可以不再任主管。我也跟吳瑛說，現任的第四處副處長李航海是我同期同學，他蓄勢待發已久，早就準備要接任處長一職了。如果我空降到第四處，等於搶了他的位子，一定會得罪同學，這是我最不願見到的事。況且，我在聯絡室時，已經升任簡任第十二職等了，不須再到另一個十二職等的處長職務歷練。

局長說，他會另外安排李航海的去處，並囑我保密。言下之意，此一人事安排已成定局。我心知，他召見我時問我意下如何，根本只是虛應故事，不管我願不願意，此事已成定局。

第二天，我撰妥辭去「兩岸情勢研析處」（本局組織法修正後，第四處更換的新銜）處長職務的報告，打算在報到當天馬上提出。

下午，我邀第四處副處長李航海一起到我們的輔導員趙亞平處長辦公室，我當著輔導員的面告訴李航海，局長已告知要我接任第四處處長，但我已當面拒絕。我之所以拉著李航海到趙亞平前面說話，就是要有個前輩在場作證，證明我絕對無意擋人前途。李航海聞言，默不作聲。

九十八年元月五日，我跟副局長蔡中鈺報告，局長已告知要調我到第四處，且我已表達拒絕接受之意。由於局長之前召見我時，曾跟我說，此項人事安排連兩位副局長都覺得很適合。所以，我也當面請教蔡中鈺。在提問前，我先講一句：「如果副局長覺得不便回答，可以不用說。」我問蔡中鈺，爲何我會被調往第四處？副局長是否眞的曾在局長面前表達我很適合接任第四處處長職務？

蔡中鈺聞言後吞吞吐吐的澄清：「不是這樣子啦……」從蔡中鈺的反應，我清楚知道，局長說兩位副局長都認爲我適合接任第四處處長職務的說法根本是扯謊。我也不爲難蔡中鈺，反正這事擺明就是吳瑛一個人的決定，何必還硬要把兩位副局長拖下水？

我不想就任新職，倒不是嫌棄這個工作。一般人可能不了解，在調查局組織法修正前，兩岸情勢研析處原名叫第四處，早年，第四處在局裡的地位可說是僅次於專辦偵防案件的第三處，幾任處長都是大有來頭之人，第四處是個非常重要的單位。

例如：曾擔任第四處長的吳慕風，是位知名作家，筆名「老龍」、「長風」，寫過詩，也創作小說、劇本，他曾兼任台灣藝術專科學校教授，也曾任世界華文作家協會副會長、中國文藝協會、中國編劇學會常務理事。再有一位處長曾永賢，更爲特別。他年輕時曾加入共產黨，參與過共產黨台灣省工作會，自新後，進入調查局工作，從事匪情研究，專門對大陸進行情報分析，歷任調查局第四處科員、調查員、副處長，並至各大專院校教授大陸關係，七十九年以處長身分退休。李登輝時代，他被聘爲國策顧問，更是兩岸密使，自八十二年以後每年至少兩次與葉劍英的兒子葉選寧在香港、澳門、越南、菲律賓等地進行情報交流。馬英九任總統時，他被續聘爲有給職國策顧問，陳水扁時代，更聘他當資政。國史館還幫他出版一本口述歷史，書名爲《從左到右六十年》，一語道盡他的人生。

第四處以前這麼紅，爲什麼後來會成爲局裡的冷衙門？其中轉折我不得而知，但到後來，局長不喜歡的人，就會被貶到這裡。例如，台北市處處長戴金康，在廖正豪、程泉鬥爭後，被改調到第四處處長職。至於我，原本要從聯絡室主任調任國際事務處處長，沒想到吳瑛局長上任後，我被改調至此，等於打入冷宮，當然也是循相同模式處理。

我百思不解，我在聯絡室工作時並沒有犯下任何錯誤，也替局裡做了不少事情，吳瑛為何把我重貶至此？

元月九日，人事命令發布，我果然被調任兩岸情勢研析處。元月十五日下午下班前，我提前到青溪園區與退休的前任處長交接，也結束了我在聯絡室近兩年的工作生涯。

我擔任聯絡室主任時，局長是葉盛茂，由於他對我非常信任，所以我也非常樂於為他效力。但等到他卸任，由副局長吳瑛繼任後，情勢大變。吳瑛對於媒體一向抱持敬而遠之的態度，對我也充滿猜忌。我不獲他賞識，連帶也影響我的仕途。在葉盛茂離任前，他原本計劃要把我調任至國際事務處當處長，但此一人事作業隨著他的卸任而擱置。吳瑛上任後，竟下令將我改調至兩岸情勢研析處這個冷衙門。

其實，我擔任聯絡室主任時，因為業務關係，與局長之間必須時時互動。但我每次向局長吳瑛面報事務時，我總覺得他坐立難安，似有芒刺在背。所以，他把我發派邊疆，倒也是情理之中。

民國九十八年元月十六日，是我正式接任兩岸情勢研析處處長的第一天。上任當天，我就把辭呈送到蔡中鈺副局長辦公室，副本以電子郵件傳給人事室主任孫臺生，表明我根本無意接任新職。第二天，我也寫信給王清峰部長，說明我已正式請辭處長職務。因爲，我的人事命令是她發布的，而且，前兩天參加總統春節茶會遇到她時，她還向我道喜。顯然，她並不明瞭，兩岸情勢研析處是個冷衙門，也跟我志趣不合，被調到這個單位來，何喜之有？

過了兩天，我的辭呈被副局長退回。我不死心，當天傍晚，我再寫了第二次請辭處長職務的書面報告，並把第一次請辭的辭呈附上，親送到局長辦公室。同樣的，副本仍是電子郵件寄送人事室。

但兩次的請辭，局長都沒處理，也沒召見過。他只在三天後，打了一通電話給我，說我想要辭職一事，農曆年後再談。

但農曆年過去許久，卻一直沒下文。我禮貌性的打電話給蔡中鈺副局長，詢問局長是否已經批了我的辭呈，並且轉陳法務部？蔡副局長回稱「沒有」，並很驚訝局長迄今仍未跟我談過我想要辭掉兩岸情勢研析處處長一職的事。

我確定局長仍然擱置我的辭呈後，第二天晚上就第三度打報告請辭處長職，並把報告送進局長辦公室，副本仍用電子郵件寄至人事室。

這一回，局長終於有回應了。

他沒有召見我，只是以電話向我說明他的想法。

他說，局裡的人事案剛發布不久就變更，很難向部長交代，我的資歷這麼深，不派任主管職，會遭人非議，再者，若准我辭去處長職，現階段也找不到合適人選接任等等。總之，結論就是不同意我辭職。最後，他安撫我說，「過一陣子有適當人選時再說」。

這通電話講了約四十分鐘，局長的姿態甚低，看來是想要盡力擺平此事。但依我對他的了解，我猜他放下電話後，一定破口大罵我。

局長不准我辭職，我非常失望，只好把整件事情的始末寫了一封信，寄給王清峰部長。我心想，局長覺得批准我辭處長職，會難以向部長交代，既然如此，我乾脆就明白跟部長說，這個處長職務，根本不是我要的，是局長硬逼我接任的。

幾個月之後，我遇到退休的人事室主任孫臺生，他主動提到，我遞出辭呈後，局長曾找他和副局長蔡中鈺共同商討，他曾建議局長應該要當面慰留我，並在報告上批示「強力慰留」等字眼。我淡然回說，局長從未召見，只在電話裡慰留，而且三份書面報告都沒退還。孫臺生聞言大感意外，默默無語。我感覺，局長扣住我的辭呈不退還，是打算等到我犯錯時，就隨便抽出一份批准，逼得我非走不可。但我也不會因此而心生畏懼，作事唯唯諾諾，反正，我本來就抱定主意不想當這個處長，他不管什麼時候批准，我都算是求仁得仁。

局長不准我辭去兩岸情勢研析處處長職務，我也只能耐著性子工作。我安慰自己，到了這個冷衙門，爾後應該與局長不會再有互動。但沒想到，吳瑛的種種行事作風，還是時時困擾著我。

九十八年七月間，同仁到內政部參加政務次長林中森召開的公聽會。這場會議主要在討論是否要將已故的王敏川等人入祀地方忠烈祠。

這件事，其實是個歷史事件。王敏川是清末民初時代的彰化人，早年曾留學日本，回台灣後擔任記者，在日據時代積極鼓吹民主思想，後遭人檢舉而被日本政府逮捕入獄，被判處四年有期徒刑，外加判決前留置的二年，直至民國二十七年才被釋放，後於三十一年逝世。抗戰結束後，他曾被政府列為「抗日英雄」而入祠忠烈祠，但卻又在四十七年被撤除牌位，當時政府的理由稱他是「故台共匪幹」。但其實王敏川並未曾加入過台灣共產黨。多年以來，王敏川的遺族一直向政府爭取，希望能讓先人重新入祀忠烈祠。這場會議，主要就是討論是否要對王敏川作出平反的處分。

內政部之所以會大張旗鼓，研議王敏川事件，是因為有學者當面向總統馬英九反映，總統再將全案交由內政部研議，由於本案與本局也有關聯，所以內政部才希望本局代表能到場表示意見。

會議結束後，同仁擬了一份簽呈，將會議結論詳細記載，我看完後，覺得並無不妥，於是蓋章，並循行政簽報系統上呈副局長、局長。

副局長張濟平閱後，公文送到局長室，想不到，局長竟不批示，並叫秘書室主任通知承辦人，把這份簽呈取回，秘書室主任還轉達局長的指示：「這份簽呈，處長看過即可！」

同仁一頭霧水，但我心中雪亮。

我回憶起兩個禮拜前，有一份與大陸國際刑事司法互助有關的調查專報，上呈法務部時由副局長決行，局長沒看過公文。後來，部長王清峰詢問此事，局長答不出來，非常憤怒，並對我多所指責。這麼看來，他似乎應該是大小事一把抓的個性。但若是如此，王敏川能否恢復入祀忠烈祠，這事是總統交辦的案件，其重要性不是更甚於調查專報？為什麼這份簽呈他閱後卻不批示？顯然他是怕負責任，膽小畏事竟至於此。想到我竟然得在這種長官底下工作，眞是痛苦萬分。

九十九年七月一日下午，我接獲機要室通知，局長吳瑛臨時召集一級主管，十分鐘後集合，有要事宣布。

我的辦公室在青溪，離局本部尙有一段距離，要我在十分鐘內趕回局本部開會，的確有些困難，於是，我就順勢跟機要室請假。其實，我早就聽說上級對局長不滿，我猜他臨時召集主管開會，很可能是要宣布提前退休。但說穿了，他根本是「被請辭」。

果然，事後據與會的主管說，吳瑛在會中表示，他長期受高血壓、皮膚過敏之苦，經向部長轉達後，已奉院長同意，准他提早半年退休。我聽聞後笑笑不語。

七月十六日，局長交接。新任局長由副局長張濟平升任。我終於結束在吳瑛手下工作的日子。

四、車禍事件

我在兩岸情勢研析處擔任處長期間，曾經發生一次重大車禍。這件車禍，除了造成我顏面及肢體多處損傷外，更讓我嘗盡人情冷暖。

九十八年九月一日，下班時，我騎自行車回家，行經新店北宜路時，路面有一處長、寬約二十公分，深達五、六公分的大洞，我閃避不及，導致摔車，牙齒斷裂，滿臉是血。我到新店耕莘醫院急診，因爲臉部浮腫，無法手術，醫生要我先回家休息，待消腫後才能動手術治療。

幾日後，我返回醫院動手術。醫生檢查後才發現，除了頭、臉、手腕、手臂、肩、膝、腿部多處撕裂傷或挫傷外，還有上下牙齒多枚斷裂、上下牙床受損動搖、下牙床裂損、鼻樑斷裂、顏面多處骨折，傷勢極爲嚴重。醫生要我住院，經手術及治療後，除了拔除斷根的牙齒及縫合外，醫生還在我上下牙床裝上鋼絲固定，手術後，我連咀嚼都有困難。等到傷口都復元後，再進行全口治療。牙醫爲我安裝固定假牙上顎三顆、下顎八顆；活動假牙上顎二顆、下顎六顆，總計十九顆。成人的牙齒總共也只有三十二顆，我一次換了十九顆牙，足見嚴重程度。

受了這麼嚴重的傷，也驚動了局裡同仁和長官們，很多同仁都打電話來問候。副局長蔡中鈺、人事室主任張碧鄉都先後致電。前局長葉盛茂、檢察長謝隆盛聞訊後都來電表示關心，後來出任檢察總長的顏大和還打過兩次電話給我。此外，外交部政務次長沈呂巡聞訊，特地送花到我辦公室。我後來參加總統茶會時，馬英九總統也很關切的問候我，說我瘦了，要我多吃點東西。

後來，退休的趙亞平前處長打電話慰問我時，特地向我查證，外傳局長吳瑛沒到醫院探病，是否如此？我據實回答，吳瑛的確沒來探病。趙亞平大怒，她說，局裡一級主管受傷，而且就在新店住院，醫院離局本部也不遠，局長竟然毫無表示，眞是豈有此理！我淡淡的說，我寧可局長不來，我不欠他這個人情。

其實，吳瑛不是只對我一人如此。有一位吳瑛在當站主任時曾帶過的宋姓同仁，在吳瑛當到局長後打算結婚，就向吳瑛報告，並口頭邀請這位老長官參加婚宴，沒想到，吳瑛竟說：「我累得像狗一樣，哪有時間參加你的婚禮？」當場讓這位同仁難堪得下不了台。所以，如果他對昔日舊屬都如此不留情面，對我又怎可能雪中送炭呢？

這次車禍，讓我口腔與牙齒留下嚴重的後遺症。不但顏面受損，爾後多年，都有吞嚥不便的問題。

經過長達十個月的治療，傷勢逐漸復原之後，我決定要討個公道。於是我發信給公路總局，主張我是因爲路面坑洞導致摔車，公路總局對我應負國家賠償責任。

公路總局收到我的信函後，轉給第一養護工程處中和工務段處理，我也請了事假前往協商國賠事宜。我本想，這事如果能夠直接由公路總局處理，也算有個結果。但沒想到，協商後一個多月，我接到交通部公路總局第一養護工程處的通知，表示拒絕賠償。

我怎麼可能讓自己的權益睡著？於是，我沒有委任律師，自行撰狀，向板橋地方法院（今新北地方法院）遞狀起訴公路總局養工處。我在訴狀中主張，我因爲這次車禍，接受逾十個月的治療，支出醫療費十六萬九千二百零七元，因看診支出交通費一萬二千四百五十元，且所受傷勢影響日常生活及工作甚鉅，精神上痛苦難以言表，請求賠償慰撫金五十萬元，合計六十八萬一千六百五十七元。公路總局養工處當然有他的辯詞，但我對我的主張很有信心。

經過四個月，我親自數度出庭應訊後，板橋地院宣判，我主張養工處應該要賠償的金額，法院全數照准，僅慰撫金酌減十五萬元，合計判賠我五十三萬一千六百五十七元。這一仗勝了，但我心中毫無欣喜的感覺，因爲，在訴訟的過程中，我看盡了行政機關遇事推諉的醜態。犯了錯又死不認錯，讓受害民衆受到二度傷害，這是我對養工處最不能諒解的地方。

法院判決出爐後，司法記者紛紛來電鼓勵，並予採訪。第二天，此一新聞也登上國內各大媒體版面，連電子媒體都跟進報導。

媒體的報導，當然會對行政機關造成壓力。過了幾天，我接到公路總局養工處中和段王段長的電話，他說，他們可以不對國賠案繼續上訴，希望直接付錢，並簽署和解書。但我心想，這件事情從頭至尾都是行政機關的過失，我既然毫無過錯，爲什麼要跟機關和解？於是，我很直率的表達，我只同意簽署領據，拒絕簽下和解書。

公路總局養工處見和解不成，於是向高院提起上訴，訴訟過程中，養工處的律師花招百出，不斷提出新的主張，但幸而都被法院戳破。法院開了好幾次庭，過了五個月後，高院駁回了公路總局養工處的上訴，全案定讞。

這一回，公路總局養工處再無話可說，也無法再逼我和解，乖乖的把法院判定的五十三萬餘元如數賠償給我。

但其實，我本來也不圖這些賠償金。我一向認爲，政府施政如果造成民衆權益受損，本來就負有賠償責任，公路總局養工處對路面的保養措施不當，造成我摔車並嚴重受傷，拒絕認錯也就罷了，但法院一審判決出爐後，總該無話可說吧？沒想到，養工處不但不向我道歉，竟然還厚顏要跟我和解，我怎可能不力爭到底？

我拿到這筆賠償金後，並沒有據爲己用，或塡補之前的醫藥損失。我默默的把全部款項都捐給照顧弱勢族群的光仁社福基金會。

我低調捐款，但消息還是被自由時報得知，我又登上了新聞版面。

捐款新聞見報後，中、南部地區有些年輕的調查員們打電話給我，向我表達敬意。這些年輕的老弟是誰？我完全不認識，他們在電話中也沒有留下自己的姓名。他們只說，我把損害賠償全部都捐出去，這樣的義舉讓他們很能抬頭挺胸的做事，也讓地方上很多人士對調查局的形象改觀。我知道，這些素不相識的基層調查員打這通電話，一定是鼓起很大的勇氣，但他們應該是非常敬佩我，所以才會想要親口向我表達敬意。

我捐款本來也不是想要沽名釣譽，純粹是爲了想對社會盡一點心力，事後也沒想要獲得什麼樣的肯定，但小老弟們主動打電話給我，對我來說，這幾通電話都是非常窩心的鼓勵。

回想這次的事件，我摔車受傷住院，當時的局長吳瑛沒來探病；國賠官司勝訴，媒體報導我把賠償金全數捐出，接任的局長張濟平也完全不當一回事，這與素未謀面的基層同仁來電致意相較，人情冷暖眞有極大的對比。想起我當年剛進展抱山莊當調查員時，就常聽學長們以「淡淡的桂花香，濃濃的人情味」來描寫展抱山莊的環境和展抱兒女的情懷。但如今，展抱山莊的桂花仍然飄香，香味更濃，但局裡長官對待部屬的人情味已不復見，袍澤之情，可能僅存在於基層調查員中。

五、我與張濟平、王福林

張濟平接替吳瑛擔任局長兩年，表現可謂平平。最特別的是，以往歷任局長每月都會定期舉行的局務會議，在他兩年任內竟只召開三次。面對同仁的質疑，他在局務會議中辯解說，不召開局務會議的目的是爲了避免洩密。但這種說法實在好笑，與會者都是一級主管，在會議中什麼事能說、什麼事不能說，誰沒有分寸呢？

另外，在他任內，他還把台北市處社文組給裁撤掉，這項決定眞是令人意外。我當過社文組主任，很清楚知道社文組的工作對象就是媒體和大專院校，是非常重要的一個單位。他是基於什麼樣的考量而決定裁掉社文組？我到現在還難以理解。

張濟平任內沒什麼重大建樹，但也沒出什麼大差錯，兩年後的一〇一年七月十六日，張濟平屆齡退休，由副局長王福林接任局長。

交接典禮時，歷任局長都到場觀禮，獨缺當年強力提拔王福林的吳瑛。我聽說，吳瑛當年提早半年退休，固然與上級不滿有關，但也是張濟平加碼的結果。因爲，如果吳瑛不提早退休，張濟平接任局長後不滿兩年就得屆齡退休，這恐怕會影響到他接任局長的機會。因此，吳瑛離職時，對張濟平極爲不滿，而王福林也倒向張濟平這派，更讓吳瑛失望。這也難怪王福林繼任局長的大日子裡，吳瑛會缺席了。

王福林是我調查班同期同學，看到他接任局長，我心中淡然。說實話，論工作能力，我自信不比他差，但若論起交際應酬，我遠遠不如他。可是，調查局需要什麼樣的人當局長呢？上級的考量可能和我想的不一樣。

回想起來，調查局歷任局長中，調查班出身的局長有王光宇、葉盛茂、吳瑛、張濟平、王福林，但這五個人都不是一直待在局內工作。王光宇曾經外調到安全局，葉盛茂曾在台北市政府政風處服務多年，吳瑛曾外調到台灣省政府保防單位工作，張濟平先後在安全局和由蔣經國的兒子蔣孝勇主持中興電工都待過很長一段時間，王福林也曾在中華工程工作過。他們外調後再回到局裡，官運反而更加亨通，設若他們一輩子死守調查局，可能最終都當不了局長。

王福林在工作時，利用在職進修的機會拿到了一個管理學的碩士學位，他當副局長後，局裡舉辦教育訓練時，他也常上台宣講他的管理學理念，從此獲得了「管理大師」的稱號。他當局長後，他又創了一個「兩桶飯理論」，他在主管會議中公開聲稱，調查員要吃兩桶飯，一桶是國家安全、一桶是犯罪調查。由於他常常把「兩桶飯理論」掛在口中，但又說不出什麼更務實的作法，久而久之，他竟被主管戲稱爲「飯桶局長」，聞者不免失笑。

我猜想，他的「兩桶飯理論」很可能源自於調查局老局長沈之岳曾說的「反腐化、反惡化」的「兩條戰線」，但他顯然畫虎不成反類犬，想延襲人家的點子，但又學不到精髓，反而成了笑話。

王福林局長上任一個月後，我向他報告，希望能夠調離現職，以貫徹他世代交替的人事構想。我表示，我不需要擔任核稿委員，希望能夠調到研究委員會擔任副主委至退休爲止。我更表態，我與現任研委會主委陳長武同齡，將來也會同時退休，所以不會有再接任主管的問題。

王福林並沒有慰留，只是詢問我有誰適合接任下一任的處長職務，我也推薦副處長郭瑞華繼任。我心知，我應該有機會調離這個作了四年之久的職務。

這年年底，局長召見，他很鄭重的告訴我，他會依我的意願把我調任研究委員會副主任委員。我欣然接受。

一〇二年元月七日，人事命令發布，由於一切都已預知，而且我是求仁得仁，面對人事發布，我心中並沒有掀起任何波瀾。

歷經十天的交接、打包和各向單位辭行後，元月十六日，我正式調任研究委員會副主任委員一職。

第10章

尾聲

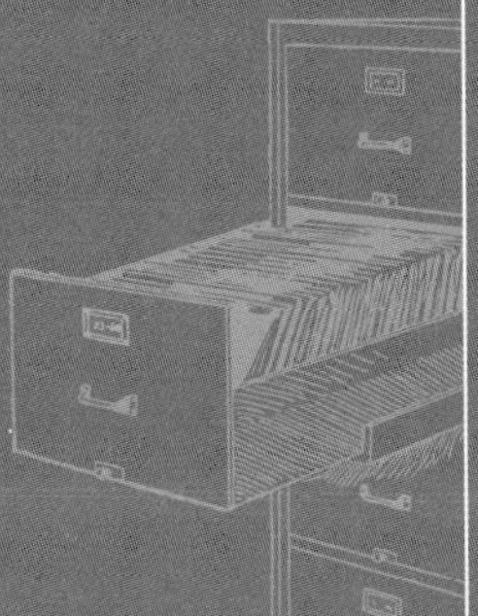

調查局研究委員會的辦公室設於青溪園區。民國九十一年間，我首次進到青溪園區上班，當時，我的職務是第三處偵防工作組主任。九十八年元月，我從聯絡室主任被調至兩岸情勢研析處處長一職，辦公地點也是在青溪。當了四年處長後，我調任研究委員會副主任委員，工作地點還是在青溪。算一算，我在青溪前後工作時間加總起來長達六年，青溪園區的三個單位我全都歷練過，也算是另一種工作上的大滿貫了。

擔任研委會副主委，是我在調查局工作的最後一年。研委會本來也沒有什麼業務，窩在這裡的人，多屬待退之身，所以，這裡的工作氣氛相當特別，大家都忙著規劃自己退休後的生活。我自然也不例外。

我開始準備，希望退休後能展開另一個不同於工作時期的新生活。剛好，我獲悉銓敍部及行政院人事行政總處要在南投舉辦一場「將屆退休公教人員長青座談會」，我認爲這樣的活動對於我的退休準備會有幫助，就不辭路途遙遠，趕赴南投參加。

會後，主辦單位還發了問卷讓我們塡寫，問我們退休後有無意願當志工？我很認眞的寫了半天。後來發現，問卷其實形同具文，塡完資料後完全石沉大海，沒人理會。

但我也受了這次座談會的啟發，我想要當志工，繼續爲這個社會貢獻心力。爲此，我開始接觸志工這個全新的領域，還參加了很多事前的準備工作及講習、訓練。

退休之後的一段時間，我曾長期擔任台北世大運志工，也曾極短暫爲台北馬拉松服務。目前，我每周固定有四個志工勤務，包括在「經國七海文化園區」擔任導覽志工，這也讓我的退休生活依然充實而精彩。

當然，退休金的計算與領取方式的選擇，也是重要的課題。我和兩位將同時退休的核稿委員朱威林、湯克遠討論，得知退休金制度涉有舊制、新制年資。若選擇按月領取終身俸，就要自行配當新舊制的比例，而且決定後就不得更改。雖然，初始都領相同的退休金，但未來退休金制度即將面臨改變，且新舊制兩部分都會改，舊制降低優惠存款利息，新制減少月退俸，但尚不知會改變到何種程度。在未來的一切都不明朗之際，就要我們決定如何選擇及如何配置新舊制比例，這不是就像在賭博嗎？當了一輩子公務員，臨退休之際還要跟政府賭一下，這是什麼政府？

我自行估算兩制配當比例，做出約十餘種不同配當方式的試算結果後，把資料攜往會見剛退休的行政院人事行政總處副人事長朱永隆，請教他如何選擇爲佳？我心想，我們再怎麼會算，也算不過人事行政總處，如果能請專家解惑，就可以作爲我退休前選擇時的參考。

想不到，朱永隆副人事長也苦笑的說，他自己也受此一制度之累。我和他相對無言，都不知該說些什麼。

當時，我們根本都沒有想到，等到蔡英文政府上任後，強勢推動軍公教人員年金改革制度，把我們的退休金砍得更慘，這眞是始料未及之事。

一〇三年元月，是我擔任公職的最後半個月。月初，我辦妥了退休手續，將職員證繳回人事室，安定心情，準備退休。

元月十五日，終於到我最後的上班日。這天中午，我自掏腰包請青溪園區餐廳加菜，向園區的工作組、兩岸處、研委會同仁午餐惜別。下午，我收拾辦公室內最後的一點私人物品，告別這一切。

傍晚五點半，到了下班時間。我起身，熄燈，關門，下樓，在黃昏暮色中慢慢踱往辦公園區大門。

步出青溪園區，穿過馬路，搭上六五〇公車，我找個靠窗的位置坐下。隨著公車微微晃動的一路向前，我的思潮起伏，往事歷歷逐一浮上心頭。

公車經過展抱山莊，那是我踏進調查局的第一道門。繼續前行，行經新店區公所，我若在此下車，轉進中華路向前走，就會踏進調查局局本部的大門。但這一切，似乎都再與我無關了。

從民國六十三年九月一日，到一〇三年元月十五日，回首這漫長的四十年時光，我突然驚覺，這輩子我只幹過一件工作，就是法務部調查局的調查員。回想這些年，雖然經過不少風風雨雨，但我「無悔」；想想過去，我為國家立下不少汗馬功勞，更自覺「無愧」。在這個大家庭裡，我奉獻出全部的青春歲月，不管別人怎麼看我，我自信對得起調查局、對得起這份工作。

回家去，人生另一個階段在等著我。

年表／

時間	年齡	記要
37.11	出生	出生於江西省南昌市，為家中長子。
39.05	2 歲	三十八年大陸淪陷後，舉家逃難至香港，再由香港隨父母搭船來台，由基隆上岸。
57.07	20 歲	考取國立中興大學法商學院社會學系（工作組）。
57.08.14	20 歲	大學入學前至台中成功嶺，大專學生集訓班八周。
61.07.05	24 歲	預備軍官第二十二期行政官科入伍服役。 服役期間因參加演習績效優異獲記大功乙次。
63.05.04	26 歲	退伍，獲海軍總司令部頒發獎狀獎勵。
63.06.14	26 歲	考取政治大學三民主義研究所（第一屆）。
63.09.01	26 歲	考取調查局，進入幹部訓練所調查班第十二期受訓（研究所休學）。
64.05.26	27 歲	分發至基隆市調查站。
64.10.01	27 歲	留職停薪，兩年，研究所復學。

66.07.01	29歲	派任台北市調查處，於第三組擔任延平據點。
67.01.16	30歲	沈之岳退休，阮成章接任調查局局長。
67.06.05	30歲	調台北市處第三科，於雷霆組服務。
67.06	30歲	碩士論文口試及格，研究所畢業，獲政治大學法學碩士。
67.08	30歲	偵辦吳泰安案。
68.10.03	31歲	逮捕陳映真。
68.11.02	31歲	偵辦多喜彥次郎案。
68.12.10	31歲	美麗島事件爆發。
68.12.13	31歲	逮捕呂秀蓮。
69.01.08	32歲	逮捕施明德。
71.05.07	34歲	偵辦匯豐證券爆炸案。
71.07.26	34歲	國家安全局國家安全幹部研究班第十五期受訓。
72.04.26	35歲	偵辦中央、聯合兩報爆炸案。
73.03.01	36歲	偵辦「三一專案」。
73.06.30	36歲	阮成章退休，翁文維接任調查局局長。
73.09.12	36歲	擔任調查局幹部訓練所調查班第二十三期輔導員。
74.06.18	37歲	任台北市處第三科偵防第一小組組長。
74.09.17	37歲	偵辦李亞頻案。

74.12.02	37 歲	調局本部海外工作室。
75.03.03	38 歲	派至北美事務協調委員會（CCNAA）駐西雅圖辦事處擔任保防秘書。
78.03.31	41 歲	外派任滿回國。
78.04.17	41 歲	派台北市調查處調查專員。
78.05.16	41 歲	升任台北市處文教組副主任。
78.07.15	41 歲	翁文維退休，吳東明接任調查局局長。
79.04.13	42 歲	調任台北縣調查站副主任。
79.04.26	42 歲	偵辦港台洗錢案。
80.05.09	43 歲	偵辦獨台會案。
80.05.20	43 歲	赴美國華府參加 FBI 舉辦「第一屆國際洗錢研討會」，發表論文《港商王德輝擄人勒贖洗錢案調查報告》。
81.04.25	44 歲	調升局本部經濟犯罪防制中心第一科科長。
81.09.06	44 歲	赴馬來西亞參加「第一屆經濟犯罪區域研討會」。
82.02.10	45 歲	防制中心主任劉展華調台北市處處長、副主任林介山升任主任。
82.02.26	45 歲	馬英九接任法務部長。
82.06.09	45 歲	調任經濟犯罪防制中心第四科科長。
82.06.29	45 歲	《經濟及毒品犯罪防制工作年報》中文本出刊。
82.08.23	45 歲	舉辦「美亞反毒國際會議」。

82.09.12	45歲	赴英國劍橋大學參加第十一屆經濟犯罪國際研討會，發表論文《中華民國證券市場犯罪現況與防制》。
82.10.03	45歲	舉辦「經濟及毒品犯罪國際研討會」。
83.07.12	46歲	聯合晚報獨家報導調查局全體人員未申報個人所得稅事件。
84.02.15	47歲	調查局長交接，吳東明升任國安會副秘書長，行政院副秘書長廖正豪接任。
84.03.29	47歲	自美國押解白狼張安樂返國。
84.10.17	47歲	赴香港參加 FATF 亞太地區防制洗錢工作研討會。
84.12.12	47歲	赴東京參加 FATF 第三屆亞洲防制洗錢研討會。
85.05.06	48歲	赴關島參加 FBI「太平洋地區執法人員培訓課程——溝通、人質危機處理和重大案件處理」。
85.05.16	48歲	調升台北市處社會文教組主任。（原來之文教組改名稱為社會文教組）
85.06.03	48歲	偵破總統就職講稿外洩案。
85.06.10	48歲	廖正豪升任法務部長。數日之後，王榮周接任調查局局長。
85.08	48歲	偵辦職棒簽賭案。
86.07.14	49歲	台北市處處長劉展華升任副局長。訓練所副主任戴金康接任處長。
86.09.10	49歲	職棒簽賭案一審判決，涉案的三十六人中，三十四人被判有罪，其中，有二十三名球員涉案，全被判有罪。
87.02.26	50歲	王榮周調任財政部常務次長，副局長程泉代理局長。

87.07.13	50歲	法務部長廖正豪請辭獲准。
87.07.17	50歲	主任秘書王光宇接任局長。 副局長劉展華調法務部政風司長。
87.07.29	50歲	台北市處處長戴金康調第四處處長，防制中心主任林介山接任。
87.08.24	50歲	調任澎湖縣調查站主任。
89.01.16	52歲	升簡任第十職等。
89.05.20	52歲	陳水扁、呂秀蓮任正、副總統。 陳定南任法務部長。
89.07.15	52歲	調任彰化縣調查站主任。
90.08.21	53歲	王光宇退休，出任總統府國策顧問，副局長葉盛茂接任局長。
91.05.23	54歲	調任局本部第三處偵防工作組主任。
91.06.05	54歲	執行「〇三三〇專案」。
91.08.10	54歲	赴德國 Heimerzheim 參加憲保局舉辦之「國際恐怖及間諜活動之反制」講習。
91.09.11	54歲	本局同仁厲開平涉及洩密，移送地檢署。
91.11.14	54歲	執行「橫山專案」。
92.07.02	55歲	偵辦國安密帳案，赴台綜院調閱鞏案資料，翌日約談劉泰英。
92.07.07	55歲	調升第三處副處長。
92.08.05	55歲	執行「海興專案」。

92.09	55歲	夜間公餘自費赴政治大學公務人員教育中心法律碩士學分班進修。四年後結業，計修滿二十一學分。
94.01.21	57歲	調桃園縣調查站主任。（簡任第十一職等）
95.05.26	58歲	調台北縣調查站主任。
96.04.24	59歲	調局本部聯絡室主任。
96.11.02	59歲	升簡任第十二職等。
97.05.20	60歲	馬英九、蕭萬長任正、副總統。 王清峰任法務部長。
97.07.16	60歲	葉盛茂退休，副局長吳瑛接任局長。
98.01.16	61歲	調任兩岸情勢研析處處長。
99.07.16	62歲	吳瑛退休，副局長張濟平接任局長。
99.10.18	62歲	赴大陸蘇州參加「第五屆海峽兩岸暨香港、澳門警學研討會」，發表論文《海峽兩岸經濟合作架構（ECFA）簽訂後台灣金融犯罪之西進複製可能與預防》。
101.07.16	64歲	張濟平退休，副局長王福林接任局長。
101.11.27	64歲	赴澳門參加「第七屆海峽兩岸暨香港、澳門警學研討會」，發表論文《台灣地區犯罪組織跨境洗錢的現況與預防——以賭博所得為例》。
102.01.16	65歲	調任研究委員會副主任委員。

103.01.16	66 歲	退休。
103.05.06	66 歲	赴局本部接受局長轉頒國家安全局二等一級磐安獎章。

歷史與現場337

調查員揭密：情治生涯四十年，揭開調查局神秘的歷史與過往

口　述—劉禮信
撰　稿—范立達
照片提供—劉禮信
責任編輯—陳萱宇
主　編—謝翠鈺
行銷企劃—陳玟利
封面設計—陳文德
美術編輯—菩薩蠻數位文化有限公司

董事長—趙政岷
出版者—時報文化出版企業股份有限公司
108019台北市和平西路三段二四〇號七樓
發行專線—（〇二）二三〇六六八四二
讀者服務專線—〇八〇〇二三一七〇五
（〇二）二三〇四七一〇三
讀者服務傳真—（〇二）二三〇四六八五八
郵撥—一九三四四七二四時報文化出版公司
信箱—一〇八九九　台北華江橋郵局第九九信箱
時報悅讀網—http://www.readingtimes.com.tw
法律顧問—理律法律事務所　陳長文律師、李念祖律師
印　刷—勁達印刷有限公司
初版一刷—二〇二三年三月十日
初版四刷—二〇二三年七月十九日
定　價—新台幣四八〇元

時報文化出版公司成立於一九七五年，
並於一九九九年股票上櫃公開發行，於二〇〇八年脫離中時集團非屬旺中，
以「尊重智慧與創意的文化事業」為信念。

調查員揭密：情治生涯四十年,揭開調查局神秘的歷史與過往/劉禮信口述；范立達撰稿. -- 初版. -- 台北市：時報文化出版企業股份有限公司, 2023.03
面；　公分. -- (歷史與現場；337)
ISBN 978-626-353-443-8(平裝)

1. CST: 劉禮信 2. CST: 回憶錄 3. CST: 台灣

783.3886　　112000265

ISBN 978-626-353-443-8
Printed in Taiwan